JN440483

만우당 생각

원철학
길찾기

만우당 생각

원철학(圓哲學) 길찾기

김도종 지음

DongNam 동남풍Pung

머리말

모든 사상은 논리적 전제로부터 시작한다. 그런데 그 전제는 전제로 될 수 있는 근거를 해명하여야 한다. 그러한 해명을 하지 않고 전제한다면 독단의 수준에 머무르게 된다.

일원주의(一圓主義)를 공부하며 해명하고 풀어가야 할 조목들을 마주치게 된다. 누구나 한 번쯤 거듭 생각하면 부딪치게 되는 질문이 떠오르게 된다. 종교인 것을 앞세워 믿음만을 강조한다면 참다운 깨달음에 도달할 수 없을 것이다. 이 책에 실은 글은 이러한 질문을 해명하는 방식으로 쓴 것이다. 논문의 형식으로 쓰지 않았다. 강의나 대담하기 위해 준비하는 원고의 형식으로 썼다. 이 책에 실은 36꼭지 글은 어떠한 순서를 가진 것은 아니다. 공부하는 사람들로부터 받은 질문에 답하거나 나 스스로 가지게 되는 질문을 그때그때 풀어본 것이다. 읽는 분들은 목차에서 맥락을 찾지 마시고 한편 한편을 따로 읽으시면 된다.

어떤 사상이나 인물들에 관한 이야기가 주제마다 등장하는 경우가 있다. 주제마다 인용하는 맥락은 조금씩 다르다. 같은 이야기를 반복한다고 보지 마시고, 한 주제를 악장마다 변주(變奏)하는 교향곡의 느낌으로 읽으시면 된다.

일원주의를 철학의 논리와 관점으로 되새김하는 것이 먼저 한 일이다. 그리고 철학이 해결해야 할 질문의 단서를 일원주의에서 찾게 되는 것이다. 여기서 공부판이 새로 짜여진다고 본다. 그것이 원철학(圓哲學)이다. 앞으로 이 형식의 글을 이어서 쓸 계획이다. 읽으시는 분들이 질문해 주시고 지도해 주셔서 원철학의 공부판을 다져 주시기 바란다. 함께 공부할 수 있게 하고, 질문해 주신 가족과 종교적 동지(同志)들, 학문적 동학(同學)들, 함께 일한 벗들에게 감사드린다.

단기4358년(서기2025, 원기110년) 4월 28일

농소마을에서 김도종

차례

만우당
萬友堂
생 각

만우당 생각 01

좋은 법의 판단 기준

『정전』 제3 수행편 '솔성요론' 2조의 말씀이다. "열 사람의 법을 응하여 제일 좋은 법으로 믿을 것이요." 이 말씀은 실용주의(實用主義)를 말하는 것으로 오해할 수 있다. 실용주의는 세속적으로 표현하면 '좋은 것이 좋은 것'이라는 것이다. 미국식 실용주의를 말한다.

미국식 실용주의는 윌리엄 제임스(William James, 1842-1910)와 존 듀이(John Dewey, 1859-1952)로부터 시작되었다. 실용주의자들은 실증주의(實證主義) 전통을 이어받아 경험적인 현실만이 유일한 세계라고 인정한다. 경험적으로 증명할 수 없는 것은 말하지 말자는 것이 실증주의다. 예를 들어 신(神)의 존재는 증명할 수 없는 것이므로 말하지 말자는 것이다. 물론 신이 존재하지 않는다는 것도 증명할 수가 없기는 마찬가지다. 그러므로 신의 존재 여부는 논하지 말라는 것이다. 다만 유신론을 인정하는 것이 현실 생활에 유리하면 그것을 채택하고, 무신론을 주장하면 무신론을 채택하자는 것이다. 이것은 성리학적으로 보면 받아들일 수 없는 사고방식이다. 솔성요론에서 말하는 '좋은 법'이란 실용주의자들이 세속적으로 좋다는 식의 좋은 것이 아니다.

좋은 법을 찾아내기 위해 여러 가지 법을 찾아 비교해 보아야 한다. 열 사람의 법을 비교해 보려는 노력은 독선과 미신에 떨어지지 않는 방법으로 말씀한 것이다. 소태산 성존이 법위등급을 말씀한 내용 중에서 본다. 매우 높은 법위인 '출가위'의 조건 중에 이런 조항이 있다. "현재 모든 종교의 교리를 정통하며," 열 사람의 법을 모두 알아야 그 가운데 진정으로 좋은 법을 고를 수 있다는 말씀이기도 하다.

좋은 법을 선택하는 판단 기준을 살핀다.

① 의식주(衣食住)를 원만구족하고 지공무사하게 누리게 하는 법.

② 진선미(眞善美)의 가치를 원만구족하고 지공무사하게 실현하게 하는 법.

③ 모든 사람은 평등하고 자유롭다는 자연법(自然法, natural law)의 기초 위에 전개된 법.

④ 모든 사람은 자기의 줏대를 바로 세우고 실천할 권리가 있다는

자연권(自然權, natural rights)과 우주 자연과 다른 사람들을 존중하는 자연의무(自然義務, natural duty)의 기초 위에 전개된 법.

⑤ 자리이타(自利利他)를 가르치는 법.

⑥ 합리적인 과학 탐구를 존중하는 법.

⑦ 사람과 우주 자연의 본성을 밝히는 성리공부(性理工夫)를 가르치는 법.

⑧ 음양상승과 인과보응의 진리를 밝히는 법.

⑨ 모든 존재의 영기질(靈氣質) 짜임새를 밝히는 법.

⑩ 삶과 죽음의 도(道)와 삼세윤회(三世輪廻)를 가르치는 법.

⑪ 두 가지 이상의 길을 밝혀주는 법.

⑫ 삼학병진을 가르치는 법(마음 가다듬기, 일과 이치를 연구하기, 일을 바르게 하기).

좋은 법인가를 판단할 수 있는 능력을 기르는 방법을 생각해 본다. 좋은 법을 판단하려면 그 능력을 길러야 한다. 자기의 현재 상태에서 좋은 법을 판단한다면 진리적 기준이 아니라 편의적 실용주의에 흐르고 말 것이다.

① 나를 '어리석은 중생'이라고 자각하는 마음가짐을 가져야 한다. 내가 지적(知的)이고 영적(靈的)으로 능력이 있는 사람이라고 내세우는 순간, 좋은 법을 찾을 수 있는 마음눈(心眼)과 영안(靈眼)이 어두워진다.

② 혼자 있을 때도 몸가짐과 마음가짐을 바르게 챙기는 태도를 가져야 한다. 몸과 마음가짐이 흐트러진 사람은 '바른 눈'과 판단력을 갖지 못한다. 몸과 마음가짐이 깨끗하고 바른 사람이 육안(肉眼), 심안, 영안을 바르게 뜰 수 있다. 예를 들어 술에 취한 사람은 육안도 제대로 뜨지 못하지 않는가?

③ 일원진리(一圓眞理)의 힘을 얻으려고 하는 심고와 기도의 정성을 들여야 한다.

④ 일원진리의 힘과 하나 되려는 선공부(禪工夫)를 해야 한다.

⑤ 시선(視禪), 청선(聽禪), 후선(嗅禪), 식선(食禪), 설선(說禪), 촉선(觸禪)으로 무시선, 무처선한다.

⑥ 우주와 나를 하나로 되게 하는 '천단지전(天丹地田) 숨쉬기', '천단지전 성리공부'로 생활선(生活禪) 공부를 한다.

⑦ 마음 챙기는 것과 '일 챙기기'를 동시에 하며 '일'을 바르게 하는 공부를 한다.

만우당 생각 02

동물들 세계에도 법률은이 적용된다

네 가지 은혜 가운데 '법률은(法律恩)'은 사람에게만 적용되는 것으로 알 수가 있다. 그러나 '법률은'도 모든 존재에게 적용된다. 사람에게만 적용된다면 우주를 관통하는 큰 진리라고 하기는 어렵지 않겠는가?

법률은의 범주 가운데 하나는 사회질서가 있어서 내가 살 수 있다는 것이다. 질서의 테두리 안에서 자기를 보존하고 후손을 번창시키는 기본적인 일을 할 수가 있는 것이다. 자신의 줏대를 실현하는 일도 가능하다. 사람만 그러한 것이 아니라 동물들의 세계도 그렇다. 동물들의 생태계도 종족 내부의 질서가 있어서 자신들의 종족을 보존하는 일을 하고 있는 것이다. 예를 들어 고릴라 집단도 그들끼리의 질서가 있고, 그 질서 안에서 생존하며 종족을 보존하는 것이다. 다만 동물집단이 가지는 질서의 원천은 '힘과 공포'라는 특징이 있다. 힘센 놈이 만드는 질서에 순응하며 살아가는 것이 동물들의 세계다. 그렇게 해야만 자기들의 생존이 보장되기 때문이다.

그러나 사람들의 질서는 나면서부터 주어진 권리와 의무에 기반하고 있다. 모든 사람은 나면서부터 자유롭고 평등하다는 자연법(自然法), 모든 사람은 나면서부터 개인의 삶을 설계하고 누릴 수 있다는 자연권(自然權), 모든 사람은 나면서부터 자리이타의 책임을 다해야 한다는 자연의무(自然義務)에 토대하고 있다는 것이다. 그리고 중요한 것은 힘과 공포가 아니라 '깨달은 성인들의 가르침'이 사회질서의 줄기를 이룬다는 것이다. 이것이 동물들의 법률과 다르다. 지배자, 권력자의 폭력이 입법이나 법률 해석의 주체가 된다면 동물들의 세계와 다름이 없다. 법률은은 주어진 질서를 그대로 받아들이라는 것이 아니다. 그것을 판단하여 모든 사람, 모든 존재에게 은혜를 주고 진급되게 하는 법률로 만들어야 한다는 것을 가르치고 있다. 이것이 법률 보은(法律報恩)이다.

만우당 생각 03

세전(世典)은 법률은의 구체적인 조항이다

법률은을 신앙의 차원에서 모실 때 철학적으로 단단한 기초가 필요하다. 그 가운데 하나가 『세전(世典)』을 공부하면서 이론을 다지는 일이다. 정산 성사(鼎山聖師)는 『세전』 총서편에서 말씀하신다. "사람의 영식(靈識)이 모태에 들면서부터 이 세상에 나고 자라서 일생을 살다가 열반에 들기까지에는 반드시 법 받아 행하는 길이 있어야 그 일생이 원만할 것이며 영원한 세상에 또한 원만한 삶을 누리게 되나니라. …"

사람이 입태(入胎)로부터 열반에 이르기까지 진리의 바른 도(道)에 따라 생각하고 행동해야 할 것을 말하고, 그 구체적인 조항을 밝힌 것이 『세전』이다. 이것은 법률 피은의 강령과 조목을 구체적으로 제시하고 있는 내용이다. 사람의 일생이 어느 한순간도 법

(法)과 율(律)의 테두리를 벗어나지 않는다는 것이다. 태교의 도, 어린이를 가르치는 도, 과학과 도학을 두루 가르치는 통교(通教)의 도, 부부의 도, 부모 자녀의 도, 형제 친척의 도, 신앙의 도와 신자의 도, 남녀의 도, 노소의 도, 강약의 도, 공중의 도, 나라의 차원에서 치교(治教)의 도와 국민의 도, 인류의 도, 그리고 노년기에 이르러 휴양의 도와 해탈의 도를 밝히고 열반의 도와 천도의 도까지 밝히고 있다. 그리하여 "사람이 한세상 동안 법 받아 밟아 행하여 나아갈 도리가 실로 한이 없다."라고 하시니, 『세전』은 법률은을 실천적으로 밝히고 있는 것이라 하는 것이다. 또한 『세전』이 제시하는 조항을 실천하면 법률 보은이 된다는 말이다.

법률은을 말할 때 수시로 문제가 되는 일이 있다. '나쁜 실정법(實定法)'에 대응하는 문제다. 이 경우 『세전』을 실천하면 쉽게 해결된다. 악법(惡法)을 거부해야 하는 근거를 주고 있기도 하기 때문이다.

만우당 생각 04

마음공부의 세 가지 차원

마음공부를 감정 조절과 같은 말로 이해하는 사람들이 있다. 그것은 불완전하고 불안정한 마음공부다. 마음의 '흔들리지 않는 틀'을 바로 세우고, 우주와 인생의 바른 진리를 알아내며, 모든 일을 바르게 성취하는 것이 '마음공부'다. 이 세 가지 차원을 동시에 실천해야 한다는 것이 소태산 성존의 가르침이다. 삼학병진(三學竝進)이라기보다 삼학동시(三學同時) 공부가 소태산 성존의 마음공부다.

크리스트교 『성경』 잠언 16장을 읽는다. "마음의 계획은 사람이 하지만, 혀의 대답은 주님에게서 온다. 사람의 길이 제 눈에는 모두 결백해 보여도 영을 살피시는 분은 주님이시다." 사람이 올바르다고 하는 일이 '하나님'의 이치에 반드시 맞는 일은 아니라는 말이다. 그러므로 언제나 '하나님'의 계획을 제대로 알라는 것이다. 사람의 감정을 조절하는 것만으로는 하늘의 뜻을 알 수 없다는 뜻을 읽는다.

이 구절을 성리공부(性理工夫)로 풀어보면 마음공부의 다른 차원을 분명하게 알게 하는 가르침이 있다. 감정을 조절하고 부드럽게 처세하는 것만이 마음공부라고 할 수 없다는 것을 쉽게 알게 하는 말씀이다. 부드러운 것만이 반드시 하늘의 이치라고 할 수는 없다는 말이다. 부드러운 처세를 하더라도 진리에 맞게 부드러워야 한다. 아부하거나 속이기 위해 부드러운 것은 부드러운 것이 아니다. 부드럽다가도 때로는 우레와 번개를 치고 태풍과 큰 파도를 일으키는 것이 하늘의 이치다. 음양(陰陽)의 작용을 통하여 결국은 만물을 살리는 것이 하늘의 진리다. 그런데 사람이 하늘의 이치를 믿지 않으며, 자기 능력이 있다고 믿고, 자기 능력으로 살려고 할 때 잘못이 생긴다.

그래서 다음 구절이 더 다가온다. "네가 하는 일을 주님께 맡겨라. 계획하는 일이 이루어질 것이다." 자신의 욕심으로 일하지 말고 하늘의 진리와 뜻을 물으라는 말씀이다. 크리스트교인들이 하늘의 뜻을 묻는 방법은 기도이지만 '일원인(一圓人)', '일원사람'의 방법은 성리공부이다.

일을 할 때 중요한 것은 그 일을 바르게 하는가를 되돌아보는 것이다. 사람은 하늘의 진리를 바르게 깨달아 바른 일을 계획하고, 바르게 일을 하는 것이다. 음양상승과 인과보응의 이치를 알고 그 이치대로 개인의 일을 하고 가정을 꾸리며 직업에 종사하는 것이다. 기업을 경영하고 나라를 관리하는 일도 그 이치에 따라야 한다. 진리 앞에 진정으로 겸허한 사람이 되어야 진리를 알 수 있고, 진리를 실천할 수 있다는 말이다. 그리하여 그 진리에 맞게 마음을 사용하는 것을 마음공부라고 하는 것이다. 그저 단순히 부드럽고 얌전한 처세, 화내지 않고 친절한 사람이 되는 것을 마음공부라고 잘 못 생각하는 일을 경계해야 한다. 일원(一圓)의 진리를 깨달으려는 공부를 하지 않고, 감정 다스리고, 화기로운 처세만을 한다면 진정한 마음공부가 아니다.

만우당 생각 05

법인절에 생각하는 두 가지 거듭남(부활)

원기4년(1919) 음력 3월 26일부터 7월 26일까지 매월 3·6일마다 소태산 성존과 아홉 제자가 하늘에 기원하였다. 열 번째 기도를 맞는 7월 26일, 자기 자신을 제물(祭物)로 바쳐서 어지러운 세상을 구하게 해달라는 의식을 행한 날이다. 자신을 제물로 바친다는 징표로 백지에 맨 손가락 도장을 찍었다. 소태산 성존과 아홉 제자가 흰 종이에 맨 손가락 도장을 찍는 의식을 행한 것에 대해 의례학(儀禮學, ritualism)으로 살펴보는 것은 일정한 뜻을 가질 수 있다.

전통적으로 생명을 바칠 수 있는 결심을 보일 때 혈서(血書)를 쓰는 경우가 있었다. 이 글을 읽는 분 가운데도 혈서를 쓴 경험을 하신 분도 있을 것이다. 법인성사와 가까운 시기의 사례를 본다. 안중근(1879-1910) 열사와 11명의 동지가 1909년, 동의단지회(同義斷指會)를 조직하였다. 그들은 왼쪽 무명지 일부를 잘라 그 피로 태극기에 '대한독립'이라고 혈서를 썼다. 조선 독립과 동양 평화를 위해서라고 하였다. 왼쪽, 네 번째 손가락이 잘린 손바닥 도장으로 낙관(落款)한 안중근 열사의 휘호는 자주 보았을 것이다.

동서양에 걸쳐 하늘에 제사를 모실 때 사람의 몸을 바치는 전통이 있었다. 유대 민족의 전통에서 살펴본다. 왕이 되려는 사람은 백성을 위해 기꺼이 자신을 희생할 수 있어야 한다고 생각하였다. 크리스트교 『성경』 창세기에 '아브라함'과 그의 아들 '이삭'에 관한 이야기가 있다. '이삭'은 '아브라함'의 부인인 '사라'가 90세에 낳은 귀한 아들이다. 하나님은 아브라함의 믿음을 검증하기 위해 그의 아들 이삭을 '태워서 희생물로 바치는 제물'로 바치라고 한다. '아브라함'은 그 말 대로 실행하려고 하였다. 하나님은 그의 믿음을 보시고 마지막 순간에 '이삭'을 살리신다. 그렇게 유대의 종족이 번성해 왔다. 죽음을 각오한 의지를 확인하고 다시 살리신 것이다. 법인성사와의 형식적 유사성을 발견한다. '예수 크리스트'는 자신을 희생시켰기 때문에 왕으로 받들어졌다고 할 수 있다. 유대민족의 사상적 전통의 틀 안에서 이해할 수 있는 사실이다.

동아시아에서는 사람을 희생물로 바치는 전통이 손가락을 자르거나 혈서를 쓰는 의식으로 변했다고 할 수 있다. 다른 한 편으로는 희생물이 사람 대신 동물로 대체되었다. 대표적인 것은 소나 양이다. 오늘날까지 소나 양을 제물로 바치는 것은 세계 여러 지역에서 찾아볼 수 있다. 현재 우리나라의 풍속에서도 그렇다. 지금도 여러 형태의 고사(告祀)를 지낼 때 돼지머리를 올리지 않은가?

사람이나 동물이거나 간에 제물로 바치는 경우는 '생명'을 바치는 것이라는 의미가 있다. 생명을 바쳐야만 원하는 것을 이루어 준다는 것이다. 사람의 생명을 제물로 바치는 이야기는 고대 소설인 〈심청전〉에도 반영되어 있다고 할 수 있다.

사람의 몸을 바치는 관습은 불교에도 있다. 소신공양(燒身供養)이다. 자기 몸을 불살라 부처님께 공양한다는 것이다. 소신(燒身)을 고행(苦行)의 가장 높은 수준의 수행이라고 하는 사람도 있지만, 정작 석가모니 부처님은 해서는 안 되는 수행이라고 하였다. 소신공양의 범주라고 할 수 있는 방법으로 불교의 연비(燃臂)의식을 들 수 있다. 과거에는 간혹 팔을 잘라 스승에게 바치는 행위를 한 사람들도 있다.

여러 종교에서 몸 바치는 것을 높은 수준의 희생으로 간주하기도 하였으나, 이것은 동물로 대체하여 바치는 전통으로 완화되었다. 더 완화된 방법으로는 혈흔(血痕)을 나타나게 하거나 혈서(血書)를 쓰는 것이다. 혈서를 쓴다는 것은 가장 높은 수준이거나 극대화된 결심의 표현이다.

선종(禪宗)의 전통에 봉흔(棒痕)과 괵혈(摑血)이란 행동이 있다. 한의학에서 설명하는 괵혈이란 질병이 있다. 그러나 이때의 괵혈이란 한의학에서 말하는 일종의 피부병은 아니다. 방망이로 내려치고, 손바닥으로 내려쳐서 생긴 붉은 핏자국을 말한다. 간절하게 알려준 가르침을 절실하게 받아들이는 행위를 말한다. 선종의 수련이지만 유가(儒家)에서도 받아들이고 있다. 마음을 모으고 정성과 결심이 간절한 상태에서 손바닥을 내리치면 핏자국이 생기는 일이 불가(佛家)나 유가(儒家)에서 있어 왔다는 기록들이 있다.

여기서 백지에 맨손 도장을 찍는 의식이 전혀 새로운 일은 아니라는 것을 알 수 있다. 방망이로 내리치는 대신 마음을 손가락에 모아 피맺힌 마음을 집중하는 것으로 변형시킨 것이다. 물론 혈인(血印)이 나타나는 일도 과거에 종종 있었다는 것을 알 수 있다. 여기서 소태산 성존의 아홉 제자가 혈인을 나타나게 한 것을 비과학적이거나 신비로운 일이라고 의심하는 사람들이 있다. 과학과 합리성을 존중하는 소태산 성존의 가르침에 비추어 백지혈인(白指血印)의 역사에 대한 설명이 더 필요하다는 '일원사람', '일원인'들이 있다.

그런 분들에게 대답한다. 앞서 동서양에 걸쳐서 목숨을 바치는 종교적 행위가 있었다는 것을. 사람의 목숨에서 귀한 동물의 목숨으로, 그리고 사람의 '피'로서 대체되어 온 과정으로 간추려 볼 수 있다. 그리고 선종과 조선 선비들이 '봉흔과 괵혈'이라는 수련을 했다는 것은 백지혈인과 유사한 전통이라고 할 수 있는 것이다. 이런 점으로 미루어 백지혈인을 이적(異蹟)으로 이해하기보다는 과학적인 현상으로 증명할 수 있는 영역으로 인정할 수 있다.

그러나 무엇보다 중요한 것은 자발적인 자기희생을 '죽음의 의례'로 해석하지 말자는 것이다. '뜻의 거듭남', '세상을 구하자는 경륜의 부활'로 받아들이자는 것이다. 여기서 종교성(宗教性)이 성장하게 되는 것이다. 크리스트교 사람들 가운데도 예수의 부활은 과학적으로 가능하지 않은 현상이라고 보는 사람들이 있다. 물론 무조건 믿는 사람도 있다. 그러나 예수의 부활을 정신적 부활로 해석하는 신학자들의 주장이 더 설득력이 있다. 예수의 가르침이 예수가 돌아가신 뒤에 비로소 사회적이고 신학적인 세력을 갖게 되었기 때문이다. 예수의 죽음으로 그분의 예언과 믿음, 그분의 소명 의식이 끝난 게 아니라 오히려 조직화 된 세력으로 성장하였다는 말이다. 예수의 가르침이 사회적으로 조직화 된 것이 예수의 '거듭남'인 것이다. '인간 예수'에서 '예수교'로 된 것이다. 육체의 부활이라는 기적은 '예수교'의 탄생에 대한 일종의 의인화(擬人化)라고 할 수 있다.

모든 희생은 희생 그 자체가 아니라 어떠한 형태로든지 '거듭남'으로 나타난다. 소태산 성존께서 죽으러 가는 아홉 분 제자를 다시 불러들인 것은 현대적인 '거듭남'이다. 봉흔이나 괵혈과 같은 범주의 행위로서 백지혈인을 이해할 수 있다고도 했다. 그러나 실제로 혈인이 찍혔는가의 여부는 그리 중요한 일이 아니다. 예수의 몸이 생물학적으로 다시 살았는가의 여부가 중요한 일이 아닌 것과 마찬가지다. 이것을 과학적으로 검증해야 한다고 했다면 오늘날의 크리스트교는 존재할 수 없었을 것이다.

백지혈인의 역사에서도 중요한 것은 '피맺힌 마음', '혈심(血心)'이다. '피 맺힌 마음'이 종교 형태의 조직으로 거듭난 것이다. 교단(教團)이 된 것이다. 소태산 성존의 '인격적 의지'로만이 아니라 하늘의 인증을 얻은 교단으로 되었다는 것이다. 인간의 의지에서 하늘의 뜻으로 승화한 것이다. 천지인 합일(天地人合一)의 교단으로 거듭난 것이다. 천지인 합일을 상징화하여 '일원팔괘(一圓八卦)'를 정하고, 그에 맞추어 '단(團)'을 짰다. 오늘날의 교화단이다. 여기서부터 주세 교단이 출발한 것이다. 일원주의(一圓主義)의 교단이 된 것이다.

만우당 생각 06

원극(圓極) 사상,
원유(圓有) 사상

태극(太極)은 '변하지 않는 것의 중심'이고 무극(無極)은 '변하는 것의 중심'이다. 현상의 세계에 수많은 개체가 존재하는데, 그 개체 존재들의 중심이기 때문에 다극(多極)이다. 그런데 셀 수 없는 개체가 있고, 그에 따라 셀 수 없는 다극이 있으므로 무극(無極)이라고 하는 것이다. 또 '헤아림'을 초월하는 것이기 때문에 무극이라고 한다. 변하는 것의 중심과 변하지 않는 것의 중심은 같은 것이다. 태극이 무극이요, 무극이 태극이라는 말이 그것이다. 정확하게 알아야 할 것이 있다. 태극이 '변하지 않는 것'의 중심인 것이라고 했다. 이것을 공부하는 분들 가운데 '변하지 않는 중심'으로 해석하는 경우가 있다. 이것은 아니다. 이 말로 이해하면 태극이 무극의 중심이라고 말하게 된다. 이렇게 말하면 이원론(二元論)이 된다.

'태극이면서 무극'이라는 말의 근원은 천지인 합일(天地人合一) 사상을 범주화한 말이다. 우리나라와 동아시아의 사상이다. 천지인(天地人)이 하나가 되지만 천도(天道)-지덕(地德)-인정(人正)의 구분을 한다. 하늘의 도를 받아 땅이 만물을 펼치고, 사람은 천도와 지덕을 받아 '일을 바르게' 한다는 것이다. 이처럼 태극이 곧 무극인 것을 사람이 받아 '일'하는 것을 원극(圓極)이라고 한다.

진공(眞空)은 '변하지 않는 것의 실체(實體, substance)'이고 묘유(妙有)는 '변하는 것의 실체'이다. 묘유는 개체들이 현실적으로 존재하는 상태를 말한다. 진공을 본체(本體)라고 하고, 묘유를 현상의 세계로 이해하는 방법이 있다. 이런 방식으로 보면 본체와 현상의 세계가 각각 다른 세계라고 보게 된다. 그러나 변하는 것과 변하지 않는 것이 각각 다른 존재가 아니다. 다른 세계도 아니다.

진공 묘유가 하나라는 것이다. 물리학적인 우주(宇宙)를 보라. 우주는 무한한 공간이지만 무한한 별들로 채워져 있다. 우주는 비어있으면서도 채워져 있는 것이다. 모든 존재도 그렇다. 사람이나 동식물의 내부도 무한한 공간이 있지만 무한한 세포로 되어있지 않은가? 공간 속에 원자가 있고, 원자의 내부에도 공간이 있다. 이것이 진공 묘유다. 존재를 진공의 측면과 묘유의 측면으로 나누어 볼 수 있다는 것이 아니다. '진공이면서 묘유'인 것이다. 그것을 원유(圓有)라고 한다.

〈일원상 서원문〉에서 원극(圓極)과 원유(圓有)를 찾아본다. "일원은 언어도단(言語道斷)의 입정처(入定處)이요, 유무 초월의 생사문(生死門)"이다. '입정처'는 존재하는 모든 것들의 근본 틀을 잡아주는 작용이다. 원기(元氣)가 가득한 상태다.

생사문(生死門)이라는 말은 개체로 존재하는 것들이 생겨나게 하고 없어지게 하는 틀이 된다는 것이다. 그런데 우주의 차원에서 보면 생겨나는 작용과 없어지는 작용이 동시에 일어난다. 유와 무를 초월한다는 말이 바로 이 말이다. '유'도 아니고 '무'도 아니라는 말은 '유'이기도 하고, '무'이기도 하다는 것이다. 입정처는 태극이요 진공이다. 그리고 생사문은 무극이요 묘유다. 입정처와 생사문이 같은 것이라는 것은 원극(圓極)이요 원유(圓有)다.

'원극'과 '원유'의 중심은 사람이다. 일원(一圓)은 "천지·부모·동포·법률의 본원이요, 제불·조사·범부·중생의 성품"이다. '천지·부모·동포·법률'과 '제불·조사·범부·중생'은 사람을 중심으로 적용되는 범주들이다. 네 가지 은혜의 범주는 모든 존재에 적용되는 존재철학의 원리다. 그런데 중요한 것은 네 가지 은혜의 범주는 '은혜 갚음', '보은(報恩)의 실천'이 포함되었다는 것이다. 은혜 갚는 실천은 오직 '사람'만이 할 수 있는 실천이다. 그런 의미에서 '네 가지 은혜'도 사람 중심으로 본 것이라 하는 것이다.

- 정신수양, 사리연구, 작업취사의 공부를 한다. 작업취사는 '일'을 잘하자는 것이다. '삼학병진' 자체가 일을 잘하자는 것이다. 『정전』 제4장 삼학, 제3절 작업취사에서 읽는다. "실제 일을 작용하는 데 있어 실행을 하지 못하면 수양과 연구가 수포에 돌아갈 뿐이요 실효과를 얻기가 어렵나니…." 일을 할 때 진리에 맞는 것은 행하고 그렇지 않을 때는 행동하지 말라는 말씀이다. 인과보응과 음양상승의 진리에 맞게 일하라는 말씀이다.

돌이켜 보면 사람은 그냥 존재하는 것이 아니라 일하며 존재한다. 물질적인 의식주(衣食住) 욕구와 정신적인 진선미(眞善美) 욕구를 실현하는 것을 '일'로 이해하게 되는 것이다. 한 마디로 '일하는 존재(Homo Laboris)'이다.

동서양을 막론하고 전통적인 종교나 철학, 문화에서는 '일'을 본질적인 것이 아니라고 생각했다. '일'을 죄업의 결과로 본다거나 형벌로 주어진 것으로 본다. 그러나 소태산 성존은 '일'을 본성의 영역으로 자리하게 한 것이다. 사람은 '일'을 하며 우주와 하나가 되는 것이다. '일'은 우주의 진리를 현실화하는 것이기 때문이다.

우주가 운행(運行)하는 것과 사람이 '일'하는 것은 그 길이 같은 것이다. 우주가 운행하는 것은 태극과 무극이 동시에 있는 것이고 진공과 묘유가 동시에 있는 것이다. 원극(圓極)이며 원유(圓有)라는 말이다. 마찬가지로 사람이 '일'하는 것도 그렇다. 사람이 일하는 것이 원극이며 원유인 것이다. 원극과 원유가 하나다. 그것을 일원(一圓)이라고 한다.

"능이성 유상(能以成有常)하고 능이성 무상(無常)하다."

모든 존재는 움직인다. 움직이는 존재에서 '변하지 않는 틀'과 '변화하는 모양'이 동시에 드러나는 것을 규정하는 말이다. 다시 물리적 우주를 보시라. 우주는 변하지 않는 큰 집이지만 동시에 한순간도 멈추어 있지 않은 '큰 운동'이다. '큰 운동'은 변하지 않으면서 변하는 운동이다. 생물학적인 사람도 마찬가지다. '본성(本性)의 '나'는 있지만, 동시에 '나'는 잠시도 쉬지 않고 변하고 있지 않은가? 변하지 않는 '나'와 변하지 않는 '나'는 '나' 한 사람이다. 결코

두 사람이 아니라는 것은 누구나 인정할 것이다. ‘우주’와 ‘나’는 변하지 않으면서 변하는 존재다. 원극(圓極)과 원유(圓有)가 하나인 ‘일원(一圓)’이라는 것을 추론할 수 있는 과학적 기반이다. 원극, 원유 사상은 원철학(圓哲學), ‘원(圓) 성리학’의 기본개념이다.

• 태극과 무극이 하나인 것이 원극이며, 진공과 묘유가 하나인 것이 원유다. 그리고 원극과 원유가 하나인 것은 일원(一圓)이라고 하는 것이다.

만우당 생각 07

소태산의 문답법, 아래로부터의 문답법

소태산 성존이 가르치는 방법은 문답법(問答法)이라고 할 수 있다. 문답법을 교육의 방법으로 처음 쓴 사람은 소크라테스(서기전 470–서기전 399)다. 그의 문답은 대화 상대방으로 하여금 '자신의 무지(無知)'를 깨닫게 하는 것을 목표로 하고 있다. 부드럽게 말하면 지적(知的)으로 겸손하게 만드는 방법이다. 소크라테스보다 앞서 공자(孔子, 서기전 551–서기전 479)와 노자(老子, 서기전 6세기–4세기)가 무지(無知)를 자각할 것을 말했다. 문답법을 소크라테스가 먼저 썼지만 '무지의 자각'은 동아시아의 성인들이 먼저 가르친 것이다.

소크라테스는 가르치는 대상자가 자신의 무지를 알게 하기 위해서 먼저 묻고, 그 대답의 약점을 공격하는 방식으로 진행한다. 이것은 '위로부터의 방법'이다. 연역적(演繹的, deductive)인 방법이다. 소크라테스의 제자 플라톤(Plato, 서기전 427-서기전 347)의 대화법(對話法, dialog)도 스승을 따라 문답법을 쓴 것이다. 소크라테스는 상대방이 무지를 깨닫도록 이끌어 갔다. 문답의 끝머리에 "너 자신이 (모른다는 것을) 알라!"고 하는 것이다.

이에 비해 플라톤의 문답은 대화의 대상자들에게 자신들이 가진 생각이 '허망한 생각(doxa)'이라는 것을 지적하여 깨닫도록 하는 것이다. 대화의 끝머리에 "모든 존재의 근본 틀이 된 '이데아(Idea)'"를 떠올리게(Anamnesis) 하는 것이다. 이데아의 세계를 떠올릴 수 있게 되면 이데아의 세계에 이를 수 있다고 가르쳤다. 그의 주지주의(主知主義, intellectualism)다. 소크라테스와 플라톤의 것은 군주적(君主的) 문답법이라고 할 수 있다.

소태산 성존은 대화의 대상자들에게 '물음 거리'나 '말거리'를 던지고 그에 대한 대답을 먼저 요구한다. 대부분 대화하는 사람들이 어느 정도 바른 대답을 한다. 그리고 끝머리에 대답의 내용을 바로잡아 주거나, 한 말씀을 더 하여 결론을 내린다. 이러한 방법은 '아래로부터의 방법'이다. 귀납적(歸納的, inductive) 문답법이다. 이것은 민주적(民主的) 문답법이라고 할 수 있다.

만우당 생각 08

강약진화(强弱進化)의 도(道)는 인과 이치, 음양상승 이치의 실천이다

강자·약자 진화의 도를 윤리적으로 이해하거나 처세술로만 이해하는 경우가 있다. 그러나 강자·약자 진화의 도는 깊은 성리학적 실천을 요구하는 경지이다.

무슨 일이든지 이기는 것은 강(强)이고, 지는 것은 약(弱)이라 하였다. 가볍게 읽으면 사회를 강과 약의 둘로 나누는 이론처럼 볼 수 있다. 유산계급(부르주아)과 무산계급(프롤레타리아)의 둘로 나누는 방식이다. 두 개 이상의 계급으로 나누는 방법도 있다. 일반적으로 왕족과 귀족, 자유민과 노예의 계급으로 나눌 수 있다. 인도의 카스트제도도 있다. 승려 계급인 브라만, 무사 계급인 크샤트리아, 상업과 농업의 바이샤, 그리고 노예인 수드라 계급이다. 석가모니 부처님은 두 번째 계급인 크샤트리아 계급 출신이다. 이와 같은 계급제도는 신분상의 진급이 불가능한 계급 세습이다. 이러한 것은 신분상의 강약관계라고 할 수 있다.

이런 관점에서 보면 강약진화의 도를 실천하는 것을 계급 간 협조관계로 이해할 수 있다. 계급 분열과 투쟁의 과정으로 사회를 바라본 마르크스(Karl Marx, 1818-1883)도 계급 간 협조도 가능하다고 말한 바 있다. 피를 흘리는 폭력적 투쟁으로 계급혁명을 일으키자는 사람이 마르크스라고만 알고 있는 분들에게는 뜻밖의 말이라고 할 수 있다. 마르크스를 받아들인 러시아의 마르크스주의자들이 계급 간 협조는 불가능하다고 수정했다. 레닌(Vladimir Ilich Lenin, 1870-1924)이 그 사람이다. 아무튼 강약진화의 도를 계급 간 협조 이론으로 볼 수 있지만, 그것은 강약 진화의 한 개 범주일 뿐이다.

이에 비하여 최초법어에서 말씀하는 강약관계는 복합적이다. 단순히 신분상의 계급적 강약관계만이 아니라 모든 일을 할 때의 강약관계를 말하는 것이다. 이것은 '일'의 민주화를 전제로 한 말이다. 이것은 직업의 민주화를 말하는 것이기도 하다.

'일'은 몸으로 하는 '일'과 정신으로 하는 '일'로 나누어 이해한다. 전통사회에서는 몸으로 하는 일(육체노동)을 노예와 같은 하층계급이 하는 것으로 보았다. 심지어 몸으로 하는 일을 형벌로 이해하였다. 왕과 귀족 등의 지배계급이 하층계급에 몸으로 하는 힘든 일을 시킨 것이다.

서양에서 산업혁명이 일어나고 신흥 부르주아 계급이 등장한 뒤, 민주화를 위한 혁명이 시작되었다. 1688년, 영국의 명예혁명으로부터 시작하여 1775년에는 미국 독립전쟁이 시작되었다. 미국 독립전쟁은 독립과 함께 민주화를 이루고자 한 혁명이었다. 영국의 국왕을 부정하였을 뿐만 아니라 군주제 자체를 부정하였다. 그리고 1789년에는 프랑스에서 부르주아, 즉 시민계급이 혁명을 일으켰다. 유럽의 19세기를 혁명의 세기라고 할 만큼 민주화 혁명이 여기저기서 지속되었다. 20세기에 들어서는 러시아에서 레닌이 주도하는 볼셰비키 혁명이 일어났다. 사회주의 혁명이지만 군주제를 폐지하자는 것에는 공통점이 있다.

유럽 19세기 혁명의 세기를 지나며 계급사회의 틀은 무너지고 민주사회의 틀이 만들어졌다. 아시아의 정치적 민주화는 유럽보다 뒤늦게 일어났다. 산업혁명이 서양보다 더 늦었기 때문이다. 산업혁명이 유럽에서 먼저 일어난 것은 인구 증가가 유럽에서 먼저 일어났기 때문이다. 우리나라를 비롯한 아시아의 인구는 20세기에 들어와서 증가하기 시작했다는 사실을 기억해야 한다. 18세기에서 20세기까지의 산업혁명은 폭발적으로 인구가 늘어난 지역에서 의식주 재화를 생산하기 위한 것이었다. 그러나 아직 신분의 차별이나 남녀의 차별, 인종의 차별이 지구상에서 없어진 것이 아니다, 특히 민주화 혁명을 했다는 미국이나 유럽에서도 여전히 인종 차별이 있다. 사요(四要)의 실천이 지구적인 과제라는 것을 알게 하는 현실이다.

정치적 민주화는 경제의 민주화, 직업의 민주화, 노동의 민주화와 함께 이루어져야만 진정한 민주화의 상태에 이르게 된다. 노동의 민주화 단계에서는 '몸으로 하는 일'이 더 이상 하층계급의 일인 것만은 아니게 된 것이다. 모든 신분이나 직업을 가진 사람이 자신의 생존을 위하여 '몸으로 하는 일'을 해야만 하게 된 것이다. 만약 자신의 생존에 필요한 '일'을 다른 사람에게 시키는 때는 대가를 지불해야 한다. 생존에 필요하지만 스스로 할 수 없는 일도 있다. 이 경우에도 그 일을 하려면 다른 사람에게 돈을 지불하고 고용할 수밖에 없다. '몸으로 하는 일'이 형벌이나 천벌이 아니라 상품이 된 것이다. 그 일을 할 수 없는 사람은 약자요 할 수 있는 사람은 강자가 된다. 이것이 민주화 혁명 이후에 '일'이 달라진 사실이다. 한 사람이 의식주를 위한 모든 일을 다 할 수 없으므로 어떤 일은 다른 사람의 노동이나 지혜에 의존할 수밖에 없는 조건이 된 것이다. 계급사회에서는 권력 가진 사람들이 다른 사람의 노동과 지혜를 빼앗았지만, 민주사회에서는 돈으로 사거나, 제도화된 '비영리 노동'에 의존하는 구조로 된 것이다.

한편 '일'은 여러 가닥으로 모든 사람과 얽혀 있다. 권력이 있지만 돈이 없는 사람, 돈이 있지만 지혜가 없는 사람, 법력(法力)은 있지만 재력(財力)이 없는 사람, 부자이지만 여러 가지 교양이 모자란 사람, 지혜가 있지만 건강이 허약한 사람, 건강하지만 덕(德)이 없는 사람 등 이 모든 것을 한꺼번에 갖추고 있는 사람은 거의 없다고 해야 할 것이다. 의식주, 진선미 생활의 모든 경우에 강약관계가 성립되는 것이다.

민주화된 세계, 밝아진 세계에서는 특정한 한 사람이 어느 경우에는 강자이고 어느 경우에는 약자가 될 수 있는 것이 사실이다. 이러한 이치를 알아서 자기 자신이 모든 면에서 강자이거나 모든 면에서 약자가 아니라는 사실을 먼저 깨달아야 한다. 남녀평등의 원리이기도 하다. 바꾸어 말하면 아무리 약자인 것처럼 보일지라도 강자가 된 면이 있다는 말이다. 강약관계가 이처럼 복합되어 있다는 것은 동포은(同胞恩)을 알게 하는 근거이기도 하다. 즉, 동포은에 대한 보은 실천(報恩實踐)을 해야 하는 '성리학적 마땅함'의 근거를 찾을 수 있다는 말이다.

사회과학은 사회적 강약관계와 개인적 강약관계를 사회구조로부터 발생하는 것으로 본다. 그러나 인과보응(因果報應)의 원리로 보면 강자, 혹은 약자가 된 것도 자신이 전생이나 현생에 '지은 것'이다. 자신이 지은 업(業)의 결과이다. 이것은 강자이거나 약자의 상태가 영원히 지속되지 않고 언제든지 변할 수 있다는 진리적 근거가 된다. 자신이 어떠한 생각과 행동을 했느냐에 따라 자신의 강약상태(强弱狀態)가 달라진다는 것이다.

강자 된 '사람'이나 '조직', 그리고 '나라'가 그것을 천부적으로 받은 권리로 생각하고 '강함'을 누리기만 하는 순간부터 그 강함은 약해지기 시작한다. 반대로 약자 된 사람이나 나라가 좌절하여 주저앉아 남에게 의존하는 노예 같은 생활을 한다면 영원한 약자가 된다. 한편 강자에 대한 분노를 일으켜 강자의 것을 빼앗거나 무너뜨리는 것이 강자 되는 길이라고 생각하는 것도 영원한 약자의 상태에 머무르게 하는 것이다. 인과의 이치가 그러한 것이다. 강자는 오만함을 버리고 약자에게 베풀며, 약자는 질투와 투쟁을 그만두고 강자가 강자 된 과정을 배우는 것이 서로 진화(進化)하는 방법이다. 강자가 된 것이나 약자가 된 것 모두 '자기가 지은바'인 것을 알면 영원한 강자가 되기 위하여 서로 살려주며 조화를 이루는 관계, 자리이타(自利利他)의 관계를 유지해야 한다는 것은 쉽게 알 수 있다.

강자가 되거나 약자가 되는 것은 인과 이치의 결과이며 다른 한편으로 음양상승(陰陽相勝)의 이치에 따라서 이루어진 것이다. 음양상승의 때에 맞추어 행동하고 실천하면 강자가 되는 것이다. 즉 농사짓는 사람이 봄에 씨뿌리고 가을에 거두면 농사를 잘 지은 강자가 되는 것이다. 또 가을에 뿌릴 씨를 잘 알아서 때에 맞추어 씨뿌리고 봄과 여름에 거둘 수도 있다. 농사짓기의 기본은 음양의 이치를 잘 아는 것이다. 그런데 사농공상의 모든 일도 마찬가지다. 때를 공부하는 것이 기본이다. 나서서 일할 때와 물러나서 공부하고 도울 때를 아는 것도 음양상승의 이치를 알아서 처신하는 것이다. 양(陽)은 음(陰)을 포함하고, 음은 양을 포함한다. 영원한 양, 영원한 음이 없다. 완전한 양, 완전한 음이 없는 것이다. 양과 음이 칼로 자르듯 갈라진 상태로 있는 것이 아니다. 음양상승하는 때를 알아 행동하면 강자가 되고, 때를 모르고 당시의 현상에만 몰두하면 약자가 된다. 때를 잘 알아서 행동하고 실천하면 강자가 되는 것이다. 때에 맞추어 "항상 새롭게 하는 것"이다. 때를 알면 영원한 강자가 되고, 때를 모르고 일을 하면 설사 강자라고 하더라도 이내 약자로 떨어진다. 그리고 약자는 강자가 될 기회를 계속 놓치게 되는 것이다.

강자·약자 진화의 도를 실천할 때, 그 바닥에 깔린 인과보응의 이치, 음양상승의 이치를 발견해야만 공부와 사업이 둘 아닌 경지를 얻게 된다. 강자·약자 진화의 도를 단순한 처세술로만 받아들이거나 윤리적 덕목으로만 받아들인다면 '일' 속에서 '진리'를 찾아내는 '일의 성리학'에는 이르지 못할 것이다.

만우당 생각 09

일원주의(一圓主義)의 존재 짜임새 원리

불교는 이 우주가 마음으로 되어 있다고 본다. 일체유심조(一切唯心造)라고 한다. 유심론(唯心論)이다. 그런데 사대설(四大說)과 연기론(緣起論)으로 존재의 구성원리를 말하기도 한다. 물질적으로 보면 지수화풍(地水火風)의 사대(四大)로 되어 있다는 것이다. 지수화풍이 뭉쳤다가 흩어지는 원리는 인연과 인과에 따른다는 것이 연기론이다. 그 인연과 인과의 주체가 '나'이고, '나'의 주체는 마음이라고 이해할 수 있다. 그래서 마음이 중심이다. 그리고 물질은 흩어지기 때문에 헛된 것이라고 한다.

모두 아시다시피 크리스트교의 교리는 창조설이다. 모든 존재는 하나님이 창조한 것이다. 우주만물과 사람뿐만 아니라 시간과 공간까지도 하나님이 창조했다고 한다. 사람을 창조할 때는 하나님 자신의 모습대로 흙을 빚어 만들었고 거기에 숨을 불어 넣었다고 한다. 생명과 정신을 준 것이다. 사람의 몸을 '진흙의 집'이라고 하였다.

크리스트교의 관점을 이렇게 볼 수 있다. 즉 지수화풍 사대로 되었다는 것을 의인법(擬人法)으로 표현한 것으로 이해할 수 있다. 이렇게 보면 불교와 맥락이 통하는 말이다. 이런 관점에서 크리스트교는 존재의 세 가지 차원을 말한다. 몸(soma), 혼(魂, psyche), 영(靈, pneuma)의 차원이다. 이 가운데 '몸'은 먼지로 흩어진다. 사람은 '영'의 차원에서 하느님을 예배함으로써 하느님의 영적 차원에 다가갈 수 있다고 보는 것이다. 불교와 크리스트교의 관점 가운데 유사한 것은 몸, 또는 물질을 낮게 평가한다는 것이다. 흩어지고 마는 낮은 차원의 존재 요소로 보는 것이다.

원철학(圓哲學)에서 보는 존재 원리는 영기질(靈氣質)의 짜임새다. 이것이 불교와 다른 점이다. 불교, 크리스트교와 일원주의(一圓主義)의 공부법이 달라지는 근거다. 도가(道家)나 선가(仙家)에서 말하는 정기신(精氣神)의 짜임새와 가깝게 비교할 수 있다. 영기질의 질(質)은 물질을 말한다. 물질만을 존재 원리로 보는 생각은 유물론(唯物論)이다.

기(氣)를 존재 원리로 보는 것은 동아시아의 기철학(氣哲學)이다. 도가(道家)나 선가(仙家)의 생각 중심이다. 영(靈)은 마음(심, 心)과 영식(靈識)으로 볼 수 있다. 마음을 존재 원리로 보는 것은 유심론(唯心論)이다. 서양의 관점으로는 관념론(觀念論)이다. 영식을 존재 원리로 보는 것은 전생윤회설(轉生輪廻說)로 이어진다.

영식은 단순히 인식(認識)의 원리만이 아니라 몸을 바꾸어 윤회하는 존재의 씨앗이기도 하다. 적극적으로 말하면 '윤회'는 존재지속(存在持續)의 원리이다. 변화해야만 영속(永續)할 수 있는 것은 자연의 원리이기도 하다.

영기질론(靈氣質論)은 유심론과 기철학(氣哲學), 기과학(氣科學), 유심론, 또는 관념론과 전생윤회설, 혹은 인과윤회설(因果輪廻說)을 종합한 존재 원리이다. 단순한 종합이 아니라 전통적인 존재철학의 논의를 높은 차원으로 끌어 올린 것이다.

물질적 존재의 4가지 요소는 지수화풍(地水火風)이다. 인도 철학이나 불교의 관점이다. 지수화풍을 물질적 존재의 구조로 보는 관점은 지구상에 넓게 퍼져 있다. 옛 그리스의 엠페도클레스(Empedocles, 서기전 490-서기전 430)도 존재의 원질(原質, Arche)을 물·불·공기·흙의 4원소라고 하였다. 세계 여러 지역의 민간 종교에서도 같은 대답을 들을 수 있다. 예를 들어 멕시코에서도 '미트라'라는 전통 신을 믿는 사람들은 물·불·공기·흙의 4원소로 사람이 되었다고 한다.

영기질의 짜임새를 말할 때, 질(質)의 요소로서 물, 불 공기, 흙의 4대 요소는 받아들이고 있다. 이 4대 요소는 단순한 4대 요소가 아니라 오늘날 밝혀진 물질의 모든 요소를 대표하고 있는 개념이라고 할 수 있다.

물질의 본성에 대해서 입자설(粒子說)과 파동설(波動說)이 대립하고 있었다. 오늘날은 물질은 입자이면서 파동이고, 파동이면서 입자라는 생각이 보편화되었다. '파립자설(波粒子說)'이다. 오늘날 디지털 기술의 기초가 되는 양자물리학을 성립하게 하는 관점이다. 물질(物質)은 그냥 물질이 아니라 일정한 파장(波長)이 있다. 그런데 더 나아가 생각하면 모든 물질은 '무게'를 가지고 있고, 무게를 가진 것은 '힘', 즉 중력(重力)을 가지고 있다. 물질은 파장이기도 하고 에너지이기도 하다는 것이다.

파장과 힘을 가진 물질은 다른 물질과 관계가 있다. 물질세계가 다른 물질과 관계하며 모든 존재가 성립될 수 있지 않겠는가? 바꾸어 말하면 모든 존재는 단일물질이 아니고 복합물질이라는 말이다. 사람의 몸도 지수화풍의 4대가 복합되어 있지 않은가? 물질은 결합하는 법칙을 가진다. 그것은 물질들이 파장과 힘만 가진 것이 아니라 '기억(記憶)'을 가지고 있기 때문이다. 법칙대로 결합하고 해체되라고 입력된 것처럼 작용한다는 말이다. 그 입력된 것처럼 되어 있는 것을 '식(識)'이라고 할 수 있다. 또는 물질의 '영(靈)'이라고 할 수 있다. 다시 말하면 물질도 영기질의 짜임새로 된 것이다.

소태산 성존의 말씀이다. 《대종경》 천도품 15장을 읽는다. "… 세상의 유정(有情) 무정(無情)이 다 생의 요소가 있으며 하나도 아주 없어지는 것은 없고 다만 그 형상을 변해 갈 따름이니 …"

이 말씀을 되새기면 모든 존재하는 것들이 영기질로 짜여 있다는 것을 알 수 있다. 기(氣)와 영(靈)이 있는 것이 생(生)의 요소인 것이다.

존재를 영기질의 짜임새로 보면 전생윤회(轉生輪廻)의 과정이 알기 쉽게 드러난다고 할 수 있다. 물질은 고정되어 있는 것이 아니다. 끊임없이 변하는 것이다. 변화의 기본은 모여졌다 흩어지는 과정이다. 집산(集散) 과정은 인과법칙과 음양상승의 법칙에 따른다. 사람이나 동식물의 몸이 낳고 죽는 것은 물질이 모였다 흩어지는 원리에 따른 것이다.

그러나 기(氣)와 영(靈)은 흩어지지 않고 식(識)에 저장된 종자(種子)에 맞는 물질(物質)의 구조를 갖추게 된다. 이것이 윤회(輪廻)의 과정이다. 죽음이 새로운 탄생이 되는 원리가 여기에 있다. 영기질론은 전생윤회를 과학적으로 이해하는 원리가 되는 것이다.

전생윤회의 관점에서 존재를 본다는 것은 지금까지의 존재철학을 다른 차원으로 다루는 것이다. 지금까지의 존재철학은 '현존(現存)하는 존재'만을 보았다고 할 수 있다. 존재를 정적(靜的)으로 본 것이다. 또는 단면(斷面)만을 본 것이다. 전생윤회의 관점으로 본다는 것은 동적(動的)으로 본다는 것이고, 전면(全面)을 본다는 것이다.

현존하는 존재의 원인은 '현세계(現世界)'에만 있는 것은 아니다. 지금까지의 철학은 '현존재(現存在)'와 '현세계'만을 다루고 있었다. 전통 철학이 다룬 것은 '현존자아(現存自我)'다. 현존자아, 현존재를 영기질의 짜임새로 보면 자연스럽게 현존하는 것들의 원인을 생각하게 된다. 간단히 추론해 보자. 물질은 인과법칙과 음양상승법칙의 지배를 받는다. 이어서 생각하면 그 물질과 결합한 기(氣)와 영(靈)도 인과법칙과 음양상승법칙의 지배를 받을 수밖에 없는 것이다.

현재 결합하여 있는 물질의 원인이 되는 것은 '앞선 세계'다. 마찬가지로 물질의 현존재는 '다가올 세계'의 원인이 되는 것이다. 전생-현생-후생의 연쇄가 이루어진다. 물질의 전생윤회와 함께 '기'와 '영'도 윤회한다. 다만 물질은 흩어지고 기와 영은 다음 단계 물질의 결합방식을 결정한다. '물질의 식(識)', '기의 식'과 '영의 식'은 한 맥락으로 이어져 있다. '물질의 식'은 흩어진다고 하더라도 기식(氣識)과 영식(靈識)은 종자(種子), 즉 '존재의 씨앗'이 되어 다음 단계의 존재를 재구성하게 되는 것이다.

존재를 영기질의 짜임새로 본다는 것은 물질적 차원도 정성스럽게 관리해야 하는 것을 말하는 것이다. 영기질을 균형 있게 조화시켜야 한다는 말이다. 이것은 물질, 또는 몸을 비본질적으로 보고 부정하는 전통 종교들의 생각과 다른 것이다. 〈일원상 서원문〉에서 읽는다. "… 심신을 원만하게 수호하는 공부를 하며, 또는 사리를 원만하게 아는 공부를 하며, 또는 심신을 원만하게 사용하는 공부를 지성으로 하여 …." 여기서 심신(心身)을 수호하고, 사용한다는 말씀은 심각한 뜻이 있다. 몸과 마음을 동시에 잘 지키고, 잘 사용해야 한다는 말씀이다. 마음뿐만이 아니라 '몸'도 중요하게 관리해야 한다는 것이다. '몸'을 중요하게 관리한다는 것은 '몸이 하는 일'도 중요하다는 것을 직접적으로 말하는 것이다. '몸'을 사용하는 것이 '일' 아닌가? 영육쌍전(靈肉雙全)이나 이사병행(理事竝行)의 원리도 여기에 있는 것이다.

만우당 생각 10

언어도단(言語道斷)의 진리, 그러나 말로 표현하라신다

"일원은 언어도단의 입정처"

이 말은 〈일원상 서원문〉의 첫 문장이다. 일반적으로 '일원'은 말로 표현할 수 없는 진리의 본성 자리라고 이해한다. 또 개념으로 표현할 수 없는 직관(直觀)의 영역이라고 이해한다. 일원(一圓)의 진리는 '입정의 자리'인데 말과 개념으로 표현할 수 없는 자리다. 또는 말과 개념으로 표현할 길이 없다는 식으로 이해한다. 그런데 소태산 성존은 이렇게 말한다. 말로 표현할 수도 있어야만 진정으로 깨달은 사람이라는 것이다. 이 모순된 가르침을 해결해 보자.

입정(入定)

입정이란 낱말은 선정(禪定)에 든다는 것이다. 입정이란 낱말을 이렇게 쓴다면, 입정처란 선정에 들어야 직관할 수 있는 본성의 자리라고 이해할 수 있게 된다. 이 경우에 그 본성은 흔들리지 않는 고요한 자리라고 한다. 그렇게만 본다면 '입정처'가 곧 '생사문(生死門)'이 되는 것을 바르게 알 수 없다. 생사(生死)는 모든 변화 과정의 가장 큰 마디다. 그런데 변하지 않는 고요한 자리에서 변화가 일어난다는 것은 모순이라고 할 수 있다. 본체와 현상을 둘로 갈라놓는 잘못이 이 모순으로부터 발생한다. 이분법(二分法), 이원론(二元論)의 모순이 생기는 것은 '입정처'와 '생사문'이 하나라는 것을 모르기 때문이다. 이 모순을 범하지 않으려면 입정처를 고요한 자리로만 알아서는 안 된다.

입정(立定)

입정이나 선정을 표시하는 정(定) 자는 안정시킨다는 뜻이다. 모든 존재가 개별자로서 존재할 수 있게 하는 틀을 잡아 주는 자리라고 할 수 있다. 그런 의미에서 '들 입(入)' 자 입정(入定)으로 표시하는 것보다 '설 립(立)' 자 입정(立定)으로 표시하는 것이 진리의 본성 자리를 이해하는데 보다 더 적합하다고 할 수 있다. 고요한 자리라고 하기보다는 모든 존재의 틀이 생생약동하게 살아있는 '힘'으로 보아야 한다. 준비된 힘의 상태이다. 이 상태를 자동차가 시동이 켜져 있는 상태로 비유하는 사람도 있다. 육상경기를 할 때 선수들이 출발선에서 차려 자세를 하는 것과 같다. 생생한 힘을 채우는 것이다. 그러하기 때문에 생사(生死)의 문을 열 수 있는 것이다.

틀 잡혀 있는 힘의 상태

생생약동하는 자리이기 때문에 "언어도단의 입정처"는 곧 유무초월의 생사문이 될 수 있다는 말이다. 이 두 규정의 관계는 두 개의 측면을 규정하는 것이 아니다. 둘 같지만, 하나인 동시적(同時的) 속성(屬性)인 것이다. 입정처이기도 하고 생사문이기도 한 것이다. 물질과 에너지를 둘로 볼 수 없는 것과 같다. 또 물질이 입자이면서 파동이고 파동이면서 입자라는 파립자설(波粒子說)을 생각하면, 입정처가 곧 생사문이라는 것을 쉽게 알 수 있다. 고요한 상태에서 기운을 돌려 생생약동하는 상태를 끌어내는 것이 아니라, 생생약동하여 만물을 펼쳐내도록 틀 잡혀 있는 힘의 상태이다.

플라톤과 비교

이원론(二元論) 세계관의 틀을 만든 사람

그 상태는 우리의 일상을 돌아가게 하는 근원적인 힘으로서 일상 그 자체 속에 있다. 그러한 힘이 현실을 초월한 세계에 있는 것이 아니라는 말이다. 그런데 전통 종교나 주요한 철학의 흐름에서는 그 힘이 초월적 세계에 있다는 것으로 보았다.

본성의 세계를 '하늘나라'로 불렀다. 그리고 우리가 사는 세상은 '땅 위의 나라'다. 플라톤(Plato, 서기전 427-347)이 '이데아(Idea)'의 세계와 '사물의 세계'를 나누어 보는 방식이 그렇다. 이데아의 세계는 모든 존재의 '근본 틀(Eidos)'이 되는 세계다. 땅 위의 사물 세계는 초월적인 이데아의 그림자 세계라고 한다.

'근본 틀(Eidos)'의 세계인 '이데아'의 세계를 알아낼 방법은 그 세계를 '상기(想起, Anamnesis) 하는 것', 즉 '떠올리는 것'이라고 한다. 이데아의 세계를 떠올릴 수 있는 것은 본래 사람이 전생(前生)에 그 세계에 속했기 때문이라는 것이다. 개념으로 설명하는 것이 아니라 자신의 직관력(直觀力)을 길러서 '떠올리기'를 하라는 것이다. 본성의 세계와 현상의 세계를 둘로 나누어 보았지만, 그 본성의 세계를 말로 표현할 수 없는 세계라는 것에 대하여 플라톤도 말하고 있는 셈이다.

도덕경과 비교

일원론(一元論) 세계관의 틀

『도덕경』의 유명한 말이 있다. "도가도비가도(道可道非可道) 명가명비상명(名可名非常名)"이다. 도를 도라고 규정하면 이내 '떳떳한 도'가 아니게 된다는 것이다. 사물에 이름을 짓는 순간, 그 이름이 변하는 것이라는 뜻이다. 이름을 지어 준다는 것은 개체의 사물이 만들어진다는 것이다. 그런데 개체의 사물은 늘 변화하는 것이라는 말이다. '도'는 변하지 않는 진리를 말하고 '명'은 개별화된 사물을 규정한다는 것이다. 그런데 그 사물은 음양의 원리에 따라 변화하기 때문에 고정된 이름을 붙일 수가 없다는 말이다. 『도덕경』 1장의 말인데 이어지는 문장을 읽는다. "무명(無名) 천지지시(天地之始), 유명(有名) 만물지모(萬物之母) 고(故) 상무(常無) 욕이관기묘(欲以觀其妙) 상유(常有) 욕이관기요(欲以觀其徼), 차양자(此兩者) 동출이이명(同出而異名) 동위지현(同謂之玄) 현지우현(玄之又玄) 중묘지문(衆妙之門)." 이 문장은 다음과 같이 뜻을 읽을 수 있다. "개별자들에 대한 이름을 짓지 않은 상태가 천지의 본원이 되고, 개별자들의 이름을 만드는 것으로부터 만물이 생겨난다. 그리하여 '없음'에서 신묘(神妙)한 힘을 보고, '있음'에서 변화하며 움직이는 길(요: 徼)을 찾을 수 있다. 이 둘은 같은 것인데 다른 이름을 가졌다. 그래서 현묘(玄妙)하다고 하는 것이다. 현묘하고 또 현묘하다. 그리고 모든 개별자가 현묘하게 전개된다." 여기서 주목할 문장은 "이 둘은 같은 것인데 다른 이름을 가졌다."라는 것이다.

이 장에서 '현(玄)'을 더 깊이 이해하면 좋다. 갑골문자(甲骨文字)로 현(玄) 자는 숫자 '8'의 형태로 쓰였다. "천좌선(天左旋), 지우선(地右旋)", 즉 하늘이 왼쪽으로 돌고 땅은 오른쪽으로 도는 것을 무한히 반복하는 것을 표현하는 글자다. 하늘이 왼쪽으로 돈다는 것은 양(陽)의 기운을 말하고, 땅이 오른쪽으로 돈다는 것은 음(陰)의 기운을 말한다. 음양의 무한 순환을 말하는 것이다. 현지우현(玄之又玄)은 이 과정이 무한히 반복되는 것을 말한다. '돌고 돈다'는 말이다. 소태산 성존의 게송에도 나오는 표현이다.

하늘이 왼쪽으로 돈다는 것은 기운을 모아서 땅에 주는 것이다. 그리고 땅이 오른쪽으로 돈다는 것은 하늘의 기운을 받아 그 기운을 펼쳐서 만물을 있게 하는 것이다. 기운이 이렇게 도는 것을 혼돈으로 표현할 수 있다. 혼돈으로부터 사물이 생겨나기 시작했다는 말은 중묘지문(衆妙之門)이다. 생사문(生死門)과 같은 말이다.

'묘(妙)'는 유와 무가 동시에 섞여 있는 것을 말한다. '묘(妙)'와 '현(玄)'은 같은 상태로 이해하여도 좋다. 유와 무가 동시에 섞여 있어 혼돈처럼 보일 수 있지만 그것은 생생약동하는 힘의 상태이다.

『도덕경』의 이 구절은 크리스트교 『성경』 창세기의 말씀과 같은 맥락이다. 하나님이 창조하기 이전의 상태는 혼돈상태이고, 공허하며 흑암이 깊은 상태로 있었다. 여기서 하나님이 "빛이 있어라 하니, 빛이 있었다. 빛을 다시 나누어 빛과 어둠, 낮과 밤, 이어서 모든 생명체를 있어라 하니 있었다."(『성경』 창세기 1장 참조) '있어라!'라고 하는 것은 그 이름으로 규정한다는 것이다.

『주역(周易)』 건괘(乾卦)의 효사(爻辭)를 해설하는 문장 가운데도 "이름을 이룬다(成乎名)"는 표현이 있다. 이름을 이룬다는 것은 개체로서 완성되고 역할을 맡게 되는 것을 말한다. 개체로 만들어지며, 때의 흐름을 따라 변한다는 것을 말한다. 노자의 표현으로 말하면 "움직이는 길(요: 徼)"에 들어선 것이다. 물론 본성 자리도 '신묘(神妙)한 힘'이기 때문에 멈추어 있는 상태가 아니라는 것을 알아야 한다. '신묘한 힘'의 상태를 〈일원상 서원문〉에서는 "입정처"로 표현하고 있다.

옛 그리스 시대의 아낙시만드로스(Anaximandros, 서기전 610-546)도 개별자들의 존재를 '규정'하는 것으로 말한다. 그는 모든 존재의 근원을 "무제한자(無制限者, To Apeiron)"라고 하였다. "무규정자(無規定者)"라고도 한다. "무제한자"로부터 제한하거나 규정하는 것은 창세기에서 읽은 것과 같다. 빛이라고 규정하면 빛이 되고 어둠이라고 규정하면 어둠이 된다. 열매 맺는 나무라고 규정하면 그렇게 되는 것이다. 아낙시만드로스가 제한하거나 규정한다는 것은 『성경』 창세기의 맥락과 같다. 그리고 제한하거나 규정한다는 것은 『도덕경』이나 『주역』에서 '이름' 짓는 것과 같다. 공통적인 것은 개체들은 제한되거나 변화하기 때문에 불완전하다는 것이다.

노자의 생각은 결국 일상의 언어로 말하지 말라는 것이다. 크리스트교의 생각도 하나님에 대해서 일상의 언어로 아는체하지 말라는 것이다. 부정신학(否定神學, negative theology)의 견지다. 부정신학은 동방교회의 기본교리다. 하나님은 세속적인 개념으로 인식할 수 있는 대상이 아니라 나와 일체가 되는 신비한 신앙적 체험의 대상이라는 것이다. 동방교회나 에크하르트(Meister Eckhart, 1260-1327)의 부정신학은 곧 신비주의(神秘主義, mysticism)로 이어진다. 영적(靈的)으로 하나님과 일체가 되는 신앙을 체험하자는 것이 신비주의다.

선종(禪宗)과 비교

불교 선종(禪宗)의 수행자들이 하는 선문답(禪問答)도 일상의 언어를 초월한 것이다. "할(喝)!"이란 외침으로 대표되는 선문답은 격외(格外) 문답이라고 한다. 진리의 본체는 사람의 논리를 넘어선 것이라는 말일 것이다.

말로도 하라는 소태산 성존

소태산 성존은 이러한 격외 문답의 가치를 존중하지 아니하였다. "… 견성하는 것이 말에 있지도 아니하고 없지도 아니하나, 앞으로는 그런 방식을 가지고는 견성의 인가(印可)를 내리지 못하리라. …"(『대종경』 성리품 18장) 또 이렇게 말씀한다. "… 성리를 말로는 다할 수 없다고 하나 또한 말로도 여실히 나타낼 수 있어야 하나니 …"(《대종경》 성리품 24장) 이어서 말씀하신다. "… 근래에 왕왕이 성리를 다루는 사람들이 말 없는 것으로만 해결을 지으려고 하는 수가 많으나 그것이 큰 병이라, 참으로 아는 사람은 그 자리가 원래 두미(頭尾)가 없는 자리지마는 두미를 분명하게 갈라낼 줄도 알고, 언어도(言語道)가 끊어진 자리지마는 능히 언어로 형언할 줄도 아나니, 참으로 아는 사람은 아무렇게 하더라도 아는 것이 나오고, 모르는 사람은 아무렇게 하여도 모르는 것이 나오나니라. …"(《대종경》 성리품 25장) 말과 개념을 초월한 자리지만 말로 표현할 수 있어야 진정한 깨달음이라고 하시지 않는가? '소태산 깨달음'이 다른 종교나 철학과 다른 점이 이것이다.

말의 한계(프랜시스 베이컨을 인용)

그런데 '말'은 그 자체로 한계를 가진다. 한 개의 낱말이 여러 가지의 의미를 갖는 경우를 많이 보지 않은가? 그것만으로도 말이 한계를 갖는 것은 쉽게 알 수 있다. 여기서 묻는다. 일상의 생활세계를 말하는 말과 개념은 본성을 말하는 말과 개념은 같은 것일까? 물론 같은 말과 개념일 수밖에 없다. 그러나 일상 세계에서 쓰는 말은 편견을 포함하고 있다. 일상생활에서 쓰는 말은 그 사람이나 그 지역의 습관이나 특별한 환경이 스며들어있다. 편견이란 그런 것이다.

프랜시스 베이컨(Francis Bacon, 1561-1626, 영국)은 우리가 버려야 할 네 가지 편견 가운데에도 '언어의 편견'을 말한다. 그가 말하는 시장의 우상(idola fori)이다. 언어의 편견뿐만이 아니라 그가 말하는 네 가지 편견 모두가 일상 세계를 벗어나야 본성의 세계를 볼 수 있다는 취지를 가지고 있다. 종족의 우상(idola tribus)은 사람 자체가 갖는 편견이다. 자연을 의인화해서 보지 말라는 것이다. 특정한 종족이나 민족으로서 갖는 생각도 편견이라는 것이다.

동굴의 우상(idola specus)은 개인적인 성장과 교육 과정으로부터 생기는 편견도 버리라는 것이다. 그리고 극장의 우상(idola theatri)은 전통과 권위를 무조건 따르는 데서 생기는 편견을 버리라는 것이다. 이 네 가지 편견은 생활세계에서 살아가는 사람들의 일반적인 편견이라고 할 수 있다. 그런 의미에서 이 네 가지는 같은 맥락에 있다. 생활세계에서 편견이 발생하는 것은 일반적이지만 그것으로는 본성을 발견할 수 없고, 설명하는 데도 한계가 있는 것이다. 그런데 소태산 성존은 말로도 표현할 수 있어야 한다고 한다. 그러면 그 말은 어떤 말일까?

말의 한계(칸트로부터 잘못을 찾아냄)

말로 표현한다는 것은 인식 활동이다. 인식 활동은 존재를 기반으로 해야 한다. 존재의 기반을 생각하지 않고 인식 활동을 할 때는 이런 잘못을 범할 수 있다. 즉 논리적으로만 맞으면 진리라고 인정하게 된다는 것이다. 실재하는 사물이나 사실과 관계없이 논리적으로 맞게 구성하면 진리라는 이론이 정합설(整合說, coherence theory)이다. 임마누엘 칸트(Immanuel Kant, 1724-1804)의 견지다. 인식철학의 역사에서 사람이 인식을 구성하는 능력이 있다는 이론으로 철학상의 혁명적 전환을 이룩한 철학자이다. 아리스토텔레스(Aristoteles, 서기전 384-322) 이래 서양의 철학 전통에서는 사람에게 능동적인 인식능력이 있지 않고 인식 대상을 반영하기만 한다는 반영설(反影說)이 힘을 갖고 있었다.

이에 비해서 칸트가 사람의 능동적인 인식능력을 주장한 것을 인식 철학에서의 '코페르니쿠스적 전환'이라고 말한다. 이성(理性)의 능동적인 인식능력을 말한 것이다. 사람은 이성 속에 선험적(先驗的)으로 판단을 하기 위한 범주를 가지고 태어난다는 것이다. 판단은 논리의 법칙에 따른다. 그러므로 논리적 정합성만 갖추면 진리라고 하게 된다. 그러나 사실과 관계없이 논리적 정합성만 갖추면 진리라고 하는 위험성이 있다는 점으로 비판받고 있다. 오늘날 가짜 정보가 모두 그렇지 않은가? 가짜 정보들이 논리적 정합성을 갖고 사람들에게 파고든다는 것은 오늘날 커다란 사회문제가 되고 있지 않은가?

인식하는 활동은 실재의 존재를 기반으로 해야 한다

칸트처럼 논리에만 맞으면 된다는 잘못을 저지르지 않으려면 실재의 존재를 기반으로 말하고 판단해야 한다. 니콜라이 하르트만(Nicolai Hartmann, 1882-1950)의 생각이다. 그는 인식 작용은 실재적 존재를 파악하는 작용이라고 하였다. 개념만의 구성이 아니라는 말이다.

그러면 원철학(圓哲學)에서 실재적 존재는 어떻다고 보는가? 원철학으로 보면 모든 존재는 영기질(靈氣質)로 짜였다는 것이다. 사람과 모든 개체뿐만이 아니라 우주까지도 영기질의 짜임새를 갖추고 있다. 우리가 알아야 할 것은 이것이다. 영기질을 하나로 되게 하는 '원리와 힘'을 입정처라고 할 수 있다는 것이다. 우리가 철학에서 쓰는 본질(本質, Wesen)이나 실체(實體, substance, 그리스 말로 Usia)라고 할 수 있다. 칸트는 '사물 그 자체(Ding-an-sich, thing-itself)'라는 말로 본질을 표현하였다. 본질, 실체, 물자체(物自體)를 예로 들어 이해해 본다.

사과나무의 예를 든다. 사과의 고유한 모양, 사과의 빛깔과 향기, 과육의 성질과 맛 등은 사과의 속성이다. 이것들을 모아서 '사과를 사과이게 하는 것'을 사과의 본질이라고 한다. 철학자들은 이 본질을 현상(現象)과 구별하여 이해한다. 본질은 보이지 않고 나타난 현상은 보이는 세계라고 본다. 개념으로 접근하기 때문이다.

같은 방식으로 말할 수 있다. 영기질을 하나의 뭉치로 만들어 주는 힘이 있는 것이다.

그런데 앞서 말한 것처럼 일원(一圓)의 진리를 입정처라고 할 때의 입정처는 개념이 아니고 '생생약동하는 힘'이다. 노자가 『도덕경』에서 말하는 바와 같은 맥락이다. 크리스트교, 플라톤이나 칸트와 같은 철학자들은 '본질의 세계'를 개념으로 접근할 수 없다는 것을 알고, 그 세계를 초월적인 장소로 끌어 올렸다. 초월적인 하늘나라로 밀어 올린 것이다. 그래서 이원론(二元論)의 세계관이 만들어진 것이다. 일원주의에서 보면 본질의 세계가 우리가 사는 세계로부터 떨어져 있다는 이원론의 생각은 잘못된 것이다.

본질과 현상이 함께한다

일원주의(一圓主義)의 견지다. 영기질을 하나로 짜는 힘은 초월적인 것이 아니라 영기질과 함께 있는 것이다. 자연과학의 법칙들이 자연계의 현상이나 사물을 떠나서 따로 있는 것이 아닌 것과 같다. 법칙의 세계가 따로 있고, 그곳으로부터 원격으로 조정하여 사물이나 현상을 움직이게 하는 것이 아니라는 것은 누구나 쉽게 알 수 있다. 그래서 "현상이며 본질이고 본질이며 현상"인 것이다. 〈일원상 서원문〉에서 본다.

"일원은 언어도단(言語道斷)의 입정처(入定處)이요, 유무 초월의 생사문(生死門)인바, 천지·부모·동포·법률의 본원이요, 제불·조사·범부·중생의 성품으로 능이성 유상(能以成有常)하고 능이성 무상(無常)하여 유상으로 보면 상주불멸로 여여자연(如如自然)하여 무량 세계를 전개하였고, 무상으로 보면 우주의 성·주·괴·공(成

住壞空)과 만물의 생·로·병·사(生老病死)와 사생(四生)의 심신 작용을 따라 육도(六途)로 변화를 시켜 혹은 진급으로 혹은 강급으로 혹은 은생어해(恩生於害)로 혹은 해생어은(害生於恩)으로 이와 같이 무량 세계를 전개하였나니, …"

생과 사, 천지·부모·동포·법률, 모든 부처·조사·범부·중생, 성주괴공, 생로병사, 심신 작용, 육도세계, 진급과 강급, 은(恩)과 해(害)는 현상의 범주들이다. 현상의 범주는 본성인 '힘'을 전개(展開)하는 방식이다. '힘'은 유상, 즉 변하지 않는 것이고 현상은 변화하는 것이므로 무상이라 하는 것이다. 그래서 유상과 무상이 동시에 드러나는 것이다.

〈게송〉을 뜻으로 풀어본다

소태산 성존의 게송을 '말과 힘'의 낱말로 맞추어 보며 이해해 본다. 〈게송〉을 풀어보면 유상과 무상이 동시적이라는 것을 더 쉽게 알 수 있다. "유(有)는 무(無)로 무는 유로, 돌고 돌아 지극(至極)하면, 유와 무가 구공(俱空)이나 구공 역시 구족(具足)이라."

원동(原動, 근원의 힘)의 힘이 사물의 변화를 만들고, 변화를 구동(驅動, 달리게 하는 힘)시키는 그 자체가 또한 같은 힘이다. '원동의 힘'과 '전개(展開)시키고 변화시키는 구동의 힘'이 결국은 한 힘, 같은 힘이다. 원동의 힘과 구동의 힘은 두 가지 다 말로 접근할 수 없다. 그러나 그 힘이 개별자들을 만들어 내기 때문에 말할 수 있게 한다.

개별자들의 세계는 현상의 세계이며, 현상의 세계는 감각 가능한 세계이기 때문이다. 구공(俱空)이란 유와 무가 동시에 비었다는 말이고, 구족(具足)이란 공(空), 즉 힘이 모든 사물 속에 퍼져 있다는 말이다. 구족이란 사물 세계 그 자체이며, 또한 사물 세계가 펼쳐지는 방식이다.

'돌고 돌아 지극(至極)함'은 성주괴공, 생장쇠멸(生長衰滅), 생로병사를 통해서 그 존재를 지속(持續)하는 것을 말한다. 힘을 뭉쳤다가 다시 펼치는 과정이다. 사람이나 동식물이 그 존재를 지속하는 방식이다. 씨앗으로 뭉쳤다가 다시 뿌리와 줄기, 가지와 잎, 꽃과 열매를 펼친다. 그리고 다시 씨앗으로 그 힘을 뭉치는 과정을 반복하며 그 존재를 지속하는 것이다. 존재지속(存在持續, Persistence of existence)을 다른 표현으로 하면 무시무종(無始無終)이다. 시작도 없고 끝도 없이 영원히 존재하는 것이다. 영원이란 개념 그 자체를 초월하여 영원한 것이다. 그렇게 지속하려면 기운을 뭉치고 펼치는 과정을 반복하며 달려야 한다고 할 수 있다. 사람으로 치면 숨쉬기가 그것이고, 음식물을 먹고 내보내는 일이 그렇다. 살아있는 사람은 기운을 뭉쳤다가 내보내는 일을 반복하며 생명을 지속시키는 것이다. 모든 동식물이 그렇고 자연의 세계도 그렇다. 우주가 성주괴공을 반복하며 영속하지 않은가?

중요한 것은 공(空)을 '공(空)이라는 개념'으로 이해하지 말자는 것이다. 또는 연기론(緣起論)이 말하는 것처럼 인연과(因緣果)의 연기로 이루어져 변화할 뿐 실체는 없다는 방식의 공(空)도 아니라는 말이다. 힘이기 때문에 "말이나 개념이 아니라는 의미의 공(空)"인 것이다. 여기서 '구공(俱空)'이라고 할 때의 '언어를 넘어섬'과 '구족(具足)'이라고 할 때의 '언어로 표현함'을 알게 한다. 언어로 표현할 수 있게 된다는 것은 다른 차원의 개념으로 만들어질 수 있다는 말이다. 즉 현상의 세계에서 '공짜는 없다'는 원리를 체험적으로 표현할 수 있는데, 그것은 인과보응의 진리를 말하는 것이다. 그 말은 인과보응이란 낱말은 사용하지 않아도 그 내용을 자각하고 있다는 것을 보여주는 것이다. 이런 방식이 다른 차원의 개념이라는 말이다.

긍정 신학의 견지와 비교

말로 표현하는 일에 대하여 크리스트 신학의 견지를 알아본다. 앞서 부정신학은 하나님을 말로 규정하지 않아야 한다고 하였다. 이에 반하여 긍정신학(肯定神學, positive theology)은 하나님을 말로 증명하려고 하는 견지다. 하나님을 알아야 믿게 될 것이라고 전제하는 것이다.

부정신학이 동방교회의 중심이라면 긍정신학은 로마가톨릭의 중심을 이룬다고 할 수 있다. 긍정신학은 여러 가지 방식으로 신의 존재를 증명한다. 그 가운데 세 가지 방식을 알아본다. 먼저 존재론적 증명이다. 모든 존재는 원인이 있어 존재한다. 그런데 그 원인의 존재를 역으로 추적하다 보면 최초의 원인에 이르게 된다. 그 원인은 다른 원인에 의해서 존재하는 것이 아니라 스스로 원인이 되는 존재다. 자기원인(自己原因, Causa-sui)인 그 존재가 하나님이라고 한다. 다음으로 개념론적 증명이다. 모든 이름에는 그에 대응하는 사물이 있다.

그런데 우리는 '완전자(完全者)'라는 개념을 가지고 있다. 완전자가 있으므로 그 개념을 알게 되었다는 것이다. 쉽게 말하면 하나님이라는 개념을 갖고 있다는 것은 하나님이 있기 때문이라는 말이다. 그리고 목적론적 증명을 한다. 물리-신학적 증명이라고도 한다. 그것은 자연의 세계가 균형을 유지하는 것을 보면 누군가가 조정하는 듯하다는 것이다. 제아무리 심각한 자연재해가 있어도 결국 지구는 파괴되지 않고 균형을 이루어 유지된다는 것이다. 조정자가 있기에 가능한 균형이라고 한다. 그 조정자가 하나님이라고 하는 것이다.

오늘날 미국의 신학계(神學界)가 주장하는 지적설계론(知的設

計論, Intelligent Design Theory)은 물리-신학적 증명의 연장선에 있다고 할 수 있다. 이러한 증명 방식마다 반론이 있지만 여기서 소개하지는 않는다. 이러한 증명 방식을 전체적으로 보면 유추(類推, Analogy)의 방식이다. 쉽게 말하면 '미루어 짐작'하는 것이다. 확실하게 알 수는 없지만 어떠어떠한 점을 미루어 볼 때 신이 존재한다는 방식으로 증명하는 것이다.

옛 그리스로부터의 전통은 구체적인 말로 표현한다

하나님을 말로 증명하려고 하는 전통은 신화적(神話的) 서술로부터 비롯되었다고 할 수 있다. 옛 그리스는 조각 예술이 발달했다. 그런데 그 조각작품은 신상(神像)이다. 예술작업으로서의 조각이 아니라 종교적 신앙으로서의 조각작품이라고 할 것이다. 신의 모습을 구체적으로 조각할수록 신과 함께 할 수가 있다고 믿은 것이다. 구체적이고 사실적으로 신상을 조각하는 목적은 문학적 서술을 할 때도 같았다. 즉 신의 모습을 구체적으로 알아야 그 모습대로 조각할 수 있다. 마찬가지로 신이 하는 일을 구체적으로 알아야만 구체적으로 서술할 수 있다고 할 것이다. 그것은 신과 그만큼 가깝다는 것을 보여 준다. 그러므로 구체적으로 서술할수록 신이 더 감응해 준다는 것이다. '신의 일'을 말로 한다는 것은 그만큼 신에 관해 알고 있다고 반증하는 것이다. 이런 전통이 크리스트교 『성경』의 서술이나 기도문에도 이어진다고 할 수 있다.

현상학의 비유를 인용

본성과 현상이 하나임을 증명하는 비유

긍정 신학이 신의 존재를 증명하는 방식인 '유추'는 '아래로부터 추려가는 방법'이다. 그동안 써오던 용어로 말하면 귀납(歸納)적 방법이다. 일원주의(一圓主義)가 진리의 본성을 말하는 방법은 '위로부터 사실을 찾아내는 방법'을 먼저 쓴다. 써오던 용어로 말하면 연역적(演繹的) 방법을 말하는 것이다. '입정처'이며 '생사문'인 본성 자리는 '힘'의 상태라고 하였다. 그런데 그 힘은 인과보응과 음양상승의 법칙으로 생생약동하는 것이다.

앞서 구공(俱空)은 '원동(原動)의 힘'이고, 구족(具足)은 개별자들의 세계를 펼치게 하고 '변화되게 하는 구동(驅動)의 힘'이라고 하였다. 개별자의 세계는 곧 변화하는 세계다. 바꾸어 말하면 변화가 근본 속성이다.

전통적인 종교나 다수의 철학 이론은 개체들의 현상세계가 변화하기 때문에 거짓된 것이라고 한다. 그러나 일원주의는 변화하는 개별자들의 현상세계를 우리가 충실해야 할 참된 세계라고 본다. 원동의 힘과 구동의 힘이 동시에 역동성(力動性)을 가지기 때문이다.

그 '힘'은 인과보응과 음양상승의 법칙으로 움직인다. 개별자들의 세계가 변화하는 현상에서 음양상승과 인과보응의 진리가 적용되는 것을 알면 본성 그 자체를 본 것과 같다. 음양상승과 인과보응의 진리를 앞에 내세우고, 변화하는 세계에서 그 진리를 찾아낸다는 의미에서 '위로부터 사실을 찾아내는 방법'이라고 하는 것이다. 그러나 '원동의 힘'과 '구동의 힘'이 서로 분리된 힘이 아니다.

여기서 후설(Edmund Husserl, 1859-1938)이 창시한 현상학(現象學, phenomenology)에서 사용하는 하나의 보기를 빌려보자. 원동의 힘과 구동의 힘이 동시에 움직인다는 것을 이해하는데 적절한 비유다. 현상학은 사물의 본질이 초월적인 세계에 있는 것이 아니라 현상 속에 들어있다고 주장하며, 현상으로부터 본질을 찾아 들어가는 방법론을 제시한 이론이다. 자신들의 생각을 증명하기 위해 이런 예를 든다. '붉은색'이 다른 세계에 존재하는 것이 아니라 붉은 장미, 빨간색 의복, 빨간색 과일에 들어있다는 것이다. 장미나 의복이나 과일을 통해서만 '붉음'을 알 수 있다는 것이다. 이 방식을 잠깐 빌려서 말해보자.

원동의 힘은 구동의 힘으로만 드러나는 것이다. 이것은 대소 유무(大小有無)로 진리를 나누어 보기도 하고 합쳐보기도 하는 방법이다. 또한 뿌리에서 가지에 이르게도 하고, 가지에서 뿌리에 이르게도 하는 방법이라고 할 수 있다.

말로 표현해야 하는 근거

그리하여 '현상세계의 모든 존재'와 '사람이 하는 모든 일'에서 인과보응과 음양상승의 진리로 움직이는 힘의 과정을 알아내는 것이 중요하다. 현상세계에서 일어나는 모든 '일과 존재'를 인과보응과 음양상승의 이치로 움직이는 것은 말로 표현할 수 있는 세계다. 원동의 힘과 구동의 힘이 동시에 같은 역동성을 갖는다는 것을 아는 사람은 개별자들의 구동 과정(驅動過程)을 말로 표현할 수 있게 된다. 원동의 힘과 구동의 힘이 동시에 갖는 역동성을 깨달은 사람은 누구나 말로 표현할 수 있다는 진리적 근거다.

소태산 성존의 일원주의에 따르면 현상세계는 그림자의 세계이거나 헛된 세계가 아니다. 인과보응과 음양상승으로 지속되는 '세계과정'에서 확실하고 진실되며 충실해야 하는 세계다. 일원주의의 공부법에서 '작업취사'를 강조하는 것도 그 맥락이다. 현상세계에서 '일'이 중요한 것이다. 사람은 '일'을 하면서 음양상승과 인과보응의 진리를 실현하는 것이다. 천지인(天地人)이 합일한다는 것이 이것이다. 천도(天道), 지덕(地德), 인정(人正)이다. 사람은 진리에 따라 바르게 일한다는 것이다. 그런데 우리가 하는 '일'의 과정에서 음양상승과 인과보응의 범주를 찾아내는 것은 가능하지 않은가? 이것을 깨달은 사람은 누구나 말로 표현할 수 있다.

덧붙임

천지인(天地人)이 합일하는 진리는 단군 이래 우리나라의 고유한 철학이다. 음양상승의 진리는 동아시아의 전통이고 인과보응의 진리는 인도, 남아시아의 전통이다. 세 흐름의 사상을 종합한 것이 일원주의다. 여기에 구체적인 말로 표현할 수 있어야 한다는 서양의 방법적 원칙도 받아들였다. 병행(竝行), 쌍전(雙全)을 범주로 하는 일원주의를 여기서도 찾을 수 있다.

만우당 생각 11

'모른다'는 것을 알아야 깨달음을 얻는다

경전이 가르치는 대로 실천하면 깨달음을 얻을 것이라고 믿는 사람들이 있다. 그러나 경전의 가르침은 자동차의 '길안내기(내비게이션)'와 같은 것이 아니다. 깨달음을 향한 열정 속에서 자기 안에서 열리는 특정한 계기가 있어야만 깨달음의 차원에 들어갈 수가 있는 것이다. 지성(知性)은 책 속에서 찾을 수 있어도 영성(靈性)은 책 속에 있는 것이 아니다. 깨달음은 지성(知性)이나 지성(智性)의 차원이 아니라 영성의 차원에서 이루어진다는 것을 알아야 한다. 그러한 내면의 계기가 모른다는 것을 자각하는 것부터 시작된다고 할 수 있다.

'모른다'는 것을 아는 세 단계가 있다

• 성인(聖人)과 현인(賢人)들이 모르는 것을 알라고 가르쳤다. 모른다는 것을 알아야 깨달음을 얻을 수 있기 때문이다. 소태산 성존은 여기에 덧붙여 자기가 아는 것을 전부로 아는 사람도 경계하였다. 그리고 진리를 보는 새로운 눈을 가질 것에 대하여 말씀하였다.
옛날의 성인들이 모르는 것을 알라는 것은 자신이 모든 것에 대해 백지(白紙)상태인 것을 알라는 것이다. 그러나 자신이 백지상태인 것을 알기는 쉽지 않은 일이다. 그럴 뿐만 아니라 백지상태이기도 힘들다. 사람은 살아가면서 무엇인가를 습득하여 알게 된 것을 쌓아 놓기 마련이다. 자신이 모든 것에 대해 백지상태인 것을 알았을 때 비로소 큰 깨달음, 대각(大覺)을 할 수가 있다. 과거 성인과 현인들이 모른다는 것을 자각하는 문제에 대하여 말한 것을 알아본다.

• 『논어(論語)』 위정편(爲政篇) 17장을 읽는다. "子曰 由 誨女知之乎(자왈 유 회여지지호) 知之爲知之 不知爲不知 是知也(지지위지지 부지위부지 시지야)." 즉 "유야! 내 너에게 안다고 하는 것을 가르쳐 주겠다. 아는 것을 안다고 하고, 모르는 것을 모른다고 하는 것, 이것이 곧 아는 것이다." 자기

가 모르는 것을 알아야 제대로 알 수 있다는 말씀이다.

• 『도덕경』 71장을 읽는다. "知不知上 不知知病(지부지상, 부지지병) …" 즉 "자기가 모른다는 것을 아는 것이 으뜸이고, 모르는데 안다고 하는 것은 병이다." 이 문장을 명확하게 알게 하는 문장을 『덕도경(德道經)』에서 찾아볼 수 있다. 중국 호남성 창사의 마왕퇴(馬王堆)에서 발견된 도덕경이다. "不知不知病(부지부지병)" 즉 "모르는 것을 모르는 것이 병이다."

• 요즘 교육받은 사람들이 공자와 노자가 말한 앞의 말씀은 잘 몰라도 소크라테스의 유명한 말은 안다. "너 자신을 알라!" 이 말은 한 낱말이 빠진 채 알려진 것이다. "너 자신의 무지(無知)를 알라!" 즉 자신이 그 무엇을 모른다는 것을 알라는 말이다. 참으로 안다는 것은 자기가 아무것도 모른다는 것을 아는 것이라고 한다.

• 유럽 중세 크리스트교 신학자 토마스 아퀴나스(Thomas Aquinas, 1225-1274, 이탈리아)가 '모른다는 것을 아는 것'에 대해 말했다. 자신이 모른다는 것을 깨달으면 하나님을 알게 된다고 하였다. 토마스 아퀴나스는 신의 존재를 증명하려고 한 사람이지만 그 출발은 부정신학(否定神學)이었다.

사람의 말로 하나님을 규정할 수는 없다는 것이다. 하나님은 인식의 대상이 아니고 신앙의 대상이라는 것이다. 이것은 부정신학의 핵심이다. 그러나 하나님을 제대로 신앙하려면 하나님의 존재를 알아야 한다고 요구하는 사람들이 있었다. 이것은 긍정신학(肯定神學)이다. 그들은 신의 존재를 증명하려고 시도하였다. 토마스 아퀴나스는 이성과 신앙을 종합한 신학자로 알려졌다. 하나님이 사람의 인식능력으로 알 수 없는 존재라는 것을 자각하라는 부정신학에서 출발하여 신앙적 체험을 한 뒤에, 다시 그 하나님이 존재한다는 것을 증명해 보려는 시도를 한 점이 그러한 것이다.

• 모른다는 것을 깨달을수록 지혜의 크기가 더 커진다는 것은 인식론의 형이상학이라고 할 수 있다. 형이상학(形而上學, Metaphysics)은 현상적인 존재의 보이지 않는 원리를 탐구하는 학문이다. 해결할 수 없는 물음에 대해 대답하려고 하는 학문이라고도 한다. 그리스 말로 '아포리아(Aporia)'를 해결하려는 학문이라는 말이다. 모든 존재의 근거 문제가 대표적인 '아포리아'이다. 그래서 형이상학은 존재철학과 같은 말로 생각하는 전통도 있다. '나는 누구인가?', '나는 어디서부터 왔는가?', '만물의 근본원리는 무엇인가?', '신은 존재하는가?' 하는 등의 질문에 대답하려는 것이 존재철학이

다. 그런데 이 문제들은 명확하게 대답할 수 없다는 의미에서 존재철학과 형이상학을 같은 말로 생각하는 것이다. 그런데 대답할 수 없는 문제는 존재철학의 영역에서만 있는 것이 아니다. 인식철학이나 가치철학의 영역에도 형이상학의 성격을 가진 주제들이 있는 것이다. 모른다는 것을 깨닫는 것이 그것이다. 모른다는 것을 알았으면 '모름'의 어두운 굴속에 떨어지는 것이 아니라 그 반대로 더 밝은 지혜의 영역이 열린다는 것이다.

어리석은 우리 중생

〈일원상 서원문〉에서는 신앙·수행을 시작하는 사람들을 '어리석은 중생'으로 규정한다. 무량세계(無量世界)를 모르기 때문에 어리석다고 하는 것이다. 일원(一圓)의 진리는 시간과 공간이 무시무종(無始無終)으로 영속(永續)한다는 것으로 무량세계를 펼친다. 무량세계가 곧 무시무종의 세계다. 시간과 공간이 영속하는 방법은 음양상승과 인과보응의 법칙으로 가는 것이다. 시간과 공간은 아무것도 없는 상태가 아니라 '움직이는 힘'이며, 음양상승과 인과법칙으로 변화하며 무량세계를 펼친다는 것이다. '움직이는 힘'은 원동(原動)의 힘이다. 원동의 힘이 유상(有常)으로 된다고 한다. 동시에 음양상승과 인과법칙으로 변화하기 때문에 무상(無常)으로 된다고 한다. 원동의 힘과 음양상승법칙·인과법칙은 선후관계가 아니라 동시적(同時的)이다. 원동의 힘도 헤아릴 수 없는 세계를 펼치고, 음양상승과 인과보응의 변화 법칙으로도 헤아릴 수 없는 세계를 펼치는 것이다. 헤아릴 수 없는 세계에서 현재의 '나'는 아주 작은 존재다. 우주에서 보는 지구가 작은 하나의 '푸른 별'로 보이듯이 현재의 '나'는 그러한 존재다. 나의 작은 지혜로 헤아릴 수 없는 세계를 알지 못하고 있다. 나의 때 묻은 육근(六根)으로는 그 헤아릴 수 없는 세계를 알지 못하고 있다는 것이다. 그래서 '우리 어리석은 중생'이라고 하는 것이다. '어리석음' 가운데 최고의 어리석음은 진리를 믿지 않는 것이다. 진리가 없다고 생각하는 것이다. 눈앞의 삶과 세계가 전부라고 생각하는 것이다.

'모른다'는 것을 아는 첫 번째 단계 : 본능적으로 모르는 것을 아는 단계

여기서 한 가지 뜻을 명확하게 정리하고 가야 할 일이 있다. '모르는 것'을 알려고 하는 것과 '모른다는 것'을 알려고 하는 것은 차원이 다르다. 모르는 것은 본능적으로 모르는 것을 아는 단계다. 생활세계에서 사람이 삶을 꾸려 갈 때 필요한 지식과 도구에 대하여 모르기 때문에 본능적으로 알려고 하는 것이다. 물질적 욕구인 의식주(衣食住)와 정신적 욕구인 진선미(眞善美)를 추구할 때 여러 가지 도구를 사용한다. 도구도 물질적 도구와 정신적 도구가 있다. 쉽게 말하여 우리가 사용하는 '말'도 하나의 도구라고 할 수 있다. 생활세계의 모든 상황에서 우리는 사용 방법이나 해결 방법을 모르는 문제에 부닥치게 되는 것은 일상적인 일이다. 이때 필요한 것이 지식이다. 생활세계에서 생기는 문제라는 점에서 지식을 넓히고자 하는 것은 본능적 단계라고 할 수 있다.

우리의 일상생활에서는 모르는 것을 아는 것은 자연스러운 것이면서도 본능적이다. 이때는 자연스럽게 다른 사람들에게 물어보아서 해결하는 것이다. 이와 관련한 소태산 성존의 말씀이 있다. 소태산 성존께 제세교(濟世敎)인 한 사람이 지식이 넓어지는 방법을 여쭈었는데 그 질문에 답하신 내용을 들어 본다.

"그대가 나를 찾아와서 묻는 것이 곧 지식을 얻는 법이요, 나는 그대를 응대하여 그대의 말을 듣는 것이 또한 지식을 얻는 법이니, 예를 들면 살림하는 사람이 살림을 하다가 기구(器具)가 부족함이 있으면 시장에 가서 기구를 사 오게 되고, 어떠한 사업가가 사업을 하다가 지식에 부족함이 있으면 곧 세상에 가서 지식을 얻어 오나니라. 나는 무슨 일이든지 내가 구태여 연구하여서만 아는 것이 아니요 여러 사람을 응대할 때에 모든 지식을 쓸 줄 알아서 그대를 대응할 때에는 제세교의 지식을 얻게 되고, 천도교인을 응대할 때에는 천도교의 지식을 취하여 오나니, 이것이 지식을 넓히는 법이니라."(『대종경 필사본』 인도품 65장, 원불교역사박물관, 2019년 발간 참조.)

'모른다'는 것을 아는 두 번째 단계 : 자기가 아는 것이 전부가 아니라는 것을 아는 것

일상생활에 충실하게 사는 사람들이 보이지 않는 진리의 세계가 있다는 것을 모르는 경우가 많다. 보통 사람들은 헤아릴 수 없는 세계를 모른다는 그 자체를 모른다는 말이다. 의식주와 진선미의 가치 실현을 하는 생활을 할 때 모르는 것을 알게 된 것만으로 모든 것을 알았다고 생각할 수가 있다. 이 수준의 차원에서는 보이지 않는 진리의 세계가 있다는 것을 모른다는 것이다. 이 수준에서는 눈앞에서 펼쳐지는 일들을 해결하면 모든 세상일을 해결했다고 믿는 것이다. 눈앞에서 펼쳐지는 것들이 과학의 법칙에 따르고 있다는 것은 인정한다고 하더라도 보이지 않는 진리의 세계가 있다는 사실 그 자체를 모르는 것이다. 그러한 세계가 있다는 것을 인정하지 않는 것이다. 여기서 보이지 않고 헤아릴 수 없는 세계에 대한 두 종류의 오류에 대해서 알아본다.

- 목적론(目的論, Teleology)과 실증주의(實證主義, positivism)의 오류.

이 세계를 만든 존재가 있다는 것은 조물주(造物主, demiurgos) 이론이다. 조물주를 전제하는 견지에서는 이 세계가 조물주가 일정한 목적으로 만든 것이라고 생각한다. 동서양에 걸쳐 조물주 이론은 널리 퍼져 있다. 자연현상과 사람의 역사적 세계에서 일과 개인의 인생사가 조물주의 목적에 따라 창조되었고, 그 목적에 따라 움직인다는 것이다. 이러한 세계관은 모든 문제를, 기도를 통해 해결하려는 교회 중심 체제를 만들었다. 유럽의 중세 1천 년간의 기간이 그러한 시기였다. 저급한 차원에서는 무당이나 주술사가 권위를 가지는 문화를 만들었다. 보이지 않고, 헤아릴 수 없는 세계를 조물주라고 하는 실체로 의인화(擬人化, anthropomorphism)하는 것은 그 세계를 바로 알지 못하게 하는 장벽이 되었다.

이에 반발한 것이 과학이다. 과학은 목적론에 반대하여 자연 그 자체를 그대로 보자는 데서 출발한다. 조물주의 목적이 아니라 '법칙'으로 움직이는 것이 자연이라고 한다. 그 법칙의 기본이 인과법칙(因果法則, causal principle)이다. 목적원리 대신 인과원리로 자연과 사람의 세계를 보는 것이 과학적 세계관이다. 그런데 인과원리로 세계를 바라보는 과학적 관점도 증명되지 않는 것은 부정한다는 점에서 한계를 보인다. 형이상(形而上)의 세계는 감각적으로 증명되지 않기 때문에 과학의 취급 대상에서 제외하고 있다. 실증주의(實證

主義, positivism)가 힘을 얻은 과학의 시대에 형이상의 세계는 가려진 세계가 되었다.

• 목적론과 인과론의 한계와 잘못을 알아내는 것이 모른다는 것을 깨닫는 두 번째 단계이다. 이 단계는 마음의 눈을 뜨는 단계이다. 몸의 눈으로 현상세계를 본다. 목적론과 인과론의 한계를 알아채는 순간, 자기가 아는 것이 전부가 아니라는 사실을 알게 된다. 여기서 두 종류의 사람이 있다. 형이상의 세계가 자기 지식의 범위 밖에 있다고 하여 '없는 세계'로 제치는 사람과 자기가 가진 지식 그 이상의 세계가 있다는 것을 깨닫는 사람이다.

자기의 지혜가 부족한 것을 인정할 때 지혜의 문이 열린다. 소태산 성존의 말씀이다. "자기가 어리석은 줄을 알면, 어리석은 사람이라도 지혜를 얻을 것이요, 자기가 지혜 있는 줄만 알고 없는 것을 발견하지 못하면, 지혜 있는 사람이라도 점점 어리석은 데로 떨어지나니라."(『대종경』 요훈품 6장)

몸의 눈이 전부가 아니라는 사실을 아는 사람은 자기가 지혜 없는 사람이라고 깨닫는 사람이다. 자기가 아는 지식, 자기가 쌓은 경험이 전부가 아니라고 깨달으면 새로운 지혜의 영역에 들어가게 된다. 보이지 않는 세계가 있다고 인정하는 단계다.

'모른다'는 것을 아는 세 번째 단계
: 앎이 없는 가운데 모든 것을 아는 단계

자기 자신이 가진 '마음의 눈'과 '영(靈)의 눈'이 감추어져 있다는 것을 아는 단계다. 제3의 눈이 있지만 있다는 사실을 모르고 사는 것이 보통 사람이다. 그렇게 모르고 살았다는 것을 아는 단계라는 말이다. 우리에게 있지만 모르는 의식의 세계가 있다. 유식학(唯識學)이 말하는 아뢰야식(阿賴耶識, ālaya vijñāna)이 있다. 사람이 모르는 깊은 의식으로서 사람의 일상적인 감각 작용을 가능하게 하는 근거가 된다. 심층 심리학자들은 사람에게 '무의식(無意識)의 세계'가 있다는 것을 찾아냈다. 무의식의 세계를 알아내면 사람의 행동에 영향을 주는 근원을 알 수 있기 때문에 새로운 지혜의 눈을 갖는다고 본다. 아뢰야식과 심층심리학의 무의식은 다른 차원의 개념이지만 일상의 세계에서는 그러한 의식이 있다는 것을 모르는 상태라는 것은 일치하고 있다. 심층식(深層識)이나 무의식에 감추어져 있는 자아(自我)를 찾아내는 것이 제3의 눈이라고 할 수 있다.

소태산 성존이 깨달음을 얻기 위한 구도의 과정에서 절망의 순간에 이른 때가 있다. "장차 이 일을 어찌할까?" 그때까지 아는 것이 아무것도 아니었다는 절대부정의 순간이다. '마음의 눈'과 '영의 눈'이 필요하다는 것을 아는 단계다. 누구에게도 물을 수 없고 오직 자기 자신에게서 해답을 얻을 수 있는 단계다. 그와 동시에 모든 것의 원리를 알고 과정과 방향을 아는 단계다. 제3의 눈을 가질 수 있는 단계다.

『대종경』에서 이 경우에 유익한 비유를 발견한다. 『대종경』 교단품 23장의 비유를 본다. "… 육안(肉眼)이 어둔 소경은 자신이 소경인 줄이나 알므로 미리 조심이라도 하지마는, 심안(心眼)이 어둔 소경은 자신이 소경인 줄도 모르므로 스스로 깊은 구렁에 빠지되 빠지는 줄도 알지 못하나니 어찌 위태롭지 아니하리요."

제3의 눈은 '마음의 눈'이다. '영(靈)의 눈'이다. '마음의 눈'과 '영의 눈'은 모든 사람이 가지고 있다. 제3의 눈이 있게 되는 원리는 존재의 짜임새에 근거한다. 사람은 영기질(靈氣質)로 짜여졌다. 영(靈)과 기(氣)와 몸으로 되었다는 말이다. 제3의 눈은 '기의 눈'과 '영의 눈'이다. 여기서 '마음의 눈'에 두 가지 차원이 있다는 것을 알게 된다. 기운을 바라볼 수 있는 '마음의 눈'과 '영'을 바라볼 수 있는 '영의 눈'이다.

• '마음의 눈'과 '영의 눈'을 뜨게 되면 앎이 없는 가운데 모든 것을 알게 되는 단계에 이르게 된다. 『대종경』 실시품 46장을 읽어 본다. "'내가 재능으로는 남다른 손재주 하나 없

고, 아는 것으로는 보통 학식도 충분하지 못하거늘 나같이 재능 없고 학식 없는 사람을 그대들은 무엇을 보아 믿고 따르는가.' 하시나, 능(能)이 없으신 중에 능하지 아니함이 없으시고, 앎이 없으신 중에 알지 아니함이 없으시어, 중생을 교화하심에 덕이 건곤(乾坤)에 승하시고, 사리를 통관하심에 혜광이 일월보다 밝으시니라."

앎이 없는 가운데 알지 아니함이 없다는 말은 모든 것을 통할 수 있는 길이 보인다는 것이다. 자기 자신이 모르는 부분과 무엇을 알아내야 하고 누구에게 물어야 할 것을 안다는 말이다. 내가 정신적인 생활을 하거나 물질적인 생활을 할 때, 누구에게 물을 수 있고, 누구에게 도움을 받아야 하는가를 아는 것이다. 동포은(同胞恩)을 깨달은 단계이기도 하다. 또 당면한 문제를 어떤 방향으로 풀어가야 하고 어떤 방법으로 풀어가야 할 것인가를 아는 것이다. 법률은(法律恩)을 깨달은 단계이기도 하다. '마음의 눈'과 '영의 눈'을 떠야만 네 가지 은혜를 참으로 알게 된다는 것도 알 수 있게 된다. 나아가 현재 나의 삶이 인과보응과 음양상승의 진리가 운행하는 가운데 어느 지점(地點)과 어느 시점(時點)에 있는가를 알게 된다는 말이다. 그리고 어떻게 풀어가야 하는가를 알게 된다는 것이다. 쉽게 말하면 오늘날 모든 영역에서 '관리조정자(coordinator, 코디네이터)'의 역할이 중요해지고 있다.

영생(永生)의 삶을 위한 관리조정자의 역할을 스스로 할 수 있게 되는 것에 비유할 수 있다.

'마음의 눈'과 '영의 눈'을 뜨는 방법은 선공부(禪工夫)를 하는 것이다. 선공부는 우주와 내가 본래 하나인 것을 알아내는 공부다. 그리고 우주와 내가 하나로 통하게 하는 공부다. 『정전(正典)』 무시선법에서 말한다. "선(禪)이라 함은 원래에 분별 주착이 없는 각자의 성품을 오득하여 마음의 자유를 얻게 하는 공부인 바, 예로부터 큰 도에 뜻을 둔 사람으로서 선을 닦지 아니한 일이 없나니라." 성품을 깨닫는 것은 마음의 문, 영의 눈을 갖는 것이다. 그런데 소태산 성존은 선(禪)을 두 종류로 가르쳤다. 좌선(坐禪)과 무시선(無時禪)이다.

• 선(禪)은 산스크리트말의 'dhyana'를 중국말로 소리 나는 대로 적은 것이다. '선나(禪那)'로 적기도 했다. 우리말로 적는다면 '디야나'로 적었을 것이다. 산스크리트 말로 '명상'을 뜻한다. 한자로 된 선(禪) 자의 뜻을 분석하는 것은 별 의미가 없다고 본다. 달마가 중국에 전파하면서 중국 불교의 선종(禪宗)이 되었다. 중국 사람들은 뜻으로 번역하여 '사유수

(思惟修)'라고 부르기도 했다. 명상을 사유로 번역한 것이다. 좌선(坐禪)은 "마음에 있어 망념을 쉬고 진성을 나타내는 공부이며, 몸에 있어 화기를 내리게 하고 수기를 오르게 하는 방법"이다. 『정전』 좌선법의 말씀이다. 단순한 명상이 아니다. 몸과 마음을 동시에 단련하는 공부이다. 여기서 주목할 것은 화기(火氣)를 내리고 수기(水氣)를 올리는 것이다. 우리나라와 동아시아의 기수행(氣修行)의 전통이다. 이것은 음양오행이 자연스러운 조화상태가 된 것을 말한다. 숨쉬기 조절, 기(氣)의 조절, 마음을 조절하여 이러한 조화상태로 만든다. 그렇게 하여 천지인(天地人)의 합일을 이룬다. 소태산의 선수행(禪修行)은 남아시아의 명상과 동아시아의 기수행, 우리나라의 천지인 합일 수행을 융합한 것이다. 남아시아 요가와 명상을 할 때의 호흡조절과 기수행은 유사한 것 같지만 방법상의 차이가 있다.

『대종경』 전망품 2장에 법의대전(法義大全) 대각시(大覺詩)의 일부가 실려 있다. 그 가운데 "시사일광창천중(矢射日光蒼天中) 기혈오운강신요(其穴五雲降身繞)"의 구절은 천지인의 합일, 우주와 내가 하나가 되는 것을 말하고 있다. "하늘 가운데 해를 활로 쏘아 맞추니, 그 구멍에서 다섯 구름이 내려와 내 몸을 감싼다."라고 번역한다. 하늘 가운데 해의 '구멍'을 말하고 있다. 기운이 뭉쳤다가 전체로 다시 솟구치는 혈(穴) 자리를 말한다. 한마디로 말하면 우주단전(宇宙丹田)이다. '다섯 구름'은 금목수화토(金木水火土)의 오행(五行)을 말한다. 다섯 구름이 내려와 내 몸을 감쌌다는 것은 오행의 기운이 조화되어 나와 우주가 상통하여 하나가 되었다는 것을 말한다. 이 단계에서 몸과 마음의 현실 생활이 건강하게 되는 것이다. 생활선(生活禪), 활선(活禪)이다. 수승화강 된 상태를 생활 속에서 지키고 활용하는 것이다. 이것은 무시선(無時禪)의 기본원리가 된다.

• 무시선 공부는 지식이나 지혜의 문을 여는 공부임과 동시에 생각과 행동을 변화시키고 인격을 변화시키는 공부다. 인식철학과 존재철학, 실천철학이 일치되는 단계에 이르는 공부다.

만우당 생각 12

업(業)을 벗어날 수 있다는 모순에 대하여

죄복을 자유롭게 하기

인과보응의 이치대로 한다면 이미 지은 업은 벗어날 수가 없다. 그래서 부처를 이루었다고 하더라도 정업(定業)은 벗어날 수가 없다고 하는 것이다. 그런데 다른 한 편으로 상생상극의 윤회를 벗어나 죄복을 자유롭게 할 수 있다고 한다. 정업은 벗어날 수가 없다는 것과 업력을 벗어나 죄복을 자유롭게 할 수 있다는 것은 서로 모순되는 것이 아닌가? 〈참회문〉을 읽으며 가질 수 있는 의문이다.

크리스트교와 동양종교의 구원

마르틴 루터(Martin Luther, 1483-1546)가 1517년에 종교개혁을 했다. 그가 종교개혁에 나선 동기는 면죄부 판매가 부당하다는 것이었다. 크리스트교의 핵심 교리는 구원(救援)이다. 모든 사람은 현생에서 지은 죄만이 아니라 원죄(原罪)를 가지고 있기 때문에 구원을 받아야 천국에 갈 수 있다는 것이다. 교회에 가서 하나님을 대신한 사제에게 고해성사를 해야 했다. 참회하면서 기도하면 구원을 얻을 수 있다는 믿음을 가지고 있었다. 그런데 그 방법과 함께 면죄부를 사면 구원을 얻을 수 있다고 믿었다. 당시 교황청은 오늘날의 베드로 성당을 건축하기 위하여 자금이 필요했다. 그 수단으로 면죄부를 판매하였다. 당시 유럽 사람들은 면죄부를 벌금형의 성격과 같은 것으로 자연스럽게 받아들였다. 그리스 시대부터 벌금형의 전통이 내려왔다. 소크라테스에게 최초에 내려진 형벌도 벌금형이었다. 교황청의 면죄부는 '사람의 법정에서 내리는 벌금형'과 '진리의 세계에서의 죄업'을 구별하지 않은 것이었다. 루터는 구원을 받기 위해서 반드시 교회와 사제를 통할 필요가 없고, 면죄부는 대단히 부당한 것이라고 하였다. 오직 개인이 참회하고 이기심을 버린 마음으로 기도하면 구원을 얻을 수 있다고 보았다.

- 동양종교에서도 지옥에 떨어지지 않고 구원을 얻는다는

신앙은 매우 중요한 부분을 차지한다. 구원을 얻기 위해 참회하는 것은 필수였다. 그리고 지옥에 대한 공포심을 주며 선행을 강조하였다. 소태산 성존이 참회에 대하여 과학적으로 가르친 내용을 공부해 본다.

음양상승의 이치에 따라 과보를 받음

〈참회문〉은 이렇게 시작한다. "음양상승(陰陽相勝)의 도를 따라 선행자는 후일에 상생(相生)의 과보를 받고 악행자는 후일에 상극(相克)의 과보를 받는 것이 호리도 틀림이 없으되, 영원히 참회개과하는 사람은 능히 상생상극의 업력을 벗어나서 죄복을 자유로 할 수 있나니, 그러므로 제불 조사가 이구 동음으로 참회문을 열어 놓으셨나니라."

여기서 인과보응의 이치에 따라 상생상극의 과보를 받는 것이 아니라 음양상승의 이치에 따라 과보를 받는다는 말을 이해해 보자. 과보를 받는 것은 인과 이치에 따른 것이라고 하는 것을 상식적으로 알고 있는데, 음양상승의 이치에 따라 과보를 받는다고 하는 것은 논리적으로 맞지 않는 것으로 들린다. 음양(陰陽)의 관계는 인과관계가 아니기 때문이다. 인과관계의 기본은 선후(先後)관계다. 그런데 음양의 관계는 선후관계가 아니라 동시(同時)관계이기 때문이다. 음과 양은 언제나 함께 있다는 말이다.

업은 씨앗임과 동시에 기운이다

업(業)은 씨앗임과 동시에 기운이다. 물질이 입자(粒子)임과 동시에 파장(波長)이라는 것과 같은 이치다. 그러하기 때문에 씨앗으로 된 업이 그 기운, 즉 그 파장에 맞는 물질적 구조를 갖추게 되는 것이다. 윤회전생(輪廻轉生)의 원리다. 여기서 기운, 즉 기(氣)는 본성적인 음양상승 운동이다. 이 운동은 큰 틀로 되는 운동과 작은 틀로 되는 운동이 겹쳐서 일어난다.

밀물과 썰물을 관찰하면 이 말을 쉽게 알 수 있다. 큰 파도가 한꺼번에 밀려 들어오고, 한꺼번에 빠져나가는 것이 아니다. 들어오다가 다시 나가고, 다시 더 크게 들어오다가 나가는 작용을 반복적으로 하며 바닷물이 해안까지 가득하게 찬다. 그리고 빠져나갈 때도 들락거리는 작용을 반복하다가 시간이 흐른 뒤에 멀리 빠져나가는 것이다. 하루의 시간이 흐르는 것도 이와 같다. 오전 0시부터 정오까지는 양(陽)의 시간이고, 정오부터 0시까지는 음(陰)의 시간이다. 양의 시간대에서도 같은 방법으로 나누어진다. 0시부터 오전 6시까지는 양의 시간이고 오전 6시부터 정오까지는 음의 시간이다. 이 같은 틀로 매시간 시간, 음양 순환이 겹쳐서 일어나는 것이다. 큰 틀로 되는 운동과 작은 틀로 되는 운동이 겹쳐서 일어난다는 것은 이 말이다. 양의 시간에도 음의 현상이 일어나고, 음의 시간에도 양의 현상이 일어나는 것이다. 음양의 교차가 겹쳐서 일어나는 작용을 제대로 알아야 한다. 이것이 음양의 동시관계, 즉 함께 있는 관계다.

심신 작용으로 업을 만든다

심신 작용을 하는 존재를 보자. 사생(四生)의 심신 작용을 따라 육도로 변화를 시킨다고 한다. 여기서 심신 작용을 한다는 것은 두 가지 방향이 있다. 본능적 행위를 하기도 하고 의지적(意志的)인 행위를 하기도 한다. 사람은 의지적인 심신 작용을 많이 하고, 다른 생명체들은 본능적인 심신 작용을 한다. 그러한 심신 작용이 자기의 업(業)을 만든다. 업력(業力)이 만들어지는 것이다. 본능적인 심신 작용은 자연적인 업을 만든다. 의지로 하는 심신 작용으로 만드는 업은 주어지는 과보가 더 크다.

삼독심과 삼약심의 심신 작용

의지적인 심신 작용을 하는 주체는 행위하는 사람의 마음이다. 심신 작용을 하는 두 가지 출발점이 있다. 삼독심(三毒心)과 삼약심(三藥心)이다. 욕심내는 마음, 화내는 마음, 어리석은 마음이 삼독심이다. 사람이 본능적으로만 살면 삼독심에 가려서 삼약심이 드러나지 않는다. 욕심과 화냄을 참아내는 마음, 진리를 알아내는 마음, 진리에 따라 행동하려는 마음이 삼약심이다.

- 심신 작용을 구체적으로 말하면 육근(六根) 작용이다. 나에게만 육근이 있는 것이 아니라 우주의 육근도 있다. 우주의 색, 우주의 소리, 우주의 냄새, 우주의 맛, 우주의 촉감, 우주의 앎이 있다는 말이다. 오늘날의 천문과학이 그것을 밝혀주고 있다. 나의 육근 작용과 우주의 육근 작용을 소통하게 하여 하나 되게 해야 한다. 그래야만 바른 삶을 살게 된다. 삼독심으로 육근 작용을 하면 나와 우주의 맥이 끊어진다. 그리고 삼약심으로 육근 작용을 하면 나와 우주의 맥을 이어서 통하게 한다. 이것은 육근을 원만구족하고 지공무사하게 사용하는 것이다.

- 삼독심으로 행동하여 만들어진 업과 삼약심으로 행동하여

만들어진 업에 따라 그 기운이 달아진다. 삼독심으로 행동한 업은 음기운이고 삼약심으로 행동한 업은 양기운이 된다.

음양상승의 뜻

음기운과 양기운에 대하여 이해하고 다음 말을 계속해 보자. 음과 양은 무 자르듯이 둘로 나뉘는 것이 아니다. 전음(全陰), 전양(全陽)은 없다는 말이다. 음기운 속에 양기운의 씨앗이 자라나고, 양기운 속에 음기운의 씨앗이 자라나는 것이다. 이것이 음양상승(陰陽相勝)이다.

음기운의 행동과 양기운의 행동

삼독심으로부터는 음(陰)기운의 행동, 즉 악행을 한다. 삼약심으로부터는 양(陽)기운의 행동, 즉 선행을 한다. 음기운의 행동은 상극(相克)의 결과를 가져오고, 양기운의 행동은 상생(相生)의 결과를 가져온다. 그런데 음기운의 행동을 고칠 수 있는 잠재력이 이미 있고, 양기운의 행동을 했더라도 다시 삼독심이 발동하여 음기운이 될 잠재력도 이미 가지고 있다는 것이다. 음양상승의 원리가 음기운 속에서 양기운의 심신 작용을 가능하게 한다는 말이다.

충기와 본성

음과 양이 교차하는 지점에 충기(冲氣)가 있다. 음과 양이 교차하는 덧마루와 같은 것이다. 삼독심과 삼약심을 매개하는 본성(本性)이 충기(冲氣)의 작용을 하는 것이다. 충기는 조절하는 힘이다. 이 힘을 키우는 중요한 것이 이 지점이다. 충기를 키운다는 것은 다른 말로 하면 본성의 힘을 키운다는 것이다. 금목수화토(金木水火土)의 음양오행 가운데 토는 조절하는 기운이다. 마음 작용도 오행(五行)으로 나누어 볼 수 있다. 본성을 토에 비교할 수 있다. 본성을 심지(心地)라고 표현하는 것도 참고할 수 있다.

충기를 키우는 것, 즉 본성의 힘을 키우려면 우선 음기운의 행동과 양기운의 행동, 즉 상극의 행동을 상생의 행동으로 바꾸면 된다. 이때 상극의 심신 작용을 하면 상극의 업이 만들어지고, 상생의 심신 작용을 하면 상생의 업이 만들어진다. 보통은 음기운의 시기에 상극의 업이 만들어지고 양기운의 시기에 상생의 업이 만들어지는 것이라고 볼 수 있다. 그러나 음기운의 시기에도 상생의 업이 만들어지고, 양기운의 시기에도 상극의 업이 만들어진다. 이 원리를 앞서 말하였다.

음양상승이 자유로운 심신 작용이 가능한 원리

음양상승의 원리는 심신 작용을 자유로이 할 수 있게 하는 원리가 된다. 그리고 자유로운 심신 작용이 자신의 업을 만드는 것이다. "음양상승(陰陽相勝)의 도를 따라 선행자는 후일에 상생(相生)의 과보를 받고 악행자는 후일에 상극(相克)의 과보를 받는다"는 법문의 뒷면(행간: 行間)에 '자유로운 심신 작용'이 있다는 것을 알고 읽으면, 인과이치에 따라 과보를 받는다는 것과 모순되지 않는다는 것을 알게 된다.

자유로운 심신 작용은 조절하는 능력을 말한다. 충기(冲氣)의 힘을 키우는 것이다. 충기의 힘을 키우는 것은 본성을 알아내고, 본성에 따라 심신 작용을 하는 것을 말한다. 나의 본성과 우주의 본성을 알아내고, 나와 우주의 본성이 같은 것이라는 것을 아는 단계에 가야만 자유로운 심신 작용을 할 수 있다.

사참(事懺)과 이참(理懺)

본성을 찾아 자유로운 심신 작용 공부를 하는 첫걸음은 현재의 불행과 고통이 과거나 전생(前生)에 지은 죄 때문이라는 것을 자각하는 것이다. 그것만으로도 그 업(業)을 벗어날 준비가 되었다고 할 수 있다. 그 업이 남의 탓이 아니라, 자신이 만든 것을 전제하기 때문이다. 자신이 그 업을 달게 받으며 뉘우치는 공부, 즉 참회를 하는 것이다. 이것은 사참이다. 그리고 상극의 업을 만드는 심신 작용을 하지 않으려는 각오를 하게 된다. 앞으로는 상극의 업이 아니라 상생의 업을 만들겠다는 각오를 하는 것이다. 그 각오는 본성의 힘, 조절하는 충기의 힘을 강하게 한다. 이것은 이참이다.

요컨대 업을 벗어난다는 것은 업력(業力)을 면제받는 것이 아니다. 인과보응과 음양상승의 원리를 깨달아 업력으로부터 자유로운 심신 작용을 한다는 말이다. 상극의 과보로 나에게 주어진 업보를 참회하며 수용하고, 그에 대응하는 새로운 업을 만들지 않으니, 자연히 그 업이 가벼워진다. 새로운 상극의 업을 만들지 않고 오히려 상생의 업을 만들어 낸다. 크게 보면 사참을 하면 상극의 업을 가볍게 받게 되고, 이참을 하면 상생의 업을 만들어 내게 된다. 사참과 이참을 동시에 해야 한다고 가르치는 것이다. 이것이 업력을 벗어난다는 말이다.

만우당 생각 13

상주불멸(常住不滅)로 여여자연(如如自然)하다는 것을 바로 알자

'변함없이 그대로 있는 힘'인 진리

〈일원상 서원문〉에서 한 구절의 법문을 이해하여 보자. 일원의 진리는 "유상으로 보면 상주불멸로 여여자연(如如自然)하여 무량세계를 전개"한다고 한다. 이 말씀에 대하여 다음 구절에 나오는 말씀을 끌고 와서 설명하는 경우가 있다. "… 무상으로 보면 우주의 성·주·괴·공(成住壞空)과 만물의 생·로·병·사(生老病死)와 사생(四生)의 심신 작용을 따라 육도(六途)로 변화를 시켜 …" 뒤이은 부분에서는 '변하는 진리를 열거하고 있다. 바로 이 '변하는 진리'가 '불변한다'는 식으로 이해하는 것이다. 우주가 성주괴공으로 순환하고 만물이 생로병사로 변화하는 이치가 변하지 않는다는 식이다. 맥락에 맞지 않은 대답이다. 이 말에 대하여 바른 맥락을 찾아 보자.

• '변함없음'이 주어고 '진리'는 술어다.

진리 그 자체로 '소멸하지 않고 스스로 한결같이 있다'는 말이다. 여기서 유상(有常)이라는 한자어는 '늘 그대로 있다'는 말이다. 다른 한자어로는 항존(恒存), 구존(久存)으로 말할 수 있다. '변화하지 않는 것'을 진리라고 규정하는 것이다. 이때 '변함없음의 진리'라고 말하고, '변하지 않는 진리'라고 말해서는 안 된다. '변함없음'이 주어고 '진리'가 술어다. 진리가 주어고 변함없음을 술어로 말하지 말라는 것이다. '변하지 않는 진리'라고 말하면 변하는 진리가 있고 변하지 않는 진리가 있다는 식으로, 둘로 나누어 보게 된다. 두 가지 진리가 있다고 보게 되는 것이다. 한 걸음 더 나가 보면 진리는 '변함없이 그대로 있는 힘'이기 때문에, 변화하는 만물이 그 틀에서 존재하게 된다는 말이다. 진리를 개념이 아니라 힘으로 접근하라는 말이다.

• 순수지속(純粹持續)

베르그송(Henri Bergson, 1859-1941, 프랑스)이 말한 개념을 빌려 "변함없이 그대로 있는 힘"을 쉽게 미루어 볼 수 있다. 그는 존재의 근원을 순수지속(純粹持續, Pure duration)이라고 규정하였다. 본성의 세계를 역동적(力動的)으로 본 것이다. 이러한 관점에서 진리는 개념적으로 알 수 없다고 하였다. 직관(直觀)해야 한다는 것이었다. 요컨대 지속과 단절이라는 상대적인 관점을 초월하여 순수지속이라는 낱말을 사용하였다.

• 크리스트교의 '하나님'은 '상주불멸(常住不滅)로 여여자연(如如自然)하다는 것'의 의인화.

크리스트교의 창조설과 비교하면 상주불멸(常住不滅)로 여여자연(如如自然)하다는 뜻을 쉽게 이해할 수 있는 길이 있다. 창조설대로 이해하면 이 세계는 유한(有限)하다. 하나님이 창조했을 때가 시작이다. 시작이 있으니 끝이 있게 되고, 그 끝에서 하나님이 심판하여 천국으로 보내기도 하고 지옥으로 보내기도 하는 것이다. 그런데 모든 것을 창조하는 하나님은 언제나 그대로 계시는 분이다. 누구에 의해서 존재하는 것이 아니고 스스로 있는 존재다. 무시무종한 존재이고 자기원인(自己原因, Causa-sui)으로서의 존재다. 하나님은 태어나거나 돌아가시는 분이 아니라 언제나 그대로 있는 분이다. 그 하나님은 "상주불멸(常住不滅)로 여여자연(如如自然)하여 무량세계(無量世界)를 전개"하는 일원의 진리를 의

인화(擬人化)한 것으로 볼 수 있다. 바꾸어 말하면 '의인화된 하나님'의 속성을 미루어 보면 상주불멸(常住不滅)로 여여자연(如如自然)하다는 뜻을 쉽게 미루어 알 수 있다는 말이다.

• 물질계에서 알 수 있는 '변함없음'의 진리.

진리는 여러 차원으로 있다. 크게는 영기질(靈氣質), 즉 영(靈)과 기(氣)와 물질의 차원이다. 그리고 영과 기와 물질의 차원은 각각 여러 차원을 갖는다. 결국 진리는 수많은 차원으로 있는 것이다. 그 차원 가운데 물질계의 차원에서 '변함없음'의 진리를 미루어 보자. 진리 그 자체가 '힘'인 것처럼 물질계도 죽어있는 사물이 아니라 기본으로 '힘'이다. 힘이 있으므로 여러 형태와 차원으로 변화하는 것이다. 그런데 그 힘은 우주 전체로 볼 때 생성되거나 소멸되는 것이 아니다. 그대로 있는 것이다. 다만 그 형태가 바뀔 따름이다. 예를 들어 에너지 보존의 법칙(The principle of the conservation of energy)이 있다. 물리적 세계의 에너지는 그 형태가 달라질 수는 있어도 총량은 변하지 않는다는 것이다. 물질계의 '힘'을 보면 '한결같은 힘'에 대하여 쉽게 이해할 수 있다.

'한결같은 힘'은 항상 살아있음의 기(氣)

'소멸하지 않고 스스로 한결같이 있다'는 말은 한마디로 생기(生氣)를 가진다는 것으로 이해할 수 있다. "항상 살아있음의 기(氣)"다. 상주불멸(常住不滅)로 여여자연(如如自然)하여 무량세계(無量世界)를 전개한다고 하지 않는가? 무시무종(無始無終)한 세계를 펼쳐서 이어갈 수 있는 것은 그 자체가 힘이고 기운이기 때문에 가능한 것이다. '힘 그 자체'이기 때문에 무량세계를 펼칠 수 있는 것이다. '힘'은 뭉치고 펼치는 작용이라는 점에서 '기'라고 할 수 있다. '기'는 음양운동 그 자체가 아닌가?

- 일음일양(一陰一陽)을 도(道)라 하는 것으로부터 '항상 살아있음'을 이해한다.

『주역(周易)』 계사전 상편 5장에 나오는 말씀이다. "한 번은 음이 되고 한 번은 양이 되는 것이 도"라고 읽는다. 한번은 음이 되고 한번은 양이 되는 것은 매 순간이 모두 그렇다는 것이다. 일 년의 여섯 달은 음이고 다른 여섯 달은 양이 되는 식으로 쪼개 보는 것이 아니라, 매 순간이 그렇다는 것이다. 마치 전등불이 켜지는 것과 같다. 음극(陰極)과 양극(陽極)이 동시에 교차하면서 불이 켜지지 않는가? '일음일양'으로 쓴 것은 음양이 교대로 운동한다는 말이 아니고 음양이 동시에 운동한다는 말이다. 음기운이나 양기운은 한쪽으로만 운동할 수는 없다. 음극이나 양극 하나로만 전등이 켜지지 않는 것과 같다. 음양이 동시에 하나로 작용하는 것이다. 그래서 '한 일(一)' 자를 쓴 것이다. 동시에 운동하므로 '살아있음'으로 되는 것이다.

• 그런데 생기(生氣)는 있을 수도 있고, 없을 수도 있는 것이 아니라 존재의 본성이다. 본성은 있기도 하고, 없기도 하는 것이 아니다. 생명(生命)은 살다가 해체되는 것이지만 생기(生氣)는 한결같은 것이다. '여여자연(如如自然)'하다는 말은 이 말이다. "항상 살아있음의 기(氣)"는 '힘'이다. 방금 말한 바와 같이 힘은 변화하면서 그 힘을 유지한다. 힘은 음양상승의 운동이고, 인과 연쇄의 운동이다. 생기라고 말하는 이유는 기가 생성되거나 소멸하는 것이 아니라 '살아있는 그 자체'라고 하는 말이다. '살아있는 그 자체로서의 힘'이 존재하는 방식이 운동이다. 음양상승의 운동과 인과보응의 운동이다.

"항상 깨어있음의 식(識)"

'생기'는 또한 생식(生識)이다. "항상 깨어있음의 식(識)"이다. '생식', 즉 "항상 깨어있음의 식"은 식이 언제나 살아 있다는 말이다. "항상 깨어있음의 식"은 상대적인 앎이 아니다. 알기도 하고 모르기도 하는 현실에서의 의식(意識)이나 인식(認識)과 다르다는 말이다. "항상 살아있음의 기(氣)"가 상대적인 삶이 아닌 것처럼 상대적인 앎이 아니다. '식(識)' 그 자체다. 어두워지거나 밝아지는 현상으로 나눠지는 상대적 식(識)이 아니라 '식(識) 그 자체'라는 말이다. 이것을 의인화한 것은 신(神)이다.

"항상 살아있음의 기(氣)"와 "항상 깨어있음의 식(識)"이 결합되어 있다

"항상 살아있음의 기(氣)"는 그 자체가 힘이라고 했다. 힘은 파장이고 운동이다. 움직인다는 말이다. 그런데 그 움직임은 법칙에 따르고 있다. 그 운동의 법칙이 '힘'에 이미 심어져 있다. "항상 깨어있음의 식(識)"을 포괄적으로 말하면 우주 만물 속에 들어 있는 도(道), 또는 천도(天道)라고 이해할 수 있다. 운동의 법칙을 구체적으로 말하면 인과보응과 음양상승의 법칙이다. 그것이 "항상 깨어있음의 식(識)"이다. '앎과 삶'이 함께 있는 것이 진리의 본성이라는 말이다.

유상(有常), '한결같음'의 속성이 무상(無常), 즉 변화다

전통적인 성리학의 논법을 빌려 이해해 본다. '유상'은 태극(太極)이요 '무상'은 무극(無極)이다. 그런데 태극과 무극은 둘이 아니라고 하지 않는가?

• 태극(太極)으로부터 음양(陰陽)이 갈려 나온다고 보는 경우가 있다. 이 역시 부족한 생각이다. 태극 그 자체가 음양이 섞여 있는 상태다. 쉽게 말하면 태극은 음양이 섞여 운동하는 원동(原動)의 상태인 것이다. 태극과 '변화의 무극(無極)'이 둘이 아닌 근거다.

• 상주불멸(常住不滅)로 여여자연(如如自然)하다는 뜻을 이렇게 이해한다면, 일원의 진리를 유상의 측면으로 볼 수도 있고 무상의 측면으로 볼 수도 있다는 식의 이해는 맥락이 어긋난다는 것을 알게 된다. 유상과 무상은 두 개의 측면이

아니다. 태극과 무극이 두 개의 측면이 아닌 것과 같다. '유상'은 무시무종(無始無終)의 '힘'이고, '무상'은 그 '힘'의 속성이라고 할 수 있다. 그래야만 유무 초월의 생사문(生死門)이 될 수 있는 것이다.

만우당 생각 14

은(恩)의 성리학, 은해상승(恩害相勝)

은(恩)의 윤리를 은(恩)의 성리학으로 끌어 올림

우리나라 철학과 종교의 기본 정신은 회통(會通)과 융합(融合)이다. 남북국시대 최치원(崔致遠, 서기 857년경 출생)이 화랑 난랑비(鸞郎碑)에 적은 풍류도(風流道)는 우리 고유의 사상이며 종교다. 그 비문에서 풍류도가 유불도(儒佛道)를 포괄한다는 것을 밝히고 있다. 『삼국사기(三國史記)』에 전하는 내용이다. 우리나라에 들어온 불교나 유교도 회통과 융합의 전통 속에서 융화되어 한국 불교, 한국 유학의 특징을 갖게 된다.

18세기 후반과 20세기 초, 대일 항쟁기에 발생한 한국의 신종교들에서 삼교합도(三教合道)의 전통이 적극적으로 되살아난다.

계룡산과 모악산을 중심으로 생겨난 많은 신종교가 삼교합도를 표방하였다. 대표적인 것이 동학(東學)과 증산교(甑山教), 그리고 원불교(圓佛教)다. 유학(儒學)을 중심으로 삼교합도 한 것이 동학이고, 도교를 중심으로 삼교합도 한 것은 증산교다. 원불교는 불법(佛法)을 중심으로 삼교합도 한 특징을 가진다. 또한 이들 신종교는 정역(正易) 사상의 기반 위에서 삼교합도 하는 특징을 가진다.

• 그런데 소태산의 은(恩) 사상은 크리스트교의 은총(恩寵) 개념을 받아들여 성리학적으로 재해석하는 회통과 융합을 보여준다고 할 수 있다. 크리스트교의 핵심은 원죄(原罪)를 가진 사람을 구원(救援)하는 것이다. 구원은 하나님의 은총으로 이루어진다. 소태산 성존은 대각을 하신 뒤 여러 종교의 경전을 열람하셨다. 그 가운데 크리스트교의 교리를 보시고 은총의 개념을 수용하였다고 할 수 있다. 결국 소태산 성존은 '은 사상'을 받아들여 삼교합도를 넘어서 사교합도(四教合道)로의 회통과 융합을 하였다고 할 수 있다. 동서양의 융합이다.

• 은(恩) 사상은 불교에도 있다. 아버지, 어머니, 여래와 설법하는 스승의 은혜를 말하고 있다. 정법념처경(正法念處經)에서 말하는 사종지은(四種之恩)이다. 『대승본생심지관경

(大乘本生心地觀經)』에서는 부모, 중생, 국왕 삼보의 은혜를 말하고 있다. 이 은혜를 알고 갚아야 한다는 것이다. 지은보은(知恩報恩)이다. 이러한 은혜 사상은 정치나 사회적 제도와 합쳐져서 국왕에 대한 충성심을 강조하는 신조로 된 점이 있다.

• 크리스트교가 말하는 하나님의 은총이나 불교에서 말하는 은혜는 위로부터 주어지는 것이다. 크리스트교에서 은총에 보답하는 방법은 원죄(原罪)와 모든 죄업에 대하여 회개하며 구원을 기도하는 것이다. 이것은 신앙이다. 그러나 불교에서 은혜에 보답하는 방법은 부처님의 가르침을 잘 실천하는 것이라고 포괄적으로 말할 수 있다. 두 종교에서 말하는 은(恩)은 위에서 아래로 주어지는 것이라는 공통점도 가진다.

• 소태산 성존의 '네 가지 은혜 사상'을 신앙적 차원으로 잘 알게 하려면 논리적이거나 진리적 맥락의 설명을 더 보태야 한다. 네 가지 은혜는 존재의 원리이다. 우선 질문을 던질 수 있는 것은 해(害)라는 상대적인 개념이다. 해(害)로움에 대한 질문을 〈일원상 서원문〉에서 찾을 수 있기 때문이다.

"… 우주의 성·주·괴·공(成住壞空)과 만물의 생·로·병·사(生老病死)와 사생(四生)의 심신 작용을 따라 육도(六途)로 변화를 시켜 혹은 진급으로 혹은 강급으로 혹은 은생어해(恩生於害)로 혹은 해생어은(害生於恩)으로 이와 같이 무량세계를 전개하였나니, …"

여기서 해(害)의 개념이 등장한다. '네 가지 은혜(恩惠)'는 신앙의 차원에서 절대적으로 모셔야 한다. 그런데 해 끼침, 해로움의 개념이 동시에 등장하는 것에 대해 철학적으로 해결을 해야 하는 문제라고 할 수 있다. 은(恩)이 절대적인가, 상대적인가를 따져 보아야 한다는 말이다.

• 상대적인 개념이라면 신앙의 차원이 되기 어렵기 때문이다. 신앙의 대상은 전체를 포괄하는 것이어야 한다. 부분적이라면 우상(偶像, Idola)이 된다. 우상은 진리적 종교 신앙의 대상이 될 수 없기 때문이다. 은(恩) 사상이 우주와 존재 전체를 포괄해야 하는 이유이기도 하다.

• 다른 종교나 전통사회에서는 은혜를 말하면 그 대가로 보은을 강조하였다. 소태산 성존은 은혜의 상대 개념으로 보은을 말하기 전에 '해 끼침', '해로움'에 대해 말한다. 그래서 은혜와 보은(報恩) 혹은 배은(背恩)의 개념에 앞서 '해 끼침', '해로움'을 이해해야 할 필요가 있다.

은혜와 해 끼침의 관계에 관한 성리학적인 성찰을 하지 않고, 네 가지 은혜 사상 따로, '은생어해 해생어은'을 따로 이해하는 사람들이 많다. 쉽게 말하여 네 가지 은혜를 말할 때의 은(恩)과 은생어해(恩生於害), 해생어은(害生於恩)을 말할 때의 은(恩)이 진리적으로 한 맥락인 대승본생심지관경을 밝혀야만 '네 가지 은혜'의 신앙적 차원을 확보할 수 있다는 말이다.

은생어해·해생어은이 되는 원리

은생어해(恩生於害)·해생어은(害生於恩)! '해'에서 '은'이 나올 수 있고, '은'에서 '해'가 나오기도 한다는 것이다. 이것을 윤리적 차원으로만 보면 쉽게 이해할 수 있다. 또는 처세술의 차원으로 보면 더 쉽다. 새옹지마(塞翁之馬)의 옛이야기와 같은 수준으로 비유하는 사람들도 있다. 이런 식의 윤리적 차원으로만 보면 쉬운 이야기다. 해로운 일을 당할 때 마음 돌리고 기다리면 좋은 일 돌아온다. 또 좋은 일을 당할 때 교만해서 함부로 하면 곧 나쁜 일로 다가온다는 해석은 쉽고 평범하다. 인과보응이나 업장소멸로 해석하기도 한다. 그런데 이런 방식으로는 은(恩)의 사상을 신앙적 차원으로 전개하기에는 부족하다.

모든 것이 은생(恩生)인데 해생(害生)이 왜 일어나는가?

일상의 언어생활에서는 '은혜(恩惠)'라고 하는 표현을 윤리적 개념으로 쓴다. 사람끼리 물건을 주고받는 경우로 이해한다. 좋은 일자리를 만들어 주거나 하는 일을 도와주는 경우에 은혜를 받았다, 은혜를 주었다고 한다. 일상의 윤리적 차원과 다르게 쓰는 경우는 크리스트교에서다. 은혜를 '은총(恩寵)'과 같은 개념으로 쓴다. 이것은 하나님이 사람들에게 일방적으로 주는 구원이다. 일원주의(一圓主義)에서 은혜는 이들과는 다른 뜻이 있다.

- 우선 생각해야 할 일, 네 가지 은혜는 존재가 만들어지는 기본원리라는 것이다. 은혜(恩惠)가 기본원리라는 것은 은생(恩生)을 본성으로 한다는 것이다. 은혜는 곧 은생이다. 그런데 해로운 일이 왜 발생하는가를 따져 보아야 할 일이다. 천지·부모·동포·법률이 은생(恩生)하게 하는 네 가지 주체이다. 그런데 천지·부모·동포·법률이 해로움도 주는 것인가? 그렇다면 은혜(恩惠)의 원만성(圓滿性), 또는 절대성(絕對性)이 사라지는 것이 아닌가?

- 여기서 말할 수 있는 것은 '해생'을 주는 것은 천지·부모·

동포·법률이 아니라 나 자신이라고 말할 수 있다. 사생(四生)의 심신 작용(心身作用)으로 만든 자신의 업(業)으로 인하여 해생이 일어난다고 하면 문제가 가볍게 해결된다고 할 수 있다. 이렇게 보는 것은 해로운 것을 개인적인 차원으로 한정하는 경우다. 사실 이 수준으로 본다면 '해로움'의 문제를 선인선과(善因善果), 악인악과(惡因惡果)로 해석해도 큰 무리가 없다. 그러나 이렇게 보면 네 가지 은혜 사상의 원만성과 절대성을 말하기에는 부족하다.

• 개인적 차원이 아닌 '해로움'이 발생하기 때문이다. 천재지변이나 역병대란(疫病大亂), 전쟁은 개인적 차원으로 볼 수 없다. 개인이 마음을 돌리고 참회하는 수준으로 해결될 일이 아니다. 지구적으로, 우주적으로 발생하는 해로움을 '공업(共業)'으로 해석할 수도 있다. 그러나 자연이나 전쟁이 주는 해로움을 반드시 공업으로 볼 수 없는 경우는 얼마든지 있다.

• 낮과 밤이 교차하는 경우를 보자. 낮은 밝음을 주기 때문에 은혜라고 하고 밤은 어두움을 주기 때문에 해로움이라고 나누어 볼 수 있다. 밤이 개인적인 업으로 찾아오는 것이 아니라는 것은 쉽게 알 수 있다. 그러나 사실 밤은 파괴하기 위

해 오는 것은 아니다. 밤도 우주를 살리는 과정이다. 이를 넓혀서 생각하면 천재지변도 삶의 터전을 일시적으로 파괴하지만 결국 지구 전체의 조화로 진행되는 과정이다.

• 이런 의미에서 은혜를 '은생(恩生)'의 개념으로 쓸 수 있게 된다. '은생'은 일상의 차원에서 이루어지는 '해로움'을 포괄하는 개념이다. 해생(害生)의 상대적인 개념의 은생이 아니라 은생과 해생을 포괄하는 개념이라는 말이다. 진리적으로는 유무초월(有無超越)이다. 학문적으로는 '유'와 '무'를 변증법적으로 포괄하는 개념을 '생성(生成)'으로 본다. 즉 생성이라는 말은 생성과 소멸을 포괄하는 개념으로 쓴다. 이 방법으로 은생과 해생을 변증법적으로 '끌어올려' 은생(恩生)으로 쓴다는 말이다.

은과 해의 존재철학

은생(恩生)의 뜻으로 보면 은(恩)은 결합의 원리이고 해(害)는 분리의 원리이다. 은과 해를 현실의 윤리적 차원으로 보는 차원을 넘어서 존재철학의 차원으로 보아 달라지는 뜻이다. 옛 그리스 철학자 엠페도클레스(Empedoklcles, 서기전 493-433)가 있다. 그는 만물을 이루는 기본 요소가 물·불·공기·흙의 네 가지 원소라고 하였다. 이 네 가지 원소가 결합하고 분리되는 과정에서 모든 물질이 만들어진다고 하였다. 만물의 원질(原質, Arche)이 '물'이라고 말한 탈레스(Thales, 서기전 624-546), '공기'라고 말한 아낙시메네스(Anaximenes, 서기전 585-525), 그리고 '불'이라고 말한 헤라클레이토스(Heraclitus, 서기전 540-480)를 종합한 견해라고 할 수 있다. 그런데 근본적인 질문은 개체(個體)들이 어떻게 만들어지는가 하는 문제였다. 이에 대해 대답한 사람 가운데 한 사람이 엠페도클레스다. 그는 네 가지 원소가 결합하고 분리되면서 만물이 다양한 모습을 갖게 된다고 하였다. 그 결합의 원리는 사랑이고 분리의 원리는 미움이라고 하였다. 엠페도클레스가 말한 방식으로 결합되고 뭉치는 현상은 사랑의 현상이고 해체되는 것은 미움이라고 설명하는 지적인 전통이 생겼다.

이런 방식을 빌려 이해해 보면 은(恩)은 결합의 원리이고 해(害)는 해체의 원리다. 모든 존재는 결합과 해체의 과정에 놓인다. 성주괴공, 생로병사가 다름 아닌 결합과 해체의 과정이 아닌가?

생(生)은 음양오행의 운동이다

천지·부모·동포·법률의 은혜는 만물과 사람이 존재하게 되는 원리다. 특히 '일하는 존재'로서의 원리이다. "없어서는 살 수 없는 관계"이지 않은가? 모든 존재하는 것은 쉬지 않고 변화한다. 변화하는 과정은 음양운동(陰陽運動)으로 된다. 현상으로 보면 해체(解體)와 재구성(再構成)을 반복하는 과정이다. 음양운동은 순차적인 것이 아니라 음양이 동시에 작용하는 것이다.

- 해체를 악(惡)이나 해(害)로 받아들일 수 있다. 없어지는 것이기 때문이다. 그러나 해체는 영원한 해체가 아니라 재구성하기 위한 준비다. 예를 들면 가을은 봄과 여름에 성장한 것을 해체하지만 열매로 거두어 다음 봄을 준비하는 것이 아닌가? 여름의 관점에서는 해체이지만 사실은 재구성을 시작하는 과정이다. 해체, 죽음은 그 시점에서만 볼 때 소멸이라고 보는 것이다.

- 음양오행의 운동은 상생상극(相生相克)으로 이루어진다. 음양상승(陰陽相勝)이다. 목생화(木生火), 화생토(火生土), 토생금(土生金), 금생수(金生水), 수생목(水生木)의 상생운동이다. 목극토(木克土), 토극수(土克水), 수극화(水克火),

화극금(火克金), 금극목(金克木)은 상극운동이다. 상생을 은생으로, 상극을 해생으로 이해할 수 있다. 단전주의 수승화강(水昇火降)도 이 원리다.

• 우리가 해 끼침, 해로움으로 이해하는 현상은 가장 극단적으로 죽음이라고 할 수 있다. 그리고 '일'로 보면 '그 일의 중단'이라고 할 수 있다. 그러나 죽음은 전생윤회(轉生輪廻)하고, 사람의 '일'은 지속되는 것이다. 삶이 지속되는 한 '일'도 지속된다. 그러므로 생명의 죽음과 일의 중단이 끝이 아니고 새로운 탄생과 시작을 준비하는 것으로 보는 것이다. 음(陰) 속에 양(陽)의 씨앗이 있고, 양(陽) 속에 음(陰)의 씨앗이 있다. 그래서 음양상승(陰陽相勝)이 된다. 마찬가지로 은(恩) 속에 해(害)의 씨앗이 있고, 해(害) 속에 은(恩)의 씨앗이 있다. 은해상승(恩害相勝)이 되는 것이다.

자연적인 해생(害生)과 인위적인 해생

음양상승 되는 과정에서 나타나는 해생은 성주괴공, 생장쇠멸, 생로병사의 과정에서 발생하는 것이다. 낮과 밤이 교체되고 사계절이 순환하는 것은 자연적인 은생, 해생이 발생한다. 자연적인 은

해상승(恩害相勝)은 결과적으로 “때마다 새로워지는 것”이다. 그 변화에 맞추어 우리의 삶을 조정하며 삶도 새롭게 하는 것이다.

사람이 심신 작용(心身作用)을 하는 가운데 해 끼침, 해로움이 발생한다. 네 가지 은혜에 관해 배은(背恩)하는 것은 자연적인 것이 아니다. 사람이 생각과 말과 행동으로 하는 것이다. 인위적이라는 것은 사람이 어리석어서 저지르기 때문이다. 천지·부모·동포·법률의 은혜를 아는 일, 그 은혜를 알아 갚는 일, 그 은혜를 모르거나, 안다고 할지라도 갚지 않아서 받는 해로움을 경계하는 일이 일원주의(一圓主義) 신앙의 핵심이 되는 근거다.

천지인 합일사상과 ‘일하는 존재’인 사람

천지인 합일사상(天地人合一思想)은 우리나라와 동아시아의 전통사상이다. 과거 시대는 천도(天道)와 지덕(地德)이 중심이었다. 소태산 성존은 사람 중심의 시대가 되었다고 하였다. 정역(正易)의 관점이다. ‘사람의 일’이 중심이 된다는 것이다. 사람은 ‘일을 바르게 하여서’ 진리를 실현하게 한다는 말이다. 인정(人正)의 시대다. 후천개벽시대의 뜻이다. ‘일하는 존재’인 사람으로 보기 때문에 ‘네 가지 은혜’가 사람을 “있게”하는 원리가 되는 것이다. 동포은, 법률은이 포함된 근거다.

만우당 생각 15

대원도(大圓圖), 일원팔괘도와 일원상

일원상(○)을 선불교(禪佛敎)의 격외(格外) 문답식 표현으로 이해하는 사람들이 있다. 또는 추상예술의 표현방식과 같은 유형으로 이해하는 사람도 있다. 그러나 일원상은 높은 수준의 과학적 기호이며 역철학(易哲學)의 표현이다.

최초의 일원상

소태산 성존께서 일원상을 처음 그리신 것은 원기4년(1919)이다. 금산사에서 처음 그리신 것이다. 왜 금산사에서 일원상을 그리셨을까? 소태산 성존은 제자의 권유에 따라 증산교도들이 치성드리는 현장을 직접 보러 가셨다. 법인 기도를 마친 직후다. 제자 김성섭(팔산)과 함께였다. 이웃 종교를 돌아보는 취지였다.

증산교도들은 증산 사후 10년째 되는 그해, 증산의 생일날 금산사 미륵전의 미륵불로 강림할 것으로 믿었다. 증산의 강림을 기다리는 증산교도들이 치성을 드리는 현장을 보러 가신 것이다. 소태산 성존은 미륵불상을 보고 가볍게 웃으시고 숙소인 송대로 돌아와 일원상을 그렸다고 한다. 거기서 한 달간 짚신을 삼았다. 가볍게 웃으셨다는 것은 증산의 강림 예언이 허구라는 것을 표현한다고 할 수 있다. 정작 새로운 경륜을 가지고 활동하는 것은 소태산 자신이라는 뜻일 것이다. 금산사 미륵불은 솥 속에 발을 넣고 있다. 그곳이 풍수적으로 정(鼎)괘에 해당하는 곳이기 때문이라고 한다. 솥에 밥을 지어 모든 사람을 먹여 살리게 된다는 의미다. 이 솥을, 미륵불을 활동하게 하는 기반으로 이해하였다. 솥에 밥을 지으려면 불을 때야 한다. 그런 의미에서 금산사에 불이 나야 새 세상이 온다는 이야기도 그 마을에는 전해 내려온다.

• 짚신을 삼은 것은 미륵불이 솥에서 나와 세상에 걸어 다니며 교화를 시작하는 것을 의미한다고 할 수 있다.

두 번째 일원상
: 대원도(大圓圖), 또는 일원팔괘도(一圓八卦圖)

이춘풍(1876-1930) 선생의 유고집 『산중풍경(山中風景)』에 '대원도(大圓圖)'에 관한 기록이 나온다. 원기8년(1923)이다. '대원도'가 유불선(儒佛仙)을 합하여 쓰자는 것이라고 하였다.

대원도 후설(大圓圖 後說)의 한 구절이다. "선천은 하도를 형상(形像)하여 복희씨가 비로소 팔괘를 그렸고, 후천은 낙서(洛書)를 형상하여 문왕이 다시 그렸으니 역수(逆數) 순수(順數) 이치로다. 선천도수 역수 되어 자근지원대법(自近至遠大法)이요 자내지외음부(自內至外陰符)로다." 이 구절에 이어서 "석가와 노자, 공자가 교화하였으되, 천만 사람 가운데 깨달은 사람은 한두 사람이었다고 개탄한다. 그러하니 유불도가 한편으로만 떨어져서, 유도(儒道), 선도(仙道), 불도(佛道)로 각각 끊어졌다"고 한다. 이어서 "그것은 칩충처혈(蟄虫處穴) 저리되고 주출매량(晝出魅魎) 이리되니 천하가 어찌 편안하다 하며, 사람이 어찌 꿈을 깼다 할꼬? 세계를 한 번 둘러보니 침침장야(沉沉長夜) 이치로다. 장야혼몽(長夜渾夢) 이 가운데 금계대창공계(金鷄大唱空界)하니 동방 산천이 밝아 온다. 선천운수 과거(過去)이고 후천운수 경래(更來)로세. 무극대도 이 천지에 음양일월 회복하니 삼계일정자연화(三界一定自然化)라 유도불(儒道佛) 도(道) 누천년에 제일장부 출세하야 대학지도(大學之道)하여 보니 대원지도(大圓之圖) 분명하고 순수시대(順受時代) 각시(覺是)로다. 대원지도(大圓之圖) 각득(覺得) 후에 중용(中庸)으로 맹서하야 불편불의(不偏不倚)하고 보니 시방삼계가 도재중(都在中)이로다."

이어서 "황제(皇帝)가 음부경(陰符經)을 짓고, 주렴계가 태극도설을 지은 사례를 들어 말한다. 그리고 대성사(大聖師)는 천상천하 독존(獨尊)으로 유불선(儒佛仙)을 의심하여 대각 본체 하신 후에 대원(大圓)을 말씀하시고 절목(節目)을 써서 보이시니 그 제목에 가라사대 옥추경(玉樞經), 정정요론(定靜要論), 음부경(陰符經), 금강경(金剛經), 선요(禪要) 정관경(定觀經), 대학, 중용, 논어, 소학은 불(佛)의 형체와 선(仙)의 조화(造化)와 유(儒)의 범절(凡節)을 밝힌 자(者)이라, 유불선(儒佛仙)을 합하여 쓰는 자(者)는 곧 대원(大圓)을 알고 쓰는 사람이요, 도가에 적자(嫡子)가 되나니라 하시니 천만 스승의 말씀이라, 이 말씀보다 더 큰 것이 다시 없고 묘(妙)한 도(道)와 현현(玄玄)한 이치가 이 도(道)보다 더 묘한 것이 다시 없게 큰지라. 스승의 말씀이여 지극히 넓고 지극히 높도다. 계해년 4월 반수분향(盤手焚香) 근찬(謹撰)"

계해년은 원기8년(1923)이다. 여기서 보면 소태산 성존은 그 이전부터 대원도(大圓圖)를 말씀하셨다는 것을 알 수 있다. 소태산 성존의 대원도설을 들은 이춘풍 선생의 기록이 아닌가? '대원도 후설(後說)'이란 설법을 듣고 난 뒤 쓴 글이란 말이다.

• 이 말씀의 요점을 추려 본다. 대원도(大圓圖)를 선후천 교역기에 가장 큰 법으로 말하고 있다. 유불선(儒佛仙)을 합도(合道)했기 때문이다. 전통적인 유불선은 깨달은 계승자가 없어서 그 맥이 끊어졌다고 본다. 마치 벌레가 구멍 속으로 기어든 것이거나 낮도깨비 같은 것으로 되고 말았다는 것이다. 그리고 소태산 성존을 선후천(先後天)을 넘어서는 큰 스승으로 받들고 있는 것을 알 수 있다.

• 1919년, 법인기도를 올릴 때 팔괘의 방위에 따라 기도봉을 정하고 기도를 하였다. 팔괘에 관한 의식은 이미 초기부터 있었던 것이다. 오늘날 교화단도 팔괘의 방위로 정하고 있다. 그러나 일원팔괘도가 교서에 인쇄되어 전해지는 자료는 아직 발견하지 못했다. 다만 조선총독부가 발간한 '조선의 유사종교'의 불법연구회 편에 '일원팔괘도'가 나온다.

• 19세기 후반에서 20세기 초에 생겨난 우리나라 신종교는 두 가지 특성을 갖는다. 유불선 삼교합도(三教合道)를 내세우고 정역(正易)사상을 기반으로 한다는 점이다. 소태산 성존의 교화도 이를 기반으로 한다.

• 정역(正易)은 복희팔괘도(伏羲八卦圖)와 문왕팔괘도(文王

八卦圖)를 현대의 시점에서 바로잡는다는 의미로 정역팔괘도(正易八卦圖)를 그린 것이다. 민족적 관점에서 중국식 역학을 바로잡는다는 뜻으로의 정역(正易)이기도 하다. 복희팔괘도(伏羲八卦圖)와 문왕팔괘도(文王八卦圖)는 천지인 합일사상을 그린 것으로 역학(易學)사상의 기본이 되는 것이다. 정역팔괘와 일원팔괘도 그렇다.

• 우리나라의 태극기도 천지인 합일을 염원하고 있다. 1882년 처음 사용했다고 알려졌으나 제작자가 누구인지는 밝혀지지 않았다. 처음에는 팔괘로 그려진 태극기였다고 한다. 팔괘 태극기는 복희팔괘도를 놓고 가운데에 음양의 문양을 넣은 것이다. 우리나라 신종교 발생 시기와 태극기가 만들어진 시기는 겹친다. 1882년 처음 사용되기 이전에 만들어진 것이다.

• 소태산 성존이 교화하는 초기에 정역팔괘의 이론을 받아들이면서 그와는 다른 일원팔괘기를 그렸다. 방금 인용한 『산중풍경』에 '금계대창공계(金鷄大唱空界)'란 표현이 나온다. 이것은 금화교역(金火交易)이라는 정역의 핵심 사상을 말하는 것으로 볼 수 있다. 정역팔괘의 이론을 받아들였지만, 선후천의 해석을 다르게 하였다. 그리고 우주 운행의 중

심축도 다르게 보았다. 아울러 소태산 성존도 천지인 합일사상을 바탕으로 가르쳤다. 소태산 성존과 정산 성사(聖師)가 주신 주문도 천지인 합일사상에 토대한 것이다. 성주, 영주, 청정주가 그렇다는 말이다.

오늘날의 일원상
: 원기20년(1935) 중앙총부 대각전에 일원상 봉안

일원상의 뿌리는 팔괘도다.

소태산 성존이 교화를 시작할 때 팔괘도(八卦圖)를 활용하였다. 팔괘도가 알려진 것은 세 가지가 있다. 복희팔괘도(伏羲八卦圖), 문왕팔괘도(文王八卦圖)와 정역팔괘도(正易八卦圖)다. 그런데 소태산의 팔괘도는 이들과 다르다. 대원도(大圓圖)라고 이름하였다. 그러나 3종류의 팔괘도 뜻을 이어받고 있다는 점에서 일원팔괘도(一圓八卦圖)로 부를 수 있다.

복희팔괘도(伏羲八卦圖)와 문왕팔괘도(文王八卦圖)

복희씨(伏羲氏)는 누구인가?

우리 민족의 이름은 쥬신족(조선족: 朝鮮族)이다. '쥬신'은 '온누리'라는 뜻이다. 북방 기마민족이다. 민족이 빠르고 쉽게 이동할 수 있어서 발해(渤海) 연안과 황해안(黃海岸, 중국의 동해안)을 선점하여 중화족(中華族)을 내륙 쪽에 묶어 놓았다. 서기전 6천 년경에 정착하여 집단문화를 발달시켰다. 서기전 4천5백 년경에는 홍산(鴻山) 문명을 일으켰다. 이 문명은 인류 최초의 문명이다. 쥬신족은 현재 중국의 산동반도와 하북성 일대로 진출하여 황하(黃河) 문명을 일으켰다. 현재 중국의 동부지역과 만주, 일본과 한반도가 쥬신족의 무대였다.

민족 간에 질서가 잡혀서 천황(天皇)이 집단을 이끌고 하늘에 제사를 드리게 되었다. 이때 스스로 천신(天神)인 한님(환인: 桓因)의 아들이라고 하는 한웅(환웅: 桓雄) 씨가 나타나 태백산(太白山) 신단수(神檀樹) 아래 신시(神市)를 세웠다. 신시는 최초의 도시인데 그곳에 도읍을 정하고 천황으로 즉위하였다. 그가 제1세 한웅 거발한(거발환: 居發桓)이다. 천황은 나라 이름을 '밝달나라(배달나라)'라고 하고 전 쥬신을 통치하였다.

서기전 3512년, 배달나라 제5세 태우의환웅(太虞儀桓雄)에게는 열두 아들이 있었다. 장남이 제6세 한웅이 되었고, 그 밑에 태호(太皞)라는 이름을 가진 막내아들이 있었다. 그 막내아들이 복희씨(伏羲氏)다. 복희씨는 삼신산(三神山)에 올라가 하늘에 제사를 올렸다. 그리고 천하(天河)에서 괘도(掛圖)를 얻어 천부경(天符經)을 바탕으로 팔괘(八卦)를 만들었다. 이것이 '한역(환역: 桓易)'이다. 복희씨는 해가 12번 변색하는 것을 보고 '한역'을 지었다고 한다. 이것이 주역(周易)의 원전이다.

복희씨는 병력을 동원하여 화족(華族: 중국족) 수인씨(燧人氏) 나라를 공격하여 그들을 내륙으로 내쫓았다. 그리고 기산(琦山) 서쪽의 강수(姜水) 지역을 천황의 영지로 편입시켰다. 배달민족이 식민지를 경영한 최초의 사례로 알려졌다. 이로 보면 복희씨는 문무를 겸비한 당대의 지도자였다고 할 수 있다.

- 복희씨가 만든 한역(桓易)의 내용이 복희팔괘도다. 모든 팔괘도는 천지인(天地人)이 하나 되는 모습을 밝힌 것이다. 복희팔괘도는 천지인 가운데 천도(天道)를 기준으로 우주의 움직임을 그린 것이다. 남과 북에 건괘(乾卦)와 곤괘(坤卦)를 대칭시켜 중심을 잡고 우주가 순환한다는 이치를 그린 것이다. 선천도(先天圖)라고도 한다.

- 주(周)나라 문왕(文王)은 화족, 즉 중국족으로 문왕팔괘도

를 그렸다. 조선족인 복희씨가 그린 팔괘도를 중국식 표준으로 고쳤다는 해석도 할 수 있다. 그러나 내용상으로 보면 '땅'이 만물을 길러내는 것을 중심으로 팔괘도를 그린 것이다. 후천도(後天圖)라고도 한다. 땅을 중심으로 보는 팔괘도라는 말이다. 남과 북에 물과 불을 대칭시켜 중심을 잡고 우주가 순환하는 이치를 그린 것이다. 자연의 생명체가 탄생하는 것은 물과 불의 상생상극 운동으로부터라고 볼 수 있는 것이다.

• 소강절(邵康節, 1011-1077, 중국 송나라)이 복희팔괘를 선천이라 하고, 문왕팔괘를 후천이라 하였다.

정역팔괘도(正易八卦圖)

김일부(金一夫, 1826-1898) 선생이 정역팔괘도를 그렸다. 김일부 선생의 정역팔괘도는 복희팔괘도의 방위를 바꾼 것이다. 건곤(乾坤) 축의 위치를 바꾼 것이다. 복희팔괘에서는 건(乾)을 남쪽, 곤(坤)을 북쪽에 놓았다. 정역팔괘도에서는 건을 북쪽, 곤을 남쪽에 놓았다. 지구, 우주가 돌며 그 위치가 달라지면서 방위도 달라진다는 취지다.

• 정역팔괘도를 읽을 때 중요한 것은 괘의 효(爻)를 쌓아가는 순서다. 복희와 문왕팔괘는 원(圓)의 중심부에서 밖으로 쌓았다. 아래로부터 쌓아가는데 맨 아래는 지(地), 가운데는 인(人), 위는 천(天)의 자리이다. 천지인이 수직으로 자리한 것이다. 그렇게 하여 천지인이 합일하는 여러 가지 변화를 설명한다.

정역팔괘도에서는 효(爻)를 쌓아 가는데 밖으로부터 안으로 쌓아간다. 이것은 지(地)로부터 출발하는 것이 아니라 사람, 즉 인(人)으로부터 출발하는 것을 보여주는 것이다. 우주의 움직임이 달라져서 방위가 달라졌다는 것은 사람의 위치가 달라졌다는 것을 말한다. 사람 중심의 천지인 합일을 말한다. 이것은 황극(皇極)이라고 한다. 복희팔괘는 태극(太極)의 원리, 문왕팔괘는 무극(無極)의 원리를 말한 것과 비교할 수 있다.

일원팔괘도(一圓八卦圖), 혹은 대원도(大圓圖)

• 소태산 성존은 초기에 일원팔괘도를 대원도(大圓圖)로 이름하여 교육하였다고 볼 수 있다. 법인 기도를 올릴 때, 방위를 정한 것이나 『산중일기』에 적은 내용이 그것을 보여준

다. 정역이 복희팔괘도를 기반한 것에 비하여 일원팔괘도는 문왕팔괘도를 기반으로 하였다. 문왕팔괘도가 만물을 생성하게 하는 땅의 기운을 말하는 것처럼, 만물 생성의 현장을 중심으로 우주 자연과 세계를 설명하는 것이다. 무엇보다도 중요한 것은 사람의 '일'을 중심으로 천지인의 합일을 말하는 것이다. '일하는 존재로서의 사람'을 규정한 것이다.

김일부의 『정역』이 일하는 사람을 중심으로 보는 것과 같은 맥락이다. 『정역』 십오일언(十五一言)의 첫대목이다. "오호라 반고 화하시니, 천황은 무위시고, 지황은 재덕하시니, 인황이 작이로다.(嗚呼盤古化 天皇无爲 地皇載德 人皇作)" 인황이 일을 한다는 것이다. 사람 중심의 세계관, 우주관이다. 이때의 사람이란 보통 사람들을 말한다. 선천 시대는 왕이나 소수의 지배자가 하늘의 명을 받는다는 명분으로 사람을 다스렸으나, 후천개벽 시대는 보통 사람들이 모두가 하늘과 땅의 도와 기운을 얻는다는 뜻이다. 사람들이 지배자의 명령을 따르는 것이 아니라 각자가 모두 우주의 진리를 실현하는 주체가 된다는 것이다. 그것은 '일'을 통해서 한다는 것이다. 동학의 인내천(人乃天)사상도 같은 범주에 있다.

• 『정역』은 복희팔괘와 문왕팔괘를 모두 선천으로 보고 정역이 새로운 역(易)이라고 한다. 정역이 후천의 용어를 직접

사용하지 않아도 그 내용은 후천을 말하고 있다. 금화교역(金火交易)의 시대로 보는 것이 그것이다. 일원팔괘도는 그러한 의미의 후천을 받아들인다. "금계대창공계(金鷄大唱空界)하니 동방산천이 밝아 온다."는 표현을 한 것이 그것을 말해준다.

• 수직괘(垂直卦)와 수평괘(水平卦)로부터 원(圓).
정역과 마찬가지로 효(爻)를 쌓아가는 것은 사람으로부터다. 그러므로 팔괘도로 보면 밖으로부터 안으로 쌓아가는 형상으로 되었다. 전통적인 괘가 수직적으로 아래로부터 쌓아가는 것이라고 한다면, 정역팔괘와 일원팔괘는 수평적으로 합치는 것이라고 할 수 있다. 수평으로 합치는 천지인 합일의 괘는 결국 원(圓)으로 펼쳐진다고 할 수 있다.

• 우주의 운동도 원운동이다. 조화의 운동이 원운동이다. 피타고라스(Pythagoras, 서기전 582–497)나 플라톤(Plato, 서기전 427–347)도 말한 것이다.

• 사람으로부터 본다는 것은 사람의 심신 작용으로부터 본다는 것이다. 심신 작용을 하는 것은 '일하는 것'으로 해석할 수 있다.

• 일원팔괘도(중괘)의 배열.

일원팔괘도의 단괘(段罫)와 중괘(重卦)의 배열이 다르다. 단괘는 문왕팔괘도의 수직괘를 수평괘로 바꾸어 그린 것이다. 중괘 일원팔괘도는 단괘와 다르게 남북에 곤괘(坤卦)와 진괘(震卦)를 축으로 세워 마주 보게 했다. 선천(先天)의 양기(陽氣)가 쇠퇴하는 마지막 시기가 진괘라는 것을 보여주는 것이다. 우렛소리로 세상을 새로워지라고 울리는 것이다. 진괘 끝의 양효(陽爻) 한 가닥이 빠지며 후천의 시작인 곤괘가 시작되는 것이다. 이는 중국 후난성 창사(長沙)의 마왕퇴(馬王堆)에서 출토된 백서주역(帛書周易)의 64괘 배열에서도 볼 수 있다. 다시 말하면 건괘의 양기(陽氣)가 쇠퇴하는 끝이 진괘이며, 여기서 곤괘가 열리는 것이다. 곤괘가 열린다는 것은 만물이 생성된다는 것이다. 천도(天道)의 씨앗이 땅에서 싹을 틔운다고 할 수 있다. 큰 진동이 울리며 싹이 트는 것이다.

• 곤괘와 진괘를 축으로 보는 관점은 진단(震檀)사상에서도 볼 수 있다.

『규원사화(揆園史話)』의 단군기(檀君記)에도 나온다. 『규원사화』는 조선 숙종 원년(1675)에 북애자(北崖子, ?~?) 선생이 쓴 우리나라 상고시대와 단군시대를 기록한 역사책이다. "선가서류혹왈: 삼신산 유환귀 불로등초 일명진단(仙家書

類或曰: 三神山, 有還魂.不老等艸, 一名震檀)” 이를 풀어보면 이렇다. “선가(仙家)의 서책에서 혹은 말하기를 삼신산에는 넋을 부를 수 있거나 먹으면 늙지 않는 등의 풀이 있는데 일명 ‘진단(震檀)’이라 한다.”

또 이런 문장이 나온다. “차 백두산산자단수 종고소칭단목자 시야(白頭山産紫檀樹, 從古所稱檀木者, 是也)” 즉 “또한 백두산에는 자단수(紫檀樹)가 나는데 예로부터 단목(檀木)이라 일컫던 것이 바로 그것이다.”

이러한 글로 미루어 말할 수 있는 것이 있다. 단(檀)은 박달나무, 단향목을 일컫는 것으로 알려져 있다. 그러나 단(檀)은 불로초를 일컫기도 하는 정도로 특별한 뜻을 갖는다. 즉 영기(靈氣)가 뭉쳐있는 것을 ‘단(檀)’이라고 하기 때문에 바로 ‘단(丹)’으로 해석할 수 있는 것이다. 그런 의미로 본다면 신단수는 외단(外丹)이라고 할 수 있다. 신단수 아래서 그 단(檀)의 기운을 받아서 나와 하나 되게 하기 위해서는 내단(內丹)을 이루어야 한다. 진단(震檀)이란 단(檀)의 기운이 울려서 만물을 살려내는 것을 의미한다.

• 새로운 생명, 새로운 기운이 솟구칠 때 큰 울림이 있다. 어린아이가 태어날 때도 큰 소리로 울음을 터뜨린다. 이것이 진단(震檀)이다. 천지인(天地人)이 단(丹)을 이루어 땅의 전

(田)으로 펼치는 소리다. 밥 짓는 과정도 그렇다. 밥이 끓을 때도 솥에서 소리가 난다. 그러면 뜸 들이고 밥을 퍼서 먹게 된다. 솥의 철학이다.

개벽 시대는 유불선(儒佛仙)으로부터 대원도(大圓圖)로 교체하는 시대

• 소태산 성존은 개벽시대를 복잡한 상수(象數)로 표현하지 않고 원(圓)으로 단순화하였다. 개벽에 대한 것도 점치는 방법이나 은유적으로 보지 않고 역사적으로 보았다. 우선 유불선(儒佛仙)의 역사로부터 보는 것이 그 첫째다.

• 일원상은 유불선(儒佛仙)을 종합하는 뜻을 가졌다. 다시 이춘풍 선생의 『산중풍경』을 본다. 삼재합덕총설(三才合德總說)편이다. 삼교합도(三教合道)를 삼재합덕(三才合德)으로 표현하고 있다.

"지극함이 없는 것이 가장 지극함이 되고, 가장 지극한 가운데에 변화가 되나니 곧 불(佛)의 형체(形體)요, 유(儒)의 범절(凡節)이요, 선(仙)의 조화(造化)가 합한 가운데, 정(靜)하면 음(陰)이 되나니, 땅의 기운(氣運)이 탁(濁)하고 동(動)하면 양(陽)이 되나니 하늘의 기운은 청(淸)하나니, 음양이 나뉘면 천지(天地)가 서고, 천지가 서면 조화가 생겨나고, 조화가 생겨나면 춘하추동 자연(自然)이라, 자연한 그 가운데 한 물건이 있으니, 크기는 이 큰 데에 더 큰 것이 없고, 넓기로는 이 넓은 데에 더 넓은 것이 없고, 현현(玄玄)하기는 이 현현한 데에 더 현현한 것이 없고, 묘(妙)하기는 이 묘한 데에 더 묘한 것이 없나니, 이것은 무엇인가? 만약 답하는 자가 있으면 마땅히 허공(虛空)을 가르치리라. 다시 묻되 또한 물건이 있으니 머리도 없고 꼬리도 없는 물건이요, 두렷하기로 하면 동서남북이 없고, 검기는 칠통(漆桶) 같고 밝기는 명경(明鏡) 같았으니 이것은 또한 무엇인가? 도 답하는 자가 있으면 마땅히 불성(佛性)을 가르치리라. 세계에 큰 자(者)로 말하면 허공(虛空)보다 더 큰 자가 없고, 성품이 큰 자로 말하면 불성보다 더 큰 자가 없나니, 허공과 불성이 상거(相距)가 얼마나 되는가? 모자라지도 않고 남는 것도 없으며 사이도 없고 두루 안이라 진실(眞實)이 한 물건이로다. 그러나 앎이 없어서 답을 못한 자 또한 어린 사람이요, 앎이 있어서 답을 한 자도 또한 어린 사람이라, 한 번 웃고 말 안 하는 것이 가(可)할지어다. 슬프다. 이같은 원만한 큰 도(道)에 다행히 석가와 노자와 공자가 같은 대수단(大手段)을 만났어도, 오히려 한 편(偏)을 면치 못하여 능히 하나로써 합하지 못하시고 오직 때에 따라 변역(變易)을 알으신 고로 인(因)하여 각각 제도하사 명교(名敎)를 이천재(二千載) 아래에 두었으니, 불가의 천언만어(千言萬語)가 다 팔만장경을 근본 하여 소소 영령한 말씀을 가득 싣고(재만: 載滿하며), 유가(儒家)의 천차만별이 모두 육경(六經)을 근본 하여 서로 발명하는 말씀을 가득 싣고, 선가(仙家)의 천변만화가 다 음부(陰符)로 근본하여 구결(口訣)로 전하여 가득 실었건만, 그 후에 성인이 이미 멀어져서 도맥(道脈)이 잔미(殘微)하고 법망(法網)이 해이하여 전(專)히 구전심수하는 비결이 없고, 다못 글로만 의논하고, 글귀로만 짓는 사이에 재주와 재주가 규칙에 구속이 되고, 집착에 타락이 되었으니, 비록 밝히고자 하나 어찌 그 밝음을 얻으며, 비록 어둡지 아니하고자 하나 어찌 그 어둠이 없으리오. 이런고로 천하가 다 장야몽중(長夜夢中)이 되었도다. 간사(奸邪)한 말이 사방에 흐르고, 다른 도가 아울러 일어나서 천하가 장차 크게 요란하거늘 이때는 곧 어느 때요, 하늘의 도가 사라져서 지리(地理) 적적하고 멸(滅)하여 땅의 도가 사라져서 분별이 없으니, 이것을 이르러 개벽 시대라 하나니, 그러나 선천(先天)이 그 시(始)가 없고, 후천(後天)이 그 종(終)이 없을새, 하늘이 그 도를 없애지 못하는 고로,

우리 대성사(大聖師)가 이 지음에 강생 하시와 전수(傳受)

없이 총명도통(聰明道通) 하셨으니, 천지선생(天地先生) 아니런가? 전무후무 그 일이요 고불문(古不聞) 금불문(今不聞) 이 일이라. 일찍이 쓰지 아니한 대법(大法)을 쓰시며, 일찍이 행하지 아니한 대원(大圓)을 행하시어 제도중생을 이와 같이 수호하사 노고를 가리지 아니하시고, 다행히 몇 사람의 조력을 얻어서 대정(大正) 5년, 병진년으로부터 선원(禪院)을 근근이 창립한지 일이삼처(一二三處)가 되니, 선원이 이미 선 즉, 교육방침이 가(可)히 없을 수 없다 하시고, 인(因)하여 대원도(大圓圖)를 말씀하시니, 옥추경(玉樞經), 정정요론(定靜要論), 음부경(陰符經) 및 금강경, 선요, 정관경(定觀經), 대학, 중용, 논어, 소학 등의 책을 번역하여 장차 교육할 터이니 선원에 출현한 제씨(諸氏)는 삼재(三才)를 합하여 쓰는 자는 체와 용이 서로 나눠지고, 시비 이해 밝아져서 변화무궁 되어지니 어찌 대원(大圓)의 뜻이 아니리요? 또 이밖에 다른 문자라도 교육에 유익할 자 있으면 마땅히 취하여 쓰고, 천지(天地)로서 한 집을 삼으며 일체동포로 한 몸 형제를 삼아서 이 선원을 세계에 널리 세우고, 엄하게 규약을 준수하여 세세생생 유전하기로 복축(伏祝) 하나이다. 갑자 납월 일. 반수분향(盤手焚香) 근찬(謹撰)"

일원상은 진리의 움직임을 보여주는 동영상

팔괘도 자체가 우주의 움직임을 표현한 동영상이라고 할 수 있다. 일원팔괘도, 대원도는 상수(象數)를 원(圓)으로 포괄하여 나타낸 것이다. 따라서 일원상(一圓相) 역시 우주 자연과 사람의 모든 과정을 보여주는 동영상(動映像)이다.

4차원 이상의 우주 자연을 2차원의 그림이나 도표, 또는 1차원의 개념이나 말로 표현하는 것이 지금까지 인류의 능력이었다. 4차원 이상의 우주 자연을 4차원 이상의 자기 체험으로 도달하라는 것이 일원상 상징이다. "일원의 위력을 얻도록까지 서원하고 일원의 체성(體性)에 합하도록까지" 되려는 방법이다.

- 무량대수의 원질(原質)을 원(圓)으로 표현.

건감간진손이곤태(乾坎艮震巽離昆兌)의 여덟 가지 원질(原質)과 원기(原氣)가 서로 얽히며 음양상승으로 변화하는 이치를 밝힌 것이 팔괘도이며 역철학(易哲學)이다. 일원팔괘도에서는 그것만이 아니라 더 많은 원질과 원기가 있다고 보기 때문에 원(圓)으로 표현한 것이다. 사실 자연과학으로 보면 원질(原質)에 해당되는 원자(原子)의 개수는 무량대수(無量大數)라고 하지 않는가?

자연과학과 비교하면, 원질을 여덟 개로 한정하는 것은 단순하다고 할 수 있다. 원(圓)은 무량대수를 표시한다고 할 수 있다. 무량대수의 원자가 운동하는 동영상인 것이다.

• 태극·무극·황극·원극이다.

복희팔괘는 태극의 원리, 문왕팔괘는 무극의 원리, 정역팔괘는 황극의 원리를 말한다. 이어서 일원팔괘, 대원도는 원극(圓極)의 원리다. 원극은 앞서 모든 극(極)의 원리를 포괄한다. 하나이면서 여럿이고, 여럿이면서 하나인 것이 진리다. 무극(無極)은 다극(多極)을 말하는데, 다극을 넘어 무한한 것이 원이다. "지극함이 없는 것이 가장 지극함이 되고, 가장 지극한 가운데에 변화가 되는 것"이라는 표현이 원극을 말한다.

일원상으로 천지인 합일(天地人合一)하는 것은 육근(六根) 사용이 출발점

복희팔괘나 문왕팔괘의 천지인 합일은 천도(天道)나 지도(地道)를 깨달은 성인이 만든 범절의 틀 속에 맞추는 것이다. 왕이 통치하는 것과 같은 틀이다. 그러나 일원상으로 천지인 합일하는 것은 모든 개인이 안이비설신의(眼耳鼻舌身意) 육근을 쓰는 것으로 이루어진다. 쉽게 말하면 개인 맞춤형 수행이다. 육근을 사용한다는 것은 온몸과 마음으로 우주와 소통하며 하나가 된다는 것이다. 즉 사람 몸의 피부와 장기, 모든 땀구멍과 36억 조 개의 세포(또는 60조 개의 세포)를 통해서 우주와 하나 되는 작용을 하는 것이다. 나아가서 사람이 하는 수만 가지 '일'로부터 시작하는 것이다. 생명 활동과 직업 활동을 포함한다. 무시선과 무처선이 그 하나 되는 방법이다.

• 복희팔괘나 문왕팔괘의 수직괘는 팔괘로부터 시작한다. 정역팔괘는 수평괘지만 팔괘로부터 시작한다. 일원팔괘, 대원도는 진정한 수평괘로서 육근으로부터 시작하며 무한 융합을 한다. 그래서 원(圓)이 되는 것이다. 수평괘가 변화로 이어진 것을 표현한 것이 일원상(一圓相)이라고 보는 것이다. 우주의 동영상이라고 하는 이유다. 역학(易學)의 현대적 해석이며 표현이라고 할 수 있다.

일원상 법어

• 건감간진손이곤태(乾坎艮震巽離昆兌)로 팔괘를 전개하는 것에 비교하여, 안이비설신의(眼耳鼻舌身意)와 '모든 일'로 수평괘(水平卦)인 원상(圓相)을 전개한다. 음양상승과 인과

보응의 원리로 이들이 합쳐지고 흩어지는 과정을 보여준다. 이것이 사람 중심의 후천 시대다.

• 이 원상(圓相)의 진리를 각(覺)하면 시방 삼계가 다 오가(吾家)의 소유인 줄을 알며, 또는 우주 만물이 이름은 각각 다르나 둘이 아닌 줄을 알며, 또는 제불·조사와 범부·중생의 성품인 줄을 알며, 또는 생·로·병·사의 이치가 춘·하·추·동과 같이 되는 줄을 알며, 인과보응의 이치가 음양상승과 같이 되는 줄을 알며, 또는 원만 구족한 것이며 지공 무사한 것인 줄을 알리로다.

○ 이 원상은 눈을 사용할 때에 쓰는 것이니 원만 구족한 것이며 지공 무사한 것이로다.

○ 이 원상은 귀를 사용할 때에 쓰는 것이니 원만 구족한 것이며 지공 무사한 것이로다.

○ 이 원상은 코를 사용할 때에 쓰는 것이니 원만 구족한 것이며 지공 무사한 것이로다.

○ 이 원상은 입을 사용할 때에 쓰는 것이니 원만 구족한 것이며 지공 무사한 것이로다.

○ 이 원상은 몸을 사용할 때에 쓰는 것이니 원만 구족한 것이며 지공 무사한 것이로다.

이 원상은 마음을 사용할 때에 쓰는 것이니 원만 구족한 것이며 지공 무사한 것이로다.

덧붙이는 말

현재 교단에서 교화단 표시로 사용하는 팔괘도는 문왕팔괘도를 그린 것이다. 소태산 성존의 일원팔괘도가 아니다. 바로잡아야 한다.

* 이 글은 원기108년(단기 4356년, 서기 2023년) 4월 9일 전주교당 법회에서 설교한 내용이다.

만우당 생각 16

오학(五學)을 이기는 중학(中學)은 원학(圓學) 즉 원역(圓易)이다

이능화(李能和, 1868-1945)의 『조선도교사(朝鮮道敎史)』에 이런 비결이 유포되고 있었다는 것을 기록하고 있다. 먼저 오학(五學)이라는 낱말을 흥미롭게 볼 수 있다.

"서학이 동학에게 망하고, 동학이 북학에게 망하고, 북학이 남학에게 망하고, 남학이 중학에게 망한다. 서학망어동학(西學亡於東學) 동학망어북학(東學亡於北學) 북학망어남학(北學亡於南學) 남학망어중학(南學亡於中學)"

조선 시대 말엽에 정치가 부패하고 사기(士氣)가 퇴폐하여 인심이 어지럽고 불안해지자 유학(儒學)의 끄트머리 폐단을 바로잡고자 정신혁명이 차례로 일어났다고 말한다. 크리스트교와 동학과 같은 신종교가 출현하여 불평분자를 규합하여 악한 정치와 악한 도덕에 대항하였다고 한다. 유학(儒學)은 전제주의요 계급 차별을 하니 악한 도덕이라고 한 것이다. 이때에 일 꾸미기 좋아하는 사람들이 요언(妖言)을 만들어 퍼뜨려 비기(秘記)를 만들었다고 한다. 당시 비기에 이른바 오학(五學)이 서로 번갈아 망한다는 말이 있다고 한다. 〈*『조선도교사』, 이능화(이종은 옮김), 보성문화사, 1977. 334쪽 참조. 이 책은 본래 한문으로 쓴 책이다.〉

여기서 말하는 서학은 크리스트교, 동학은 천도교, 북학은 청나라로부터 전해온 서양 문물, 남학은 대종교, 김일부의 남학은 유불도(儒佛道)를 합한 정역(正易)사상이다. 정역은 유불도를 합하며, 단군 이래의 천지인 합일사상(天地人合一思想)을 이어받는 사상이다. 그런데 남학을 최신 사상이라고 할 수 있는 시기에 다시 중학(中學)에 망한다고 했다. 여기서 중학에 관해 알아볼 필요가 있다.

먼저 남학을 이해해 본다. 남학으로 부르는 정역사상을 이해하려면 주역사상을 알아야 한다. 주역사상의 출발은 복희팔괘도와 문왕팔괘도다. 우선 팔괘(八卦)를 이해해 보자. 우주 자연은 음양으로 변화하며 존재를 지속한다. 음양의 변화는 여덟 가지 자연의 기본 요소와 결합하여 그 변화를 넓힌다. 그것을 팔괘로 표시한다. 팔괘는 우리가 사는 우주 자연과 세계의 기본 뭉치를 건감간진손이곤태(乾坎艮震巽離昆兌)의 여덟 가지로 정한 것이다. 건괘(乾

卦)는 하늘, 감괘(坎卦)는 물, 간괘(艮卦)는 산, 진괘(震卦)는 우레, 손괘(巽卦)는 바람, 이괘(離卦)는 불, 곤괘(坤卦)는 땅, 그리고 태괘(兌卦)는 못을 말한다. 괘의 도형은 이렇다. 건(乾: ☰)·태(兌: ☱)·이(離: ☲)·진(震: ☳)·손(巽: ☴)·감(坎: ☵)·간(艮: ☶)·곤(坤: ☷)의 도형이다. 음효(陰爻: - -)와 양효(陽爻: —)를 셋이 되게 맞추어 표현한다. 셋이 되는 것은 천지인(天地人)이 하나 되는 것을 표시한다. 아래로부터 위로 '지-인-천'의 순서다. 여덟 가지 뭉치가 음양의 원리와 천지인 합일로 변화하는 축(軸)과 순서를 밝힌 것이 팔괘도다. 네 가지 종류의 팔괘도가 있다. 복희팔괘도, 문왕팔괘도, 정역팔괘도와 일원팔괘도다.

- 복희팔괘도는 천도(天道)를 중심으로 세상이 돌아가는 이치를 밝히는 것으로 하늘과 땅을 남과 북의 축으로 세우고 변화를 그린 것이다. 건곤(乾坤)의 축이다.

  문왕팔괘도는 지도(地道)를 중심으로 세상이 돌아가는 이치를 밝혔다. 남과 북에 물과 불의 축을 세웠다. 감리(坎離)의 축이다. 건곤의 축은 하늘의 기운에 따른다는 것이고 감리의 축은 만물의 생성을 중심으로 변화를 이해하는 방법이다.

- 정역팔괘도(正易八卦圖)는 김일부(金一夫, 1826-1898)

선생이 그린 것이다. 복희팔괘도나 문왕팔괘도는 선천(先天) 시대의 역(易)이라고 하였다. 천지의 도수(度數)가 달라져서 후천(後天) 시대가 되었다고 한다. 뒤바뀐 천지도수를 표시한 방법은 복희팔괘도의 방위를 바꾼 것이다. 그리고 천지인(天地人) 가운데 '사람'을 중심으로 세상이 돌아가는 이치를 그린 것이다. 사람을 중심으로 풀어가는 역(易)을 인극(人極), 또는 황극(皇極)이라고 하였다.

• 일원팔괘도(一圓八卦圖)는 정역팔괘도가 말하는 천지 운행의 개벽 정신과 맥을 함께한다. 소태산 성존은 대원도(大圓圖)라는 명칭으로 가르쳤다. 정역팔괘도가 복희팔괘도의 도수를 바꾼 것에 대하여 대원도는 문왕팔괘도의 도수를 바꾸었다. 즉 만물이 생성하는 지도(地道) 운행을 중심으로 우주 변화를 보는 것에서 시작하여 땅에서 사람이 일하는 것으로 새로운 중심을 잡는다는 뜻이다. 쉽게 말하면 선후천으로 개벽이 되었다는 점, 사람이 중심이 된다는 점에서 정역과 대원도는 맥을 함께 한다. 그런데 정역은 춘하추동으로 바뀌는 천(天)의 도수에서 추동(秋冬)의 시대로 가니 그 기운을 새로 받는 사람이 되자는 것이다. 여기에 비하여 소태산 성존의 대원도는 땅 위의 사람이 '일하는 것'을 중심으로 우주 운행을 해석한다는 점이다. 즉 '일하는 사람'이 중심이다.

• 일원팔괘도와 정역팔괘도가 일치하는 점은 둥그렇게 배치한 팔괘의 효(爻)를 밖으로부터 그렸다는 점이다. 이것은 사람 중심으로 우주를 해석하는 뜻이다. 복희팔괘와 문왕팔괘는 안에서 밖으로 그렸다. 그것은 천도와 지도를 중심에 놓았다는 뜻이다. 둥그렇게 배치한 것을 펼쳐서 보면 복희팔괘와 문왕팔괘는 전통적인 수직괘(垂直卦)이다. 이에 비하여 정역팔괘와 일원팔괘를 펼쳐서 보면 수평괘(水平卦)가 된다는 점을 발견하게 된다. 이것이야말로 개벽이다.

• 중괘(重卦) 일원팔괘도는 개벽의 기점을 진(震: ☳)괘로 본 점이다. 진(震: ☳)괘와 곤(坤: ☷)괘를 남북 축으로 놓고 있다. 이것은 마왕퇴 『백서주역(帛書周易)』의 순서와 일치하는 점을 발견할 수 있다.

"서학이 동학에게 망하고, 동학이 북학에게 망하고, 북학이 남학에게 망하고, 남학이 중학에게 망한다."는 뜻을 다시 정리해 본다. 크리스트교는 천도교에 망하고, 동학은 청나라로부터 유입된 서양문물에게 망한다. 여기서 거듭 생각해 볼 일은 서양문물의 본질은 물질문명이라는 것이다. 그 당시 물질문명을 대표하는 것은 청나라가 아니라 일본으로 된 것도 알아야 한다. 동학혁명이 청나라와 일본군에게 좌절된 사실을 기억하게 한다. 대일 항쟁 시기에 우리나라 사람들이 남학을 널리 신봉한 사실은 그 비기(秘記)가 말하는 것을 떠올리게 한다. 1910~20년대에 우리나라 인구 1천7백만 가운데 남학 계열의 보천교 신도가 6백만 명이었고 동학신도가 3백만 명이었다. 일본이 두려워하는 한국의 정신운동이었다. 남학은 정역사상을 토대로 일어난 운동이다. 후천개벽사상이다. 일본이 탄압했지만, 중국에서 임시정부를 세우고 전개한 항일 무장투쟁과 함께 가장 강렬한 정신적 항일 투쟁이라고 할 수 있다. 그리고 정역사상은 중학(中學)에 망한다고 했다. 그런데 중학이 무엇인지는 그 책에서 말하지 않고 있다. 나는 그것이 다름 아닌 일원팔괘도, 대원도의 사상이라고 본다. 이능화 선생이 말하는 요서, 또는 비기라는 것이 돌아다닐 때는 소태산 성존이 활동하기 이전의 시대이다. 비기(秘記)라고 할 수 있지만 요서(妖書)는 아니라고 보아야 한다. 여기서 중학(中學)은 일원사상(一圓思想), 원학(圓學)이다. '원학'은 정역팔괘도를 사람의 '심신 작용과 일'로 우주의 중심을 삼는 '원역(圓易)'이다. 정역과 맥락은 같지만 그 내용이 다르다. '사람 중심'의 해석도 정역과 다르다. 그런 의미에서 정역을 이기는 것이 '원역'이라고 볼 수 있다. 원학이 모든 것을 종합하여 새로운 개벽의 체계를 밝히고 있다는 것이다. "물질이 개벽 되니 정신을 개벽하자"는 개교표어가 '비기'에서 말하는 중학(中學)을 표방하는 선언이라고 할 수 있다.

만우당 생각 17

일원상(一圓相)의 '상(相)'을 생각해본다

일원상의 상(相)을 손가락과 달의 관계로 보는 사람들이 있다. 『대종경』 교의품 6장에서의 말씀을 근거로 한다. 이 비유를 잘 못 이해하면 일원상 진리를 깨닫는 데 오류가 생긴다. 특히 신앙의 대상에 대한 논점을 다툴 수 있다. 예를 들어 사은(四恩)이 신앙의 대상인가에 대한 논쟁 같은 것들이다. 오늘은 이 문제를 생각해 본다.

• 손가락과 달의 비유를 사용하는 세 가지의 경우를 본다. 하나는 선불교(禪佛教)가 사용하는 비유다. 둘은 언어학에서 사용하는 것이다. 기표(記表, signifiant)와 기의(記意, signifie)의 관계다. 기표는 "의미하는 것"이고, 기의는 "의미 된 것"이다. 기표와 기의의 관계를 의미작용이라고 한다.

이 체계가 잘되어야 소통이 바르게 된다는 것이다. 이때 기표는 손가락이고 기의는 달이다. 셋은 단순한 표시(標示)다. 악보(樂譜)나 도로교통표지판과 같은 것이다. 표시가 가리키는 것은 어떤 의미가 아니라 사실이다. 표시를 보는 것은 사실을 바로 보는 것이다. 『대종경』 교의품 6장의 비유는 세 번째 용법으로 보자는 것이 나의 생각이다.

• 소태산 성존의 교법을 공부하는 분들이 대체로 첫 번째나 두 번째의 용법으로 이 비유를 받아들이고 있다고 본다. 이런 경우는 '일원(一圓)의 모양'이라고 띄어 읽는 것이다. 영문판 교전에서는 일원(一圓)을 "One Circle"로 번역한 것을 볼 수 있다. 한글로 다시 번역하면 "하나의 동그라미 모양"이다. 일원상의 원(圓)이 동그라미 도형이라고 생각한 번역이다. 그런데 "하나의 동그라미", 또는 "동그라미 하나"에서 어떠한 진리적 영감을 받을 수 있는가를 묻지 않을 수 없다.

상(相)을 "보이는 모양"이 아니라 "보이지 않는 틀"로 해석해 보자. 존재철학의 용어로 말하면 '형상(形相)'이다. 'Eidos'를 번역한 말이다. 우리나라 고전철학의 용어로 보면 천도(天道)와 지리(地理), 인도(人道)를 말한다. 천지인(天地人)이 전개하는 진리를 말하는 것이다. 그런 의미에서 보면 일원상은 일원도(一圓道)로 바꾸어 볼 수 있다. 소태산 성존은 초기에 대원도(大圓道)로 말씀한 바 있다. 그 대원도를 팔괘로 그린 것이 대원도(大圓圖)다.

• 일원상을 일원도(一圓圖)로 바꾸어 보면 다른 해석이 가능하다. 여기서 일원(一圓)을 단순한 '동그라미'로 보아서는 안 되는 것을 알 수 있다. 일원도(一圓圖)는 '동그라미'의 기하학적 모양이 아니라 일원팔괘도(一圓八卦圖)를 펼친 것이다.(* 만우당 생각 15, 만우당 생각 16 참조)

일원팔괘도로부터 전개되는 성리학적 역학(易學)은 원역(圓易)이다. 김일부(金一夫, 1826~1898) 선생이 정역(正易)을 말했다면 소태산 성존은 원역(圓易)을 말한 것이다. 주역(周易)은 수직괘(垂直卦)를 그렸다면, 정역과 원역은 수평괘를 그렸다. 주역(周易)은 천도(天道)와 지도(地道)를 중심으로 우주를 해석했다. 그것이 수직괘다. 정역과 원역은 인도(人道)를 축으로 우주를 해석한다. 이것은 후천개벽을 반영한 것이다. 수평괘를 그린 이유다.

• 주역의 수직괘는 양효(陽爻)와 음효(陰爻)의 두 가지 효(爻)를 그린다. 천도(天道)와 지도(地道)를 인도(人道)가 배우고 습득하여 실천하는 가르침이다. 천인지(天人地)에 각각 음양(陰陽)의 두 가지 효를 주어 전체로 여섯 효가 하나

의 괘(卦)를 이룬다. 그리하여 64괘와 384효로 짜여진다. 오늘날 전산기(電算機)가 '0'과 '1'의 두 개의 숫자를 교차시키며 계산하는 것과 비교할 수 있다.

• 이에 비하여 원역(圓易)의 수평괘는 사람을 중심으로 우주 진리를 받아들여 '일'을 전개하는 괘다. 그런데 사람이 '일'을 하는 것은 심신 작용으로 하는 것이다. 주역(周易)이 정한 천지의 변화는 384개의 효(爻)로 틀 지웠다. 그런데 심신 작용은 384개의 효(爻)로 포괄할 수 없다. 수많은 틀을 갖게 되는 것이다. 천만 경계라고 하지 않는가? 천만 경계에 부딪혀 수많은 생각과 느낌으로 판단하고 실천하는 것이다.

• 다른 말로 하면 주역의 괘상(卦象)은 64개인데, 원역의 괘상은 무한하여 '도로방', 즉 '원(圓)'으로 그린 것이다. 이런 의미에서 보면 일원상(一圓相)은 일원상(一圓象)이기도 하다.

• 심신 작용은 음양(陰陽)의 두 개 효로만 변화를 하는 것이 아니라 인과보응의 법칙이 적용되는 것이다. 그러하므로 천만 경계에 부딪히게 되는 것이다. 그리고 64괘로만 포괄할 수 없기 때문에 더 많은 괘와 효로 그려야 할 필요가 생긴 것이다. 그런 목적에서 괘의 전개를 넓힌 것이 원(圓)이다. 즉

일원상의 원은 원괘(圓卦)라고 할 수 있다. 오늘날 양자역학(量子力學, quantum physics)의 원리와도 비교된다. 양자전산기(量子電算機)를 작동시키는 것과 같다. 전통적인 전산기는 2개의 명확한 상태('0'과 '1')의 하나에 있는 2진 숫자(bit)로 암호화(encoding)되어야 한다. 이에 비하여 양자전산기는 '상태가 겹쳐 있는 양자'가 겹쳐진 단위, 또는 큐비트를 쓰는 것이다. 한마디로 말하면 겹쳐진 현상을 계산해내는 전산기가 양자전산기다. 양자역학은 겹쳐진 현상을 이해하는 도구가 된다. 한마디로 원괘(圓卦)는 인과보응과 음양상승의 원리가 겹쳐지는 수많은 현상을 담아내고 있다. 즉 무량세계(無量世界)가 전개되는 원리를 보여주는 것이다.

일원상을 원괘(圓卦)로 본다면 일원(一圓)과 상(相)을 떼어서 읽는 것보다는 합쳐서 읽는 것이 본뜻에 가깝다고 할 수 있다. 서양철학의 낱말로 보면 형상(形相), 즉 '에이도스(eidos)'를 쓰는 방법으로 사용할 수 있다. 형이상학(形而上學, Metaphysics)의 대상이 되는 것이 형상, 또는 원상(圓相)이다. 이를 참고하여 보면 일원상은 "우주 만유의 근원적인 틀"인 것이다. 고전적으로 보면 아낙시만드로스(Anaximandros, 서기전 610-546)가 말하는 '토 아페이론(To apeiron, 무제한자: 無制限者)'이나 플라톤(Platon, 서기전 427-347)이 말하는 '이데아(Idea)'가 '에이도스'라고 할 수 있다.

서양 근대로 오면 칸트(Immanuel Kant, 1724-1804)의 '물자체(物自體, thing-itself)'도 '에이도스' 또는 상(相)의 뜻이다. 존재철학에서 일반적으로 사용하는 '본질(本質)'이란 말도 '에이도스'나 형상(形相)의 뜻이다. 이런 방식으로 일원상을 영어로 말하면 'Eidos of Universe'라고 말할 수 있다. 'One Circle'보다는 성리학적 접근이 쉬운 번역일 수 있다.

- 원괘(圓卦)로 보는 경우에도 일원상을 합쳐진 낱말로 보는 것이 옳다. 원괘는 곧 일원괘(一圓卦)이기 때문이다. '일(一)'과 '원(圓)'도 떼어 놓고 볼 수 없다. '일'은 태극(太極)이고 '원'은 무극(無極)이다. 태극과 무극은 동시에 있는 것이다. '일'은 유상(有常)이고 '원'은 무상(無常)이다. 유상과 무상도 동시에 있는 것이다. 일원(一圓)은 "하나이면서 둘, 둘이면서 하나"라는 뜻이다. "하나이면서 여럿이며 여럿이면서 하나"라는 고전적인 성리학 개념을 다른 표현으로 계승하는 것이 일원(一圓)이기 때문이다.

'에이도스', 즉 형상(形相)이나 주역의 64괘는 진리를 직접적으로 표현하는 것이다. 그것은 진리를 가리키는 손가락은 아니다. 마찬가지로 일원상(一圓相)은 진리 그 자체를 직접적으로 표현하는 것이지 손가락은 아니다. 손가락과 달의 비유는 선불교(禪佛敎)

가 쓰는 것이다. 문자에 얽매이지 말고 본성을 직접 보라는 말이다. 또 격외문답(格外問答)의 말이나 행위에 얽매이지 말라는 것이다. '원'은 격외문답의 유형으로 볼 수 있는 것이 아니다. 또 원(圓)을 동그라미라는 도형으로 해석하면 불상이나 십자가, 또는 여러 종교의 성상(聖像), 신상(神像)과 같은 성격이 된다. 자칫 우상숭배로 흐를 수 있는 위험도 있다.

• 『대종경』 교의품 6장에서 소태산 성존은 '목판에 그려놓은 일원상'을 손가락과 달의 관계로 비유하였다. '목판 일원상' 자체가 위력을 가진 것인가에 대한 질문의 답이다. 이 말씀은 우상을 숭배하지 말라는 말씀이다. 선불교(禪佛敎)가 사용하는 용법과는 다른 것이다. 선(禪)과 교(敎)의 대립을 극복하라고 할 때의 손가락과 달이 아니라는 말이다. 다시 말하면 경전의 글자에 얽매이지 말라는 것이다. 즉 소태산 성존이 사용한 손가락과 달의 비유는 선불교가 쓰는 비유가 아니다. '일원'의 '상'이라고 읽으면 우상숭배로 갈 위험이 있다는 경계를 한 것이다. 주역의 괘(卦)를 손가락에 비유하는 사람이 없다는 것은 참고할 만한 일이다.

'일원'의 '상(相)'이 아니라 '일원상'으로 읽어야 잘못을 피할 수 있다. 마음의 눈으로 직접 보는 진리가 '일원상'이다. 동그라미 모양을 보고 진리를 추론하라는 것이 아니다. 형상(形相, eidos)으로서의 일원상은 손가락이 아니라 '달' 그 자체다. 가장 쉬운 예를 들어 본다. 노래를 부르거나 악기를 연주할 때 악보가 필요하다. 그런데 악보는 상징이나 비유가 아니다. 즉 달을 가리키는 손가락이 아니다. 그 자체로 음악이다. 연주자들은 악보를 보고 추론하거나 상상하지 않는다. 악보 그 자체가 음악인 것이다. 악보를 읽을 수 있는 사람은 악보를 읽으며 동시에 음악 소리를 듣는 것이다. 도로교통표지판도 같은 성격이다. 그것도 상징물이 아니라 표식인 것이다. 도로교통표지판을 보고 그 이면이나 배후를 추론하고 분석하는 것이 아니다.

만우당 생각 18

물질의 근본식(根本識)이 인과법칙을 작동시킨다

물질은 능동적 존재

'일원사람', 일원인(一圓人)들은 "물질이 개벽 되니 정신을 개벽하자"는 표어를 일상적으로 말한다. 그런데 물질과 정신의 개념과 속성에 대하여 엄밀하게 따져보는 일은 많지 않다. 공부하는 몇 명이 이 문제에 대하여 문제로 삼고 글을 쓰거나 논의한 적이 있다. 그러나 이 문제를 지속해서 토론하지 아니하였다. 일반적으로 '물질'은 과학 문명이라고 말한다. 과학 문명이 발달하니 그것을 사용하는 도덕 문명을 일으키자는 뜻으로 이해한다.

• 여기서 한 걸음 더 나가서 과학 문명의 대상인 물질과 자

연에 대해서 좀 더 생각해야 할 필요가 있다. 물질의 개념과 속성에 대해서는 지금도 새로운 학설이 끊임없이 등장하고 있다. 더 나아가 물질과 정신의 경계가 흐려진 실정이다. 오늘날의 과학연구는 정신과 물질의 이분법을 재검토하고 있다. 오늘 생각해 볼 문제는 물질이 단순한 무정물(無情物)이 아니라 근본식(根本識)을 가지고 있으며 능동성(能動性)을 가지고 있다는 것을 살펴보고자 한다.

물질을 다시 생각하는 계기 : 암흑물질

물질의 본성을 연구할 때 암흑물질(暗黑物質)을 알게 된 것은 더 적극적인 재검토의 계기가 되었다. 지난 7월 1일(서기 2023년) 유럽우주국(ESA)은 미국의 케네디 우주센터에서 유클리드(Euclid) 우주망원경을 발사했다. 유클리드는 지난해 발사한 제임스 웹 우주망원경이 배치된 라그랑주 포인트 L2 지점에 도착한다. 지구와 달 사이의 38만 5천㎞보다 4배 먼 거리다. 이 지점은 지구와 태양의 중력이 원심력과 균형을 이루는 지점이다. 우주를 관측하는 가장 좋은 장소라고 한다. 유클리드 망원경의 주목적은 암흑에너지(dark energy)와 암흑물질(暗黑物質, dark matter)을 탐구하는 것이다.

• 아인슈타인은 우주의 크기가 일정하다고 보았다. 우주가 일정한 크기로 균형을 이루는 것은 서로 당기는 힘과 밀어내는 힘, 즉 중력(重力)과 척력(斥力)이 균형을 이루기 때문이라고 보았다.

• 그런데 천문학자들은 우주가 계속 팽창하고 있다는 것을 발견하였다. 미국 천문학자 허블(Edwin Powell Hubble)이 1929년에 멀리 있는 은하일수록 멀어진다는 것을 알아냈다. 그리고 멀어지는 속력은 지구에서 은하까지의 거리와 비례 관계가 있다는 것이다. 우주가 대폭발(大暴發, Big bang) 이후 팽창한다는 것이다. 공을 위로 던졌을 때 계속 위로 올라가는 것과 같은 현상이라고 한다. 일반적인 중력 법칙에 따르면 위로 올라가는 힘이 약해져서 다시 아래로 내려가게 된다. 우주가 다시 축소되어 하나의 점으로까지 될 수 있다는 예측이 가능하다.

• 미국이 사울 펄무터(Saul Perlmutter) 박사의 연구진과 오스트레일리아 브라이언 슈미트(Brian Schmidt) 박사 연구진이 1998년에 알아낸 것이 있다. 우주의 팽창 속도가 느려지는 것이 아니라 계속 팽창하고 있다는 것을 알아냈다. 위로 던진 공이 떨어지는 것이 아니라 계속 올라가고 있다는

것이다. 현재의 우주는 70억 년 전보다 팽창 속도가 15%나 빨라졌다는 것이다. 그렇게 되려면 중력, 즉 '당기는 힘'보다 더 강한 '밀어내는 힘'이 작용해야 한다고 보았다. 그 힘을 암흑에너지라고 하였다.

• 우주를 구성하는 물질 가운데 암흑에너지가 차지하는 비율은 73%라고 한다. 23%는 암흑물질이다. 우리가 관측할 수 있는 물질은 4%에 불과하다고 한다. 현재까지는 암흑물질이 밀어내는 힘이 보통 물질의 당기는 힘보다 크기 때문에 팽창한다는 것이다. 그리고 현재까지의 연구에 따르면 우주가 팽창하여 공간이 확대되더라도 암흑에너지는 엷어지지 않는다고 한다. 암흑에너지도 약해질 수 있다고 보면 우주는 다시 축소될 것으로 볼 수 있다. 이번에 발사한 유클리드 망원경은 이 암흑물질, 암흑에너지를 관측해 보겠다는 것이다. 이러한 탐구는 아직까지 인류가 물질에 대해 전면적인 것을 알지 못하고 있다는 것을 알려준다.

기과학(氣科學)으로 보는 물질

음양상승의 법칙에 따르면 우주 팽창의 속도는 언젠가는 느려지고 줄어드는 때가 올 것이다. 그것이 몇십억, 몇백억 년 이후가 될지라도 말이다. 현재 팽창하고 있다고 하더라도 긴 시간에서 보면 달라질 수 있다는 것이다. 정작 우리가 주목해야 하는 것은 우리가 아는 물질이 전체 우주를 구성하는 물질의 4%밖에 되지 않는다는 점이다.

- 4%의 물질에 관한 생각도 재검토하는 연구자들이 늘고 있다. 가장 중요한 것은 물질을 수동적인 것으로만 보지 않는 것이다. 일부 과학자들뿐만이 아니라 신유물론(新唯物論)을 주장하는 사람들이 그러하다. 전통적으로 생각하던 물질과 정신의 경계도 흐려지고 있다.

- 물질과 정신의 경계선이나 구별이 확실하지 않은 경우는 옛날부터 있어 왔다. 유럽 철학의 경우를 본다. 형이상학의 시조라고 불리는 아낙시만드로스(Anaximandros, 서기전 610-546)가 있다. 그는 모든 존재의 근본 형상(形相, Eidos)을 무제한자(無制限者), 무규정자(無規定者), 즉 '토 헨(To hen)'이라고 하였다. 이것을 규정되지 않은 물질로 해석하기도 하고, 정신의 개념으로 해석하기도 한다. 형이상학의 시조라고 분류할 때는 '토 헨'을 정신의 하나로 보는 경우다.

- 동아시아 철학에서 물질과 정신의 이분법을 넘어서는 것

이 기철학(氣哲學), 기과학(氣科學)이다. 서양식 교육과정에서 물질과 정신의 이분법에 익숙한 사람들이 공부해야 할 영역이다. 기철학, 기과학은 물질이 죽어있는 것이 아니라는 것을 알려준다. 물질이 죽어있는 수동적인 것이라고 보는 관점은 물질과 정신을 이분법으로 보기 때문이다. 물질이 죽어있는 것이 아니라고 본다면 결코 이분법으로 나누어 볼 수 없다는 것을 알게 된다.

사람이 가지는 근본식(根本識)

물질의 식(識)을 알아보기 전에 사람의 식(識)을 먼저 살펴본다. 사람의 의식에는 계층이 있다. 심리학자들은 일반적으로 의식과 무의식의 세계를 구별한다. 의식의 세계를 가장 심층적으로 분석한 것은 유식학(唯識學)이다. 유식학은 8단계의 의식을 구별한다. 먼저 안식(眼識), 이식(耳識), 비식(鼻識), 설식(舌識), 신식(身識)이 있다. 이 다섯 가지 식(識)은 감각하는 식이다. 여섯 번째의 식은 의식(意識)이다. 의식은 판단하고 추리하며 분석하는 의식이다. 일곱 번째의 식(識)은 말나식(末那識, Manas)이다. 산스크리트 말의 'Manas'는 의(意)라는 뜻이다. 말나식은 '내가 영원하다'고 집착하는 의식이다. 앞의 단계에 있는 6가지 식(識)과 다음의 아뢰야식(阿賴耶識, alaya-vijnana)을 매개하는 역할을 하기도 한다. 아뢰야식은 산스크리트말의 'alaya vijnana'를 소리 나는 대로 적은 말이다. 뜻으로 보면 장식(藏識), 택식(宅識)이라고 한다. 모든 인식과 감각을 거두어들여 간직하는 근본의 마음이라는 뜻이다. '근본의 마음'은 전생윤회(轉生輪廻)의 씨앗이 되는 마음이기도 하다. 안이비설신의(眼耳鼻舌身意)의 육식(六識)만으로는 전생윤회의 고리를 충분히 설명할 수 없었다. 사람이 죽으면 육식도 흩어지기 때문이다. 한마디로 사람이 죽어도 그 존재의 씨앗이 되는 '식(識)'이 있다는 것을 알아야 전생윤회를 알게 되는 것이다. 아뢰야식을 종자식(種子識)이라고도 부르는 이유가 이것이다.

물질이 가지는 근본식

물질의 본성에 대해 두 가지 학설이 있었다. 하나는 입자설(粒子說, particulate theory)이고, 다른 하나는 파동설(波動說, wave theory)이다. 오늘날 이 두 가지 학설은 한쪽만을 밝힌 것으로 밝혀졌다. 물질은 입자(粒子)이며 파동(波動)이고, 파동이고 입자라는 것이다. 파립자설(波粒子說, wave particle theory)이다.

현재 우리가 사용하는 전산기는 2진법을 쓴다. 0과 1의 두 가지 상태 중 하나로 존재한다는 것이다. 그런데 오늘날 양자물리학(量子物理學)은 0과 1의 두 가지 상태가 동시에 존재한다는 사실을 말하고 있다. 월인천강(月印千江)의 원리라고 할 수 있다. 하나의 달이 수많은 강물에 동시에 비칠 수 있는 원리다. 그런데 사람이 측정하는 순간 0과 1의 한 가지 상태만 존재하게 된다는 것이다. 파동은 측정하는 순간 입자 형태로 나타난다는 것이다. 이것은 일체유심조(一切唯心造)의 원리라고 할 수 있다.

- 측정하는 것은 인식(認識)하거나 의식(意識)하는 때, 또는 의지(意志)하는 때라고 할 수 있다. 의미(意味)하거나 욕구(慾求)하는 때라고 할 수 있다. 여기서 우리가 말할 수 있는 것은 사람만 인식하거나 의지하는 것은 아니라는 사실이다. 물질들 상호 간에도 식(識)으로 작용한다는 것이다. 전자기기의 감지기(感知機, 센서)와 같은 작용이다. 콩 심은 데 콩 나고 팥 심은 데 팥 난다고 한다. 이때 콩을 심은 땅과 물, 바람, 거름 등이 서로 감지되어야 싹이 난다는 말이다. 물질들의 감지 기능이 다름 아닌 근본식(根本識)이다.

천단지전수(天丹地田受), 천단지전식(天丹地田識), 천단지전생(天丹地田生)이다

천단지전은 온 우주에 뭉친 기운과 펼치는 기운이다. 큰 기운이 뭉쳐졌다가 펼쳐졌다가 하는 작용으로 살아 있는 것이다. 이것을 감지하여 만물이 생성된다는 것이다. 수식생(受識生)은 사람이

나 생물뿐만 아니라 무정물도 감지(感知) 기능이 있다는 것을 말한다. 물질의 감지 기능도 음양상승과 인과법칙의 지배를 받는다. 물기가 지나치면 썩고, 거름이 좋으면 잘 자라는 것은 인과법칙의 적용을 받는 현상이다. 봄에는 싹을 틔우고 가을에 거두고 감추는 것은 음양상승의 법칙을 따르는 것이다.

생명체와 비생명체는 공통의 우주식(宇宙識)에 뿌리내리고 있다

아뢰야식은 모든 사람의 근본식이다. 여기서 육식(六識)과 말나식이 없다면 아뢰야식도 없다고 말할 수 있을 것인가를 물을 수 있다. 그 대답은 단순하다. 사람이 생명을 마쳤을 때도 아뢰야식은 존재하여 전생윤회의 종자가 된다고 하였으니 독자적으로 존재하는 것이다.

여기서 더 생각해 볼 수 있다. 안이비설신의(眼耳鼻舌身意)는 심신 작용이다. 그런데 태란습화(胎卵濕化)의 사생(四生)도 심신 작용을 한다. 안이비설신의 심신 작용의 뿌리가 아뢰야식이므로 모든 생명체에는 그 근본식이 있다는 것을 자연스럽게 알 수 있다.

• 여기서 한 걸음 더 들어가 질문해 보자. 식물이나 무생명체(無生命體)에도 근본식(根本識)이 있다고 할 것인가? 식

물은 각 개체가 가지고 있는 근본식이 없으면 생장쇠멸(生長衰滅) 하는 과정이 있을 수 없다. 그런데 식물도 감각 작용을 한다는 것을 인정할 수 있다. 예를 들어 나무를 자르려고 톱을 들이댈 때, 톱을 댄 부분의 파장이 급격하게 달라진다는 것이다. 즉 식물도 아프다는 것을 감지한다는 것이다. 그러한 식(識)은 육근 작용이 없지만 근본식이 직접적으로 발현한 것이라고 할 수 있다.

• 한 걸음 더 나가서 무생명체(無生命體)의 식(識)에 대하여 질문할 수 있다. 무생명체라고 부를 수 있는 것은 비생명체(非生命體)라고도 부를 수 있다. 이를 무정물(無情物)이라고도 한다. 돌과 흙, 물과 바위와 같은 것들이다. 그 무정물에도 식이 있는가? 물리적 법칙, 화학적 법칙대로 움직이고 변화하는 것은 그저 단순히 '작용(作用)' 하는 것, 수동적인 것으로만 볼 수도 있다. 그러나 수동적으로 움직이는 것은 단순한 수동이 아니다. 무정물이 과학의 법칙에 따르는 것도 근본식이 있기에 가능한 일이다. 무정물은 개체(個體)로 되어있지 않기 때문에 보편적인 근본식이 있다는 것을 알 수 있다.

근본식의 근본식

이러한 질문은 아뢰야식보다 더 근본적인 식(識)을 생각하게 한다. 개인의 6식이나 7식의 뿌리가 되는 아뢰야식은 개인에 속하는 것이다. 개인이 심신 작용하는 내용을 기록하고, 그것을 다시 펼치는 것이기 때문에 개인적이라고 할 수 있다. 그런데 아뢰야식이 개인에 속하는 것으로만 안다면 전생윤회의 과정을 제대로 이어갈 수 없다. 수많은 아뢰야식의 운행 질서가 필요하다는 말이다. 말하자면 근본식의 근본식이다.

• 그것이 아마라식이다. 아마라(阿摩羅)는 산스크리트어 'amala'를 소리 나는 대로 옮긴 말이다. 뜻으로 보면 무구식(無垢識)·청정식(淸淨識)이다. 제9식이라고도 한다. 개인의 아뢰야식이라 하더라도 우주 전체와 소통되어야만 근본식이 될 수 있다. 아마라식은 우주 전체와 통하게 하는 식이라고 할 수 있다. 즉 우주식(宇宙識)이라고 할 수 있다. 예를 들어 본다. 모든 생명체와 사물에는 '태양의 힘'이 들어 있다. 태양의 힘이 존재의 근본적인 힘이 된다는 것은 쉽게 알 수 있는 일이다. 개체 속에 들어 있는 태양의 힘이 아뢰야식이라고 한다면 그 힘의 원천인 허공의 해는 아마라식이라고 할 수 있다.

무생명체의 식

다시 무생명체(無生命體)의 식(識)으로 돌아가 보자. 물질이 가진 식의 문제다. 물질의 세계가 법칙대로 돌아가는 것은 모든 물질 단위가 조건에 반응하는 식을 가지기 때문이라고 할 수 있다. 물질이 식을 가진다는 것은 감지 기능을 갖는다는 것이다. 그리고 그것은 물질이 능동성을 가진다는 것과 통한다.

- 모든 존재는 영기질(靈氣質)로 되어있다. 사람과 동식물만이 아니라 물질도 영기질로 되어있는 것이다. 존재의 유(類)에 따라 '영기질' 각각의 밝고 강한 정도가 다르다. 사람의 영(靈)은 가장 밝고 힘차다. 동물은 약하고 식물은 더 약하다. 그리고 물질은 가장 기본적인 '영'만 가지고 있다. '영'은 '영식(靈識)'이다. 즉 물질도 식을 가진다는 것이다.

- 『대종경』 변의품 8장의 말씀을 읽는다. "'선성의 말씀에 일월과 성신은 천지 만물의 정령이라 한 바가 있사오니 사실로 그러하나이까.' 대종사 말씀하시기를 '그러하나니라.'" 소태산의 말씀은 과학과 일치한다고 존중한다. 그런데 그 가운데 선뜻 믿지 못하는 거의 유일한 말씀이 이 부분이다. 그런데 만물이 영기질(靈氣質)로 되어있다는 사실은 일월성신

이 정령이라는 말씀을 쉽게 이해하게 한다. 그것은 무생명체가 갖는 근본식인 것이다. 즉 모든 사물은 그 자체로 원식(原識)을 갖고 있다는 말이다. 그리고 모든 사물은 기(氣)의 작용을 한다. 생명체의 기의 작용과 무생명체의 기의 작용은 서로 다른 기가 아니다. 같은 기의 작용이지만 스스로 조절하는가의 여부가 다를 뿐이다.

근본식을 부정하면 인과론자 아닌 목적론자가 된다

물질에 근본식(根本識), 원식(原識)이 있다는 것을 전제해야만 인과의 법칙이 성립되는 것을 이해할 수 있다. 유럽 철학의 관점으로 이해해 본다. 인과법칙은 근대철학의 문을 여는 세계관의 혁명이다. 그 이전에는 신학적(神學的) 세계관이 지배했다. 세계를 목적원리(目的原理)로 보는 것이다. 조물주, 창조주가 정한 목적에 따라 우주 자연이 돌아간다는 것이다. 그것을 뒤바꾼 관점이 인과원리(因果原理)다. 우주 자연은 그 자체의 법칙인 인과법칙으로 스스로 돌아간다는 것이다. 자연의 세계, 물질의 세계가 그 자체의 원식(原識)이 있어야만 스스로 돌아갈 수 있는 것이다. 그것을 부정하면 우주 자연을 예전처럼 목적원리에 따라 움직이는 수동적인 존재로 보는 잘못을 범할 수가 있을 것이다.

물질이 살아있다는 소태산 성존의 말씀

물질이 죽어있는 것이 아니라는 소태산 성존의 말씀을 들어 본다. "우주에는 살려고 하는 꿈틀거리는 힘으로 가득 차 있다. 그래서 우주에는 어느 것 하나도 죽어있는 것이 없다. 내가 그 증거로 예를 들어서 말해주마. 사람의 몸에 생긴 종기에서 나오는 고름으로 말할 것 같으면 살이 썩어서 생기는 것이다. 그래서 그 더럽고 고약한 냄새가 나는 고름에는 아무런 능력이 없다고 생각할 것이다. 똥도 마찬가지다. 음식물이 몸속에서 소화가 되어서 나온 쓸모없는 분비물이니 무슨 생명력이 있을 것이냐고 생각할 것이다.

그러나 그것들은 절대로 죽은 것이거나 썩어서 없어질 것만은 아니다. 그 자체는 죽은 것 같으나 그에 깖아 있는 생의 요소는 그대로 살아있는 것이다. 자, 봐라. 그 썩어서 고약한 냄새가 나는 고름이나 똥을 배추포기나 무 밑에다가 거름으로 쓴다고 하면 그 고름이나 똥을 주지 않은 것들보다 훨씬 더 풍성하게 자라지 않겠느냐. 만약 그 고름이나 똥이 죽은 것이어서, 전혀 살려는 힘이 없다면 그것으로 그냥 끝나는 것이지 배추와 무가 풍성하게 자랄 수 있도록 영향을 미치지는 못했을 것이다. 비록 썩어서 죽은 것 같지만 그 가운데는 생생약동하는 생의 기운이 깖아 있기 때문에 그 살려는 힘, 그 기운이 배추와 무에까지 옮겨진 것이다. 그러기 때문에 고름이나 똥이라고 하는 그 자체, 그 모양은 변화를 하고 없어지지

마는 그 생의 기운은 영원히 지속하는 것이다. 그러니까 우주만물은 어느 것 한 가지도 죽지 않고 살아있는 것이 아니겠느냐.

이 우주에는 생생약동하는 기운으로 가득 차 있다. 하나도 죽은 것이 없다. 우주 만물이 다 살려고 하는 생생약동하는 기운으로 되어있기 때문에 우주는 끊임없이 변화를 이루면서 존속되고 있는 것이다."(『대종사님의 그때 그 말씀』 1권, 서문 성 엮음, 원불교출판사, 117-118쪽)

물질이 가진 생생약동하는 힘은 곧 근본식을 가지고 있다는 것이다. 힘을 가진다는 것은 식(識)을 가진다는 것을 기본으로 하기 때문이다.

물질개벽과 정신개벽은 선후관계가 아니라 동시개벽(同時開闢)이다

지금까지 살펴본 것을 토대로 "물질이 개벽 되니 정신을 개벽하자"는 말을 거듭 생각해 본다. 물질은 단순히 과학문명이거나 과학기술의 도구만이 아니라는 것을 알 수 있다. 물질의 개념을 넓게 보아야 한다는 기본은 물질도 근본식을 가지고 있다는 것이다. 그런 관점에서 보면 물질과 정신을 이분법으로 나누어 볼 수 없다는 것을 말하였다. 따라서 물질개벽과 정신개벽이 시간적 선후관계가 아니라 동시에 이루자는 것으로 볼 수 있다는 말이다.

• 나는 물질개벽을 역사철학적 견지에서 산업문명으로 말한 바 있다. 소태산 성존은 우리나라를 침략한 일본을 산업문명을 대표하는 개념으로 사용하였다고 보았다. 그에 비하여 정신은 도덕문명을 말하고 그 대표되는 나라로 우리나라를 설정한 것이다. 산업문명으로 깨어난 일본과 서양에 대하여 우리나라가 산업혁명과 동시에 도덕문명의 혁명을 일으키자는 뜻이다.

• 물질은 또한 자연이다. 자연계, 자연의 생태계로 볼 수도 있다. 거대한 우주와 아주 작은 미시의 세계를 포함하는 자연이다. 생명체와 비생명체를 포괄하는 자연이다. 기과학(氣科學), 기철학(氣哲學)의 관점, 영기질(靈氣質)의 관점으로 보면 생명체와 비생명체의 구별이 없어진다는 것을 알 수 있었다.

• 물질을 우주자연으로 본다면 물질개벽은 천지(天地)의 도수(度數)가 달라진다는 것으로 볼 수 있다. 선천(先天)의 시대가 가니, 정신개벽, 즉 후천(後天)의 시대를 준비하라는 것이다.

• 거대 우주에 대한 탐사가 지속되고 있다. 그리고 미시세계

의 탐구도 날마다 깊어지고 있다. 과학적 방법으로 우주 자연의 세계를 알아낼수록 물질의 본성 속에 근본식이 있다는 것을 알 수 있게 되었다. 그 근본식을 깨달아 나의 인식 속에 끌어넣는 것이 정신개벽이라고 할 수 있다. 근본식을 알아내고 나와 합일시키는 것이 무시선(無時禪), 무처선(無處禪)이다. 그것이 정신개벽의 방법이다. 그렇게 해야만 천지인 합일(天地人合一)을 이룰 수 있다는 말이다. 물질이 개벽 되니 정신을 개벽하자는 말씀을 이렇게 해석해 볼 수 있다. 이것은 영육쌍전(靈肉雙全)을 해야 하는 성리학적 원리이기도 하다.

만우당 생각 19

후천 시대에 사람이 중심이 되는 까닭

겹쳐진 하늘과 땅

나를 중심으로 하늘은 위에 있고 땅은 아래에 있다고 생각한다. 위에 있는 하늘은 둥글고 아래의 땅은 평평하다고 생각한다. 이 형상을 보고 방원합도(方圓合道)라는 말도 하게 되었다. 궁궁을을(弓弓乙乙)이란 주문도 이런 형상을 표현한다. 도교(道教)도 하늘을 둥글다고 보았다. 이슬람 사원의 둥근 지붕, 그것을 모방한 가톨릭 교회의 둥근 지붕도 하늘의 둥근 것을 표현했다.

그런데 하늘과 땅의 경계는 어디인가에 대해 새삼 의문을 가질 수 있다. 하늘과 땅 사이에 사람의 공간이 따로 있는가? 천지인(天地人)의 짜임새로 세 겹으로 되었는가? 그렇지 않다고 할 수 있다.

하늘과 땅은 맞닿아있고 사람은 그 안에 섞여 있는 존재다. 하늘과 땅의 경계도 그렇다. 위에 있다고 하는 하늘에도 달을 비롯하여 수많은 별이 있다. 달과 별에 가 있다면 거기에서도 하늘과 땅의 경계에 대해 생각해 볼 수 있다. 우주 전체로 보면 하늘과 땅은 수없이 겹쳐 있다는 것을 알게 된다.

하늘이 둥글고 땅은 평평하다

하늘은 우주 만물의 본성이 되는 근본적인 진리이다. 만물의 씨앗이 되는 도(道)다. 땅은 그 씨앗을 자라게 하고 펼치는 곳이다. 모든 씨앗은 둥글다. 그리고 땅은 평평하다. 그래서 '방원합도'라고 한다. 그 땅은 지구이고 지구의 하늘이 있다고 본다.

• 지구에서 보는 달과 별, 달과 별에서 보는 지구

그런데 달이나 다른 행성, 우주에서 보면 지구가 둥근 우주에 있다. 달과 행성이 땅이고 지구가 하늘의 한 부분이 될 수 있다는 말이다. 그래서 하늘과 땅은 겹쳐 있다고 말하는 것이다. 하늘과 땅이 겹쳐 있다는 것은 모든 장소에서 동시적(同時的)이다. 다만 지구를 중심으로 보느냐, 달과 별을 중심으로 보느냐에 따라 하늘과 땅의 기준점이 달라지는 것이다. 그 기준점을 누가 정하는가? 사람이다. 그 장소와 그 시점에 있는 사람이다. 예를 들어 양자역학의 '관찰자 효과'를 빗대어 생각할 수 있다.

• 관찰자 효과와 비국소성: 지구를 벗어나는 생각

양자역학에서 관찰자의 시점이 중요하다. 빛이 파동이면서 입자이고 입자이면서 파동이라고 한다. 그런데 관찰자가 '입자'라고 생각하면 '입자'의 모습이 나타나고, '파동'으로 생각하면 '파동'으로 나타나는 것이다. '관찰자 효과(observer effect)'라고 하는 것이다. 관찰자가 곧 사람이다.

양자역학에서 말하는 비국소성(非局所性: Nonlocality) 현상에서도 같은 것을 말할 수 있다. 국소성(局所性: locality)이란 빛의 속도 안에서만 소통이나 상호작용이 가능하다는 이론이다. 아인슈타인(Albert Einstein, 1879-1955)의 "빛보다 빠른 것은 있을 수 없다"는 이론을 전제로 한 것이다. 그런데 빛보다 빠른 것이 있다는 것을 알게 되었다. 그렇기 때문에 우주 안에서 제아무리 멀리 떨어져 있어도 동시에 상호작용하는 현상이 있다는 것이 '비국소성 현상'이다. 지구 중심의 판단을 벗어날 수 있게 된 것이다. 양자역학의 연구가 아니더라도 빛보다 빠른 것이 있다는 것은 이미 알고 있었다. 사람의 마음, 사람의 의식이다.

• 월인천강의 비유가 있다

지난 2023년(단기 4356년) 8월 31일 '푸른 빛 큰 달(블루 슈퍼문)'이 떴다. 상하이에 사는 아들, 분당에 사는 딸, 전주에 사는 딸과 가족들이 큰 달 사진을 교환하며 '달 보기'를 공유하였다. 이것도 월인천강(月印千江)이다. 그리고 이것은 비국소성을 보여주는 것이기도 하다. 월인천강의 현상에서 중요한 것은 달을 관찰하는 사람이다. 특정한 사람이 특정한 '지점(地點)'과 '시점(視點)'에서 보는 달이 그에게 실질적인 의미를 준다는 것이다. 전 세계 모든 강물에 달의 모습이 비치지만 자기의 지점과 시점에서 그 의미를 생산하기 때문이다. 여기서부터 사람의 의식은 전 우주를 여행할 수 있게 된다.

우주 시대에 사람이 중심이 되었다

지구라는 큰 덩어리를 보지 못하던 때가 있었다. 모든 인류가 지구를 한 단위로 보게 된 것은 서양의 15~16세기 대항해 시대 이후의 일이다. 중국 명나라 시기의 정화(鄭和, 1371-1434)가 대항해를 했지만 보다 많은 인류가 지구를 한 덩어리로 보기 시작한 것은 콜럼버스(Christopher Columbus, 1451-1506)의 항해 이후의 일이라고 할 것이다. 지구를 한 단위로 보았다 하더라도 우주는 지구와 멀리 떨어져 있는 곳으로 보았다. 천문도(天文圖)를 그리고 점성술도 발달했지만 해와 달과 별들의 세계는 기운으로만 통하는 '저 위에 있는 세계'였다. 20세기에 이르러 인류는 우주 시대를 열었다. 우주선을 쏘아 달과 행성들을 탐사하게 되었다. 인류의 관점과 시점이 달라진 것이다.

이것이 선천(先天)과 후천(後天)을 가르는 기준이라고 보아야 한다. 달에 처음 발을 디딘 암스트롱(Neil Alden Armstrong, 1930–2012)이 한 말을 기억한다. 1969년, 달나라에 발을 딛고 그가 지구와 통화하였다. "하늘나라에 왔다. 그런데 여기 하느님이 안 계신다!" 재치 있는 말이었지만 많은 것을 알려준다. 지구에서 하늘이라고 여겼던 달나라가 그에게는 땅이 된 것이다. 하늘과 땅을 구분하는 것은 그곳에 있는 사람의 일이 된 것이다.

• 천지개벽

스승들은 개벽(開闢)을 말할 때 천지개벽(天地開闢)이란 말로 사용하였다. 사람들은 그것을 하늘과 땅이 뒤집혀 진다는 뜻으로 이해하였다. 조선 시대 말엽부터 스승들만이 아니라 민중 사이에 천지개벽이란 말이 퍼졌다. 하늘과 땅이 뒤집힐 때 살아날 수 있는 '좋은 땅: 길지(吉地)'를 찾았다. 그리고 구세주를 찾았다. 조선 시대 말엽부터 대일항쟁기에 이르기까지 자칭 도인(道人)들이 넘치고 구세주를 자칭하는 사람들이 나타났던 이유다.

그런데 우주 시대가 된 지금에 와서 보면 실제로 하늘과 땅이 뒤집혔다. 천체물리학적인 관점이 달라졌다는 뜻이다. 국소성의 관점에서 땅으로 본 지구가 비국소성의 관점에서 보면 하늘이 되는 것이다. 하늘과 땅의 원리가 하나가 되어있는 상태다. 그것을 존재의 현실로 판단하고 만드는 것이 사람이다.

• 하늘과 땅의 경계를 판단하고 의미를 만드는 주체

우주 개척의 시대가 된 것은 물질개벽의 가장 앞선 부분 가운데 하나다. 아직 생활공간이 우주로 확장된 것은 아니다. 그러나 과학기술의 영역과 사상의 지평이 우주로 확장된 것은 현실이다. 이것을 물질개벽으로 보는 것이다. 지구뿐만이 아니라 우주의 모든 지점이 중심이 된 시대다. 사람이 서 있는 지점과 관점을 확인하여 경계를 판단하고 의미를 만들어 내야 하는 것이다. 그래서 사람 중심으로 시점과 관점을 바꾸는 것은 정신개벽의 가장 중심이 되는 일이다. 사람이 하늘과 땅의 경계를 판단하고, 의미를 만들어 내는 중심에 설 수밖에 없는 시대가 되었다는 말이다.

만우당 생각 20

능이성 유상(能以成有常)과 능이성 무상(能以成無常)은 인과관계가 아니다

유상과 무상은 본체와 현상의 관계가 아니다

'능이성 유상'은 본체(本體)이고 '능이성 무상'은 현상(現象)이라고 보는 사람들이 있다. 그리고 본체와 현상을 따로 놓고 본다. 그들은 본체로부터 현상이 나온다고 생각한다. 본체는 원인이고 현상은 결과라고 본다. 본체와 현상의 관계로 본다고 하더라도 그 둘의 관계는 인과관계로 볼 수 없다. 인과관계는 시간상으로 선후(先後)관계가 성립되어야 하는 것이 기본이다. 물론 모든 선후관계가 인과관계는 아니다. 그런데 본체와 현상은 시간적인 선후관계가 아니다. 그것은 동시관계(同時關係), 또는 상즉관계(相卽關係)다.

이원론(二元論)으로 보는 잘못

이원론으로 사물을 나누어 보는 경우에도 그렇다. 나눈 그 둘 사이를 인과관계로 보는 사람들이 있다. 성리학에서 이(理)와 기(氣)의 관계를 볼 때도 그렇다. 이기이원론(理氣二元論)을 주장하는 사람들은 '순수한 이(理)'의 세계가 '잡다하고 변화무쌍한 기(氣)'를 통제하는 원인이 된다고 본다. 플라톤이 말하는 '이데아'의 세계도 마찬가지다. 현실 세계는 그림자의 세계고 그 원인이 되는 이데아의 세계가 따로 있다고 본다. 이데아의 세계는 불변하고 고정된 세계로서 변화하는 현실 세계의 원인이 된다고 보는 것이다. 초월적으로 존재하는 절대의 세계가 따로 있다고 본다. 이원론의 극치는 창조론이다. 창조하는 조물주가 따로 있고 창조한 사물의 세계가 그 아래에 있는 것이다. 조물주가 원인이고 현실은 결과로 보는 것이다.

통화론(統和論)

그렇다고 전통적인 일원론(一元論)을 정당하다고 말할 수는 없다. 일원론자들은 본체와 현상 가운데 하나만을 실체로 인정한다. 유심론(唯心論), 관념론(觀念論), 유물론(唯物論) 등이 그렇다. 그러나 본체와 현상은 함께 있다. 하나이면서 둘이고, 둘이면서 하나이다. 일이이(一而二) 이이일(二而一)이다. 하나이면서 여럿이고, 여럿이면서 하나이다. 일즉다(一卽多) 다즉일(多卽一)이다. 이것은 통화론(統和論)이다. 그 내용은 통화적다원론(統和的多元論)이다. 이것은 또한 일원도(一圓道)다. 둘이면서 하나이고, 하나이면서 둘이지만 하나와 둘 사이에는 '사이(間)'가 없다. 하나이면서 여럿이고, 여럿이면서 하나이지만 하나와 여러 사이에도 '사이(間)'가 없다. 그래서 일원(一圓)이다. 그것이 통화론이고 일원도다.

• 아인슈타인을 빌려서 이해함.

아인슈타인의 이론을 빌려서 이해해 본다. $E=mc^2$ 여기서 E는 에너지, m은 질량, 그리고 c는 진공 속의 빛의 속도이다. 에너지는 질량 곱하기 빛의 속도의 제곱이라는 법칙이다. 질량과 에너지가 서로 변환된다는 법칙이다. 그 이전의 물리학은 에너지와 질량은 무관한 것으로 알았다.

유상(有常)은 힘, 무상(無常)은 운동

유상은 힘이고 무상은 운동이다. 우주 전체는 운동하는 상태이며 힘을 지탱하는 상태다. 능이성 유상의 능(能)은 힘이고, 능이성 무상의 능은 운동이다. 힘과 운동이 하나이기 때문에 능(能)으로 표현한 것이다. 두 개의 측면을 말하는 것이 아니다. 힘이며 동시에 운동이기 때문에 동시에 "언어도단(言語道斷)의 입정처(入定處)이요, 유무 초월의 생사문(生死門)인 바, 천지·부모·동포·법률의 본원이요, 제불·조사·범부·중생의 성품"이 될 수 있는 것이다. 일원의 진리는 힘이며 운동한다. 힘이며 운동이기 때문에 무량세계를 전개할 수 있는 것이다.

• 힘이 원인이고 운동은 결과라고 볼 수는 없는 것이다. 힘과 운동 사이에는 '사이'가 없다. 〈일원상 서원문〉을 공부할 때 참고할 일이다.

만우당 생각 21

인과관계에 대한 질문에 답함

〈일원상 서원문〉의 〈능이성 유상과 능이성 무상은 인과관계가 아니다〉는 주제의 '만우당 생각 20'을 읽은 동지 한 분이 질문하였다. 〈일원상 서원문〉을 공부할 때, 그 관계가 인과관계라고 생각하는 사람이 거의 없는 것 같은데, 그것이 아니라고 전제한 까닭이 무엇이냐는 것이었다.

이 물음에 답하기 위해 존재철학의 일반적 관점을 알아볼 필요가 있다. 존재철학에서 핵심적 문제의 하나는 '하나'와 '여럿'의 관계다. '하나'는 존재의 본성을 말하는 것이고 '여럿'은 여러 가지 사물과 현상을 말하는 것이다. 이 문제에 대하여 두 가지 관점이 있다. 첫째는 '나누어 가짐: 분유(分有: Teilhaben)'의 관계다. 근본적인 존재를 개별자들이 나누어 갖는다는 관점이다. 둘째는 '인과(因果: kausalität)'의 관계다. 근본적인 존재, 즉 본체(本體)는 원인이고 현상의 사물은 결과로 보는 것이다.

• 신학(神學)에서 신의 존재를 증명할 때 두 번째 방법을 쓰는 경우가 있다. 그것은 우주론적 증명(kosmologischen Beweis)의 방법이다. 존재하는 모든 것은 원인이 있어 존재한다고 전제한다. 그 원인을 추적해서 계속 올라가면 마지막에 스스로 원인이 되는 존재에 이른다고 한다. 내가 존재하는 원인은 나의 부모님이고, 그 부모의 부모님, 또 그 부모님을 거슬러 추적하다가 보면 스스로 원인이 되는 '자기원인(自己原因, causa-sui)'인 존재에 이른다고 한다. 신학에서는 그 자기원인인 존재가 하나님이라고 한다.

• 스피노자(Spinoza, 1632-1677)는 자기원인인 존재가 신이 아니라 자연 그 자체라고 한다. 그래서 범신론(汎神論)을 말하게 된다.

• 유물론자들도 그 자기원인인 존재가 '자연 그 자체'라고 한다. 유물론자들이 말하는 자연 그 자체는 물질이다. 물질은 원인이고 정신은 결과라고 한다.

존재철학의 맥락에서 '능이성 유상과 능이성 무상'의 관계를 본체와 현상의 관계로 해석하는 견지를 가진 사람들이 있다. 유상(有常)은 불생불멸이니 본체(本體)요 본성(本性)이고, 무상(無常)은 변화하는 것이니 현상이라는 것이다. 그렇게 되면 '능이성 유상과 능이성 무상'을 존재철학의 틀에서 인과관계로 보게 된다. 그것은 잘못이라는 뜻으로 〈능이성 유상(能以成有常)과 능이성 무상(能以成無常)은 인과관계가 아니다〉는 제목을 달았다.

만우당 생각 22

진리의 대소 유무(大小有無)를 공부하는 방법

소태산 성존께서 진리의 대소 유무에 관하여 이렇게 규정하였다. 사리연구를 설명하는 부분이다. "⊙ 사(事)의 요지, 사(事)라 함은 곳 인간의 시비(是非)와 이해(利害)를 일음이니라. ⊙ 리(理)의 요지, 리(理)라 함은 곳 천조의 대소 유무(大小有無)를 일음이니, 대(大)라 함은 우주만유(宇宙萬物)의 본체를 일음이요, 소(小)라 함은 만상이 형형색색으로 구별되야 잇음을 일음이요, 유무(有無)라 함은 천지의 춘·하·추·동 사시(四時) 순환과, 풍·운·우·로·상·설과 만물의 생·로·병·사와 흥·망·성·쇠의 변태를 일음이니라."(『보경육대요령』, 원기17년, 단기 4265년, 서기 1937년, 사리연구)

• 이 말씀을 오늘날의 문체로 풀어 본다. "사(事)는 사람이

하는 '심신 작용'과 '일'의 옳고 그름, 이로움과 해로움을 말한다. 이(理)는 우주의 진리를 말한다. 대(大)는 우주 만유의 본체고, 소(小)는 형형색색으로 구별되어 있는 개별자들의 세계다. 그리고 유무(有無)는 천지의 춘·하·추·동 사시(四時) 순환과, 풍·운·우·로·상·설과 만물의 생·로·병·사와 흥·망·성·쇠의 변화를 말한다."

• 여기서 사리(事理)는 일상적 쓰임새의 '일의 법칙'이거나 '도리(道理)'가 아니다. '일과 이치'로 두 개념을 떼어서 써야 하는 쓰임새다.

사리(事理), 즉 일과 이치를 동시에 연구하라는 것이 소태산 성존이 가르친 특징적인 것의 첫 번째다. 그리고 우주 만유의 대소 유무를 동시에 연구하라는 것은 두 번째 특징이다. 한마디로 사리연구 공부를 통화적(統和的)으로 하라는 것이 소태산 교법의 다른 점이라고 할 수 있다.

• 통화적(統和的)이라는 말은 '하나이면서 둘이고 둘이면서 하나', 즉 '일이이(一而二) 이이일(二而一)'이다. '하나이면서 여럿이고 여럿이면서 하나', 즉 '일즉다(一卽多), 다즉일(多卽一)'의 진리를 논리적으로 정돈하는 것을 말한다. 단순

한 종합(綜合)이나 통합(統合), 융합(融合)과는 전혀 다른 뜻이다. 몸과 마음을 동시에 보는 방법이다. 하늘과 땅을 동시에 보고 낮과 밤을 동시에 보는 것이다. 여름 속에 겨울이 있고 겨울 속에 여름이 있는 것을 동시에 보는 것이다. '통화'는 우리나라의 전통적인 사유 방식이며 학문의 방법이다. 우주의 진리 속에 일이 있고 일 속에 우주의 진리가 있다는 말이다. 뿌리에서 가지에 이르기도 하고, 가지에서 뿌리에 이르기도 하게 하라는 말씀이다.

진리의 '대(大)'는 천도(天道)를 말한다. 우주 전체를 포괄하는 본성을 밝히는 것이다. 나의 본성을 밝히는 것이다. 진공(眞空)의 세계를 아는 것이다. '소(小)'의 진리는 지도(地道)를 말한다. 만물이 펼쳐지는 원리와 현상을 말하는 것이다. 개체의 사물이 생성되는 원리와 현상을 말한다. 인과보응과 음양상승의 진리가 펼쳐지는 것을 말하는 것이다. '묘유(妙有)'의 세계를 아는 것이다. '소(小)'의 진리는 또한 인도(人道)를 말한다. 사람이 천도와 지도를 받아서 심신 작용하며 '일'하는 것을 말한다. '유무(有無)'는 우주 자연의 변화와 사람이 하는 일의 흥망성쇠의 변화라고 하신다. 한마디로 '유무'는 생성변화다. 〈일원상 서원문〉에서 말하는 "우주의 성·주·괴·공(成住壞空)과 만물의 생·로·병·사(生老病死)와 사생(四生)의 심신 작용을 따라 육도(六途)로 변화를 시켜 혹은 진급으로 혹은 강급으로 혹은 은생어해(恩生於害)로 혹은 해생어은(害生於恩)으로 이와 같이 무량 세계를 전개"하는 것이다.

- '보이는 세계'와 '보이지 않는 세계'를 함께 보아야 한다. 유상의 세계와 무상의 세계가 동시에 펼쳐지는 것을 아는 것이다. 영기질(靈氣質)의 존재 짜임새를 아는 것이다. 물질의 세계는 보이지만, 기(氣)와 영(靈)의 세계는 보이지 않는다. 물질의 세계와 기(氣)의 운동, 영식과 영혼 세계의 관계를 아는 것이 유무를 아는 것이다.

대소 유무에 분별이 없는 자리, 대소 유무의 분별이 나타나는 자리

대-소-유무로 진리를 나누어 보려면 대소 유무의 분별이 없는 자리를 함께 알아야 한다. 일원의 진리는 대소 유무의 분별이 없는 자리인데 공적 영지의 광명을 따라서 대소 유무에 분별이 나타난다.(『정전』 제2 교의편, 제1장 일원상, 제1절 일원상의 진리) 대소 유무의 분별이 없는 자리는 유상(有常)의 진리다. 대소 유무의 분별이 나타나는 것은 무상(無常)의 진리다. 무상의 진리는 유상의 진리와 함께 드러난다. 그러므로 대소 유무로 진리를 나누어 보려면 분별이 없는 자리와 분별이 나타나는 것을 동시에 알아야 한다.

• 대(大)의 진리, 유상의 진리가 분별이 없다는 것은 '절대적으로 없다'는 말이 아니다. 모든 분별을 함축하고 있다는 말이다. 생물의 발생으로 비유하여 본다. 유전자를 '대'의 진리라고 보면 유전자가 발현되는 과정은 '소'의 진리다. 유전자와 발현된 유전체는 하나의 맥락으로 이어진 것이다. 유전자는 발현될 모든 과정을 함축하고 있다.

대소 유무의 진리를 알려면
대-소-유무의 맥락을 찾아라

대(大)의 진리와 소(小)의 진리는 본질과 현상의 맥락을 가졌다. 여기서 말하는 본질과 현상은 '힘'과 '운동'의 맥락을 말하는 것이다. 〈만우당 생각 20〉에서 한 말을 다시 참고하면 된다. 대(大)의 진리를 알려면 소(小)의 진리로 나타나는 현상 간의 맥락을 찾아야 한다. 그 맥락에 대(大)의 진리가 드러난다. '힘'이 하나로 뭉쳐지는 진리와 만사만리(萬事萬理)로 펼쳐지는 진리를 따로 놓고 공부할 수 있는 것은 아니다.

맥락을 찾는 일은 일과 이치에서 드러나는 인과보응과 음양상승의 현상을 찾는 것으로부터 시작한다. 쉽게 말하면 인과보응과 음양상승의 맥락을 찾는 것이다.

• 유가(儒家)의 방법으로 말하면 격물치지(格物致知) 하는 것이다. 격물(格物)이란 사물의 현상을 관찰하여 진리를 찾아내자는 것이다. 여기서 진리란 천지의 도(道)이다. 모든 사물이 천도(天道)와 지도(地道)가 나타난 것이므로 나타난 사물을 관찰하여 추론하면 천도와 지도를 알게 된다는 것이다. 귀납법과 연역법을 동시에 합쳐 놓은 방법이라고도 할 수 있다.

• 귀납법(歸納法, induction)은 개체와 개별적 현상을 관찰하여 규칙성(規則性)과 유사성(類似性)을 발견하여 일반적으로 인정 받을 수 있는 법칙으로 세우는 방법이다. 연역법(演繹法, deduction)은 먼저 알려진 진리에 따라 새로운 사실을 찾아내는 방법이다. 연역법을 주장하는 사람들은 사람들에게 이미 알려진 보편적인 진리가 있다고 주장한다. 그것은 확실한 진리다. 의심할 수 없는 진리가 있다는 것이다. 그것은 수학적이고 기하학적인 진리다. 그 확실한 진리를 '방법적 의심(methodical doubt)'을 하여 찾아내라고 한다.

• 이에 비해서 '격물치지'는 성현이 가르쳐준 음양오행의 진리, 역학(易學)의 진리를 사물 속에서 찾아내서 그 진리를 확고하게 믿고 증명하는 것이다. 이제마(李濟馬,

1838~1900) 선생은 사상의학(四象醫學)의 체계를 만들었다. 우주의 역학(易學) 원리를 사람에게 적용하여 발견한 의학 체계다. 사람이 소우주(小宇宙)라는 전제에서 연구를 시작한 것이었다. 이러한 방법은 확실한 진리를 전제로 한다는 점에서 연역법과 닮았고, 개별적인 사실을 관찰하고 진리를 찾는다는 점에서 귀납법과 닮았다.

추론으로 찾는 맥락, 직관으로 찾는 맥락

대소 유무의 진리를 동시에 아는 것은 '대-소-유무'의 맥락을 파악하는 것이라고 하였다. 방금 말한 추론(推論)의 방법으로 맥락을 볼 수 있다. 그러나 추론을 마무리하는 것은 직관(直觀)이다. 진리는 언어도단(言語道斷)의 입정처라고 하지 않는가? 논리적 추론의 한계가 있다는 말이다. '맥락보기'를 완성하는 것은 '체인(體認)'이다. 다른 말로 하면 직관적 깨달음으로 보는 것이다. '체인'은 몸으로 안다는 말이다. 몸으로 안다는 것은 스스로 깨달아서 몸에 배었다는 것, 스며들었다는 것이다. 머리로만 아는 지식이 아니고 안이비설신의(眼耳鼻舌身意)의 육근(六根)으로 우주의 육근과 소통하여 우주와 내가 하나가 되는 느낌을 아는 것이다. 처음과 끝을 동시에 알고 안과 밖을 동시에 안다. 전체의 과정을 동시에 아는 것이다. 보이는 것과 보이지 않는 것을 동시에 안다. 육근으로 알기에 '느낌'이라고 표현하는 것이다. 지식과 지혜를 넘어서 영식(靈識)이 열리는 상태다. 영식이 열리면 분별 있는 상태와 분별없는 상태가 동시에 보인다. 우주를 대상화(對象化)하여 탐구하는 수준에서는 영식이 열리지 않는다. 대상화하는 것을 넘어서 우주와 내가 하나가 되어야 영식이 열린다. 보이는 '나'와 보이지 않는 '나'를 일치시킬 때 '참 나'를 알고 영식이 열린다. 영식이 열리는 상태가 되려면 선공부(禪工夫)가 필수적이다.

• 한마디로 대-소-유무의 이치를 알려면 선공부(禪工夫)가 필수라는 말이다. 선공부 하지 않고 추론으로 아는 것은 메마른 지식에 머무르고 말 것이다. 소태산 성존의 선공부에 대해서는 별도의 항목으로 말하겠다.

만우당 생각 23

귀신(鬼神)의 존재

소태산 성존은 귀신 존재에 대해 연마할 문제를 내셨다

소태산 성존은 귀신에 관한 문제를 내셨다. 원기12년(1927, 단기 4260년)에 발간한 『수양연구요론』에서 '연구문목(硏究問目)'을 열어놓은 가운데 있다. 137개 항목이다. 그 가운데 귀신과 관련한 질문을 옮겨본다.

"40. 대인(大人)은 천지(天地)로 더부려 그 덕(德)을 합(合)하고, 일월(日月)로 더부려 그 광명(光明)을 합하고, 사시(四時)로 더부려 그 차서(次序)를 합하고, 귀신(鬼神)으로 더부려 그 길흉(吉凶)을 합한다 하엿으니 엇지하면 그러한지 연구할 사(事). 51. 사람의 귀신이 잇난대, 엇더한 것이 귀신인가 연구할 사(事). 56. 모든 사람이 모든 귀신을 위하야 모-든 정성으로 제사하면 귀신이 흠향(歆享)한다 하니 적실히 그러한지 연구할 사(事). 91. 기운을 단련하야 귀신(鬼神)을 만드럿다 하엿으니 엇지하면 그러한지 연구할 사(事)."

• 연구문목에서만이 아니라 다른 문헌에서도 귀신이란 낱말을 볼 수 있다. 소태산 성존이 지은 〈경축가(慶祝歌)〉의 한 구절에서도 귀신이라는 낱말이 등장한다. "… 귀신일래 귀신일래 보은자는 귀신일래 …"(『대종사 가사집』, 교화부, 원기64년(1979), 13쪽 참조) 여기서처럼 성리학적인 용법으로 쓴 귀신, 수행과 수련의 경지로 표현한 귀신도 있지만 대중적으로 쓰는 귀신도 있다.

귀신은 있다
그러나 두려움이나 의지의 대상이 아니라 제도의 대상이다

요즘 어린이, 청소년들이 귀신을 주제로 한 텔레비전극을 많이 본다고 한다. 예전에도 여름이면 귀신이 나오는 텔레비전극을 많이 보았다. 전설의 고향이라는 방송 과목은 납량(納凉) 특집으로 방송한 것 중 가장 대중적인 것이다. 요즘은 주로 어린이 만화극에서 귀신 소재를 많이 다룬다. 나의 손자들도 많이 본다. 성인들도 내놓고 말하지 않지만, 뒤로는 귀신 이야기에 흥미를 갖고 있는 것은 사실이다.

귀신의 존재는 인류의 가장 오래된 질문에 속할 것이다. 나는 귀신이 존재한다는 전제를 앞세우고 이 글을 쓴다. 귀신은 악귀(惡鬼), 악령(惡靈)과 같은 뜻으로 쓴다. 악귀나 악령으로 표현하는 것은 상대적으로 선한 귀신, 선한 영혼도 있다는 것을 말한다.

- 과학주의, 이성주의(理性主義)가 우세한 산업화 이후 시대에는 귀신의 존재를 인정하면 그 자체로 비과학적인 생각이라고 하며, 미신(迷信)으로 돌리고 만다. 귀신의 인정 여부를 선천 시대와 후천 시대를 나누는 기준으로 삼기도 한다. 선천 시대에 귀신의 존재를 받아들인 사람들은 각종 귀신을 섬겼다. 이것은 미신이다. 산신(山神) 수신(水神) 목신(木神) 토신(土神) 가신(家神) 등 모든 귀신을 두려워하고 의지하려고 했다는 말이다. 전통사회에서는 이러한 미신이 제도화되고 문화의 틀로까지 되었다.

- 소태산 성존의 종교개혁은 전통사회 민중 속에 퍼졌던 미신을 타파하는 목적도 있다.

- 귀신의 존재에 대해서 말할 때, 『정산종사법어』 경의편(經

義編) 40장의 말씀이 교본(教本)이 된다. "객이 묻기를 '귀교는 무신입니까, 유신입니까.' 답하시기를 '우리는 어디에 따로 계시는 인격적 신은 인정하지 아니하나, 우주를 관통하여 두루 있는 신령한 진리는 이를 인정하나니, 우리의 마음을 단련하여 우주의 그 진리를 이용하며 그 위력을 얻자는 것이 우리의 주장이니라.' …"

인격적인 신(神)은 인정하지 않지만, 신령한 진리의 힘은 인정한다는 말씀이다. 마찬가지로 인격적인 귀신, 악령은 인정하지 않지만 나쁜 기운, 나쁜 영식(靈識), 나쁜 기령(氣靈)이 있다는 것은 인정할 수 있는 것이다. 뒤집어 말하면 나쁜 기운, 나쁜 영식, 나쁜 기령을 의인화(擬人化)하여 귀신, 악귀, 악령으로 묘사했다는 말이다. 살아있는 사람의 정신 수준과 인격의 정도가 천차만별로 된 것처럼, 영혼의 밝고 어두운 정도도 또한 천차만별이다. 또 한편 일원주의(一圓主義)는 귀신의 존재를 인정하되 섬기는 대상이 아니라 제도의 대상으로 본다.

인과윤회(因果輪廻)는 영혼(靈魂)이 있다는 말이다

우리는 천도재(薦度齋)를 모신다. 돌아가신 분의 영혼을 천도하는 것이다. 인과윤회, 전생윤회(轉生輪廻)할 때, 해원상생(解冤相生), 인도환생(人道還生) 하도록 천도하는 것이다. 정법신앙(正法信仰), 정법수행(正法修行)의 길을 가도록 축원해 드린다. 그런데 영혼은 천차만별이다. 산 사람의 인격과 성격, 몸가짐이 천차만별하듯이 영혼도 그렇다. 그래서 천도가 수월한 영혼도 있고 어려운 영혼도 있는 것이다. 탐진치에 찌든 영혼을 귀신, 악령, 악귀로 부른다. 탐진치를 벗어나 자유로운 영혼은 상생상화(相生相和)하는 선도인과윤회(善道因果輪廻) 한다. 그렇지 않은 영혼, 즉 귀신, 악령, 악귀는 악도인과윤회(惡道因果輪廻) 한다.

청정주(淸淨呪)도 귀신의 존재를 전제한 것이다

〈청정주(淸淨呪)〉는 귀신의 실존을 전제하고 외우는 주문이다. "법신청정 본무애(法身淸淨本無碍) 아득회광 역부여(我得廻光亦復如) 태화원기 성일단(太和元氣成一團) 사마악취 자소멸(邪魔惡趣自消滅)."

여기서 사마악취(邪魔惡趣)는 악마와 귀신들이다. 사마(邪魔)는 나의 몸과 마음을 힘들게 하고 괴롭게 하는 악마들이다. 악취(惡趣)는 산스크리트말로 두르가티(durgati)라 한다. 칠도(七道)의 세계에서 지옥, 아귀, 축생, 수라의 네 가지를 말한다. 사마는 밖으로부터 나를 고통스럽게 하는 것이고, 악취는 나의 몸과 마음이 만들어 내는 지옥의 상태다. 세 가지 나쁜 마음의 상태다. 즉 욕심내는 마음, 화내는 마음, 어리석은 마음이 악취로 나를 떨어지게 한다. 나를 지옥의 상태로 끌고 가는 외부의 요인이 있다는 말이다. 내부에서 일어나는 심리적 상태가 외부의 나쁜 자극에 따라 일어날 수 있다는 것을 말하는 것이다.

- 사마악취는 나쁜 기운, 나쁜 영식(靈識), 나쁜 기령(氣靈)으로서의 귀신을 말하는 것이다.

영혼(靈魂)이 육근 작용(六根作用) 하는 방법으로 귀신을 이해한다

영혼(靈魂), 영식(靈識), 기령(氣靈), 기식(氣識)도 육근 작용을 한다. 이 상태의 육근 작용은 살아있는 사람처럼 인지(認知, cognition)하는 것이 아니라, 감응(感應, induction)하여 감지(感知, sensing)하는 것이다. 이때의 감지는 전기가 통한다거나 전파가 소통되는 것과 같은 작용이다. 주파수를 가진 전파는 형체가 없지만 라디오와 감응하여 소리로 들리고, 텔레비전과 감응하여 영상으로 보인다. 같은 원리로 영(靈)과 기(氣)에도 '물질적 몸'에 감응하여 육근 작용을 하는 본성이 있다. 영혼, 영식, 기령, 기식이 산 사람의 몸과 감응한다. '몸의 육근'과 감응하여 소리나 형상으로 보이는 경우가 있을 수 있다. 우주 전체도 육근 작용을 한다. 우주 전체에 색성향미촉법(色聲香味觸法)이 있다는 말이다. 우주의 육근과 나의 육근이 소통하는 상태를 천지인 합일(天地人合一)의 상태라고 한다.

• 이런 질문을 할 수 있다. 돌아가신 분이 사람 몸을 받아 이미 그의 후생(後生)을 살고 있는데, 제사를 지낸다면 흠향(歆饗)할 수 있을 것인가? 새 몸을 받았어도 그의 영(靈)과 기(氣)는 감지할 수 있는 것이다. 감지하면서 좋은 영향을 받는 것이다. 이것이 흠향하는 것이다.

귀신이란 낱말의 뜻을 정함

이제 귀신과 관련된 여러 가지 낱말에 대하여 정리하여 이해해 보자. 귀신(鬼神)이라는 낱말은 성리학적인 용법으로부터 세속적인 용법에 걸쳐서 여러 가지 의미의 차이를 보여준다. 성리학적으로는 신령스러운 기운을 뜻하는 용법으로 쓰는 경우가 있다. 『주역(周易)』에서도 '귀(鬼)'의 개념은 자주 등장한다. 세속적인 의미에서 가장 흔하게 쓰는 말은 죽은 사람의 영혼을 말한다. 정령이나 유령으로도 부른다. 세속적인 뜻의 귀신에 대하여 생각하기 위해 악귀(惡鬼), 악령(惡靈)이란 낱말을 쓴다. 죽은 사람의 영혼으로 산 사람에게 해를 끼치는 영혼을 말하는 것이다. 살아있을 때 한을 품고 죽은 사람의 영혼이 새로운 몸을 받지 못하고 악귀가 되어 산 사람에게 해코지한다는 것이다. 그렇다면 이 귀신, 즉 악귀나 악령은 실재하는가? 인류 역사에서 가장 오래된 질문이다.

- 유교(儒敎)의 관점은 이렇다. 사람이 죽으면 그 기(氣)가 흩어져 천지의 기(氣)와 합쳐진다고 한다. 그 기간이 3년이다. 삼년상을 치르는 근거다. 그러나 원한을 품고 죽는 사람들의 기는 3년이 지나도 흩어지지 않고 떠돈다고 한다. 그것이 악귀로 된다는 것이다. 귀신의 존재를 인정하는 셈이다.

- 불교의 구류사생(九類四生), 구류중생(九類衆生)이란 개념이 있다. 『금강경』 대승정종분(大乘正宗分) 제3에 나오는 말이다. 태란습화(胎卵濕化)로 태어나는 사생(四生)과 중생의 다섯 단계를 말한 것이다. 이 가운데 일곱 번째는 여기서 말하는 귀신과 같은 것이라고 할 수 있다. 그것은 '유상생(有想生, samjinin: 산냐지닌)'이다. 기억으로 생겨나는 중생이다. 허망한 그림자로 뒤집어져 임시로 형상을 만들어 그 과보로 이루어지는 중생이다. 신(神), 귀(鬼), 정령(精靈) 등을

말한다. 『금강경』을 읽는 사람들이 단순히 해석하듯이 '생각 있는 존재'인 것만은 아니다.

신 존재 증명과 귀신이 존재한다는 증명의 차이

신(神)의 존재를 증명하는 것은 오래된 신학(神學)의 과제 가운데 하나였다. 철학에서도 오래된 주제에 속한다. 신 존재 증명은 높은 수준의 학술논쟁으로 인정받았다. 그러나 귀신에 대하여 말하려는 것은 비과학적인 주제라고 제쳤다. 그리고 합리적인 사람은 공개적으로 이런 논의를 하는 것이 아니라고 생각했다. 그런데 생각해 보자. 신에 대해서 생각하거나 성령, 천사 등에 관해서 생각한다면, 귀신이나 악령, 악귀에 대해 생각하는 것도 자연스러운 일이다. 둘 다 초자연적인 일, 초합리(超合理)적인 현상이라는 것은 같은 맥락 아닌가? 귀신에 대해 공개적으로 논의하는 것을 꺼리는 전통을 벗어나면 과학의 새로운 영역이 열린다고 할 수 있다.

• 발명가 에디슨(Thomas Edison, 1847-1931)이 유령탐지기를 만들었다는 말도 전해진다. 그는 사람과 동물이 원자로 구성되었듯이 영혼도 원자로 구성되었다고 믿었다고 한다. 그 원리를 이용하여 '죽은 뒤의 영혼의 원자'를 탐지할 수 있

는 기계를 만들어 실험하였다고 전해진다.

• 1989년, 서울올림픽의 성과를 보여준다는 명분으로 서울 평화상을 제정하고, 11명의 노벨상 수상자를 초청하여 학술 회의도 하고 그들의 강연도 펼쳤다. 포항공대에서 강연 후, 한 청중이 질문하였다. "지금까지 과학은 미시세계에서 거시세계까지 모두 밝혀냈다고 보는데, 과학의 새로운 영역은 무엇인가요?" 한 수상자가 답변하였다. "그것은 사후경험(死後經驗)의 세계다." 주목할 만한 답변이었다. 사후경험은 영혼이나 귀신의 문제와 직결되지 않겠는가?

귀신, 악령의 실재를 믿는 태도가 우상숭배로 되었다

신화(神話)에서도 '착한 신'과 '악한 신'을 나누어 볼 수 있다. 그런데 사람들은 '착한 신'보다는 '악한 신'을 더 가까이했다. 두려웠기 때문이다. 선한 신의 도움을 받는 것보다 악한 신의 해코지를 피하는 것이 더 급하다고 생각했을 것이다. 여기서 미신이 발생한다.

• 착한 신에게 빌기 위해 신상(神像)을 만든다. 제주도의 돌하르방도 일종의 신상이다. 그리스의 신상도 그렇다. 옛 그

리스 사람들은 신상을 구체적으로 조각할수록 그 신과 더욱 가까워져서 신의 도움을 받을 수 있다고 생각하였다. 그리스 조각 예술이 발달한 이유이기도 하다. 고등종교 시대에는 성상(聖像)을 만든다. 부처님이나 예수님의 상을 만드는 것이 대표적이다. 정교회(正教會, Orthodox Church)의 '이콘(icon)'은 단순한 모상(模像)이 아니다. 정교회의 사제이자 소설가인 게오르규(Constantin Virgil Gheorghiu, 1916-1992, 루마니아)의 표현에 따르면 이콘에 성령이 살아계신다고 한다. "그분은 실제로 그 안에 계신다. 그분의 은총도 그 안에 있다. 그분의 힘도 그 안에 있다. 이콘은 그분의 입이고, 그분의 음성이다."(『내 이름은 왜 비르질인가?』, 정교회출판사, 166-167쪽) 동정녀 마리아의 이콘은 예술작품이 아니라 그 안에 살아계신다는 것이다.

• 부처님이나 예수님, 마리아와 여러 성인의 이콘을 모시고 기도하는 것과 다르게 악한 신령, 귀신에게 비는 경우는 우상(偶像, idol)이라고 한다. 성령을 믿는 것과 같은 방법으로 나쁜 귀신의 존재를 믿는 전통이 있는 것이다. 프로테스탄트 개신교의 제1계명은 "너에게는 나 말고 다른 신이 있어서는 안 된다."이다. 나 이외에는 다른 신을 두지 말라는 말씀은 오늘날 크리스트교의 독선으로 해석하는 경우가 있다. 그러

나 그 본의는 나쁜 귀신을 섬기지 말라는 것이다.

성령(聖靈), 수호천사, 악령(惡靈)

영혼의 세계도 현생의 사람들과 마찬가지로 여러 종류의 영혼들이 있다. 좋은 일을 하는 사람과 나쁜 일을 하는 사람 등의 천차만별의 사람들이 있다. 여러 종류의 영혼에 대한 명칭도 가지가지다. 성령(聖靈)으로부터 귀신, 잡귀(雜鬼)란 명칭까지 여러 가지가 있다.

귀신이란 말을 생각해 보자. 귀신(鬼神)은 악령이나 잡귀 같은 말로 쓴다. 그런데 엄밀하게 따지면 귀신에는 나쁜 귀신, 해를 끼치는 귀신만이 아니라 좋은 귀신도 있는 것이다. 수호신장(守護神將), 수호천사(守護天使)로 부르는 귀신도 있다는 말이다. 가장 크게 돕는 영적 존재는 성령(聖靈, Holy Spirit)으로 부른다. 성령의 존재를 믿는 사람들이 악령의 존재를 믿지 않는 것은 모순이다.

성령이 나타나는 것을 발현(發現, apparition)이라고 한다. 가톨릭교에는 여러 곳에 성모발현(聖母發現, apparition of Mary) 이야기가 내려온다. 하늘나라로 올라간 성모 마리아가 세상에 모습을 드러내어 뜻을 전달했다는 것이다. 포르투갈의 파티마 성당은 널리 알려진 성모발현 성당이다. 파티마 대성당은 프란시스쿠, 야신타, 루치아란 3명의 어린 목동 앞에 나타난 성모 마리아를 맞이하는 교회다. 1917년의 일이다. 이 성당을 예로 드는 것은 중세 시대가 아니라 20세기에 들어와서 발현했다는 것 때문이다.

• 성모발현 현상이 있는 것과 동시에 그보다 하위의 성인들이나 천사들의 발현을 목격했다는 사람들의 이야기도 전해진다. 수호신장의 모습을 보았다는 이야기도 전해진다. 이러한 이야기기는 착한 영혼들의 이야기인데 드물게 전해 진다. 이와 반대로 악마나 악령, 잡귀, 도깨비를 보았다는 경험담은 수없이 전해진다. 성령의 발현을 믿는다면 악령의 존재도 믿어야 한다.

사회문화적으로 변형된 귀신 존재 : 마녀사냥, 미확인 비행물체(UFO)

• 악령의 존재, 귀신의 존재는 사회적 현상으로 자리 잡기도 하고 사회문화적 형식으로 틀 짓기도 했다. 살아있는 악령을 퇴치한다는 명목으로 자행된 서양의 마녀사냥이 대표적이다. 유럽의 중세로부터 근대 초까지 이어진 마녀사냥은 재판의 형식을 빌려 자행된 학살 범죄다. 살아있는 악령을 제거하여 종교적 순수성을 지킨다는 명분을 내세웠지만 미신적 범죄였다.

• 미국 사람들이 미확인 비행물체(UFO)에 관하여 관심을 두는 것도 악령의 존재에 대한 왜곡된 의식과 관련된 것이라고 할 수 있다. 귀신의 존재를 추적하는 방법과 미확인 비행물체나 외계인에 대한 추적 방식이 같다는 것에 대해 인식할 필요가 있다.

• 전 세계 어느 곳에 가거나 금기문화(禁忌文化)가 있다. 귀신의 존재를 전제하며 만들어진 변형된 문화라고 할 수 있다.

영기질 짜임새와 귀신

이제 일원주의(一圓主義)로 귀신의 문제를 풀어보자. 사람과 모든 존재가 영기질(靈氣質)로 짜여졌다. 영식(靈識)이 발달하여 우주의 진리를 깨달아서, 천지인(天地人)의 합일을 이루게 된 사람을 신령한 경지에 이르렀다고 한다. 귀신(鬼神)을 이러한 성리학적 방법으로 쓰는 경우가 있다. 그러나 반대로 영식이 어두운 사람도 있을 수 있다. 이러한 사람의 영식은 '악귀'에 해당한다고 할 수 있다. 사람들의 영식이 천차만별하므로 신령한 경지로부터 악귀의 수준까지 존재한다고 할 수 있다.

사람이 죽으면 '영기질의 짜임'에서 물질의 부분이 해체되지만,

영기(靈氣)는 남는다. 남은 영기도 밝은 영기와 어두운 영기가 있다. 밝은 영기를 가진 사람은 새 몸을 받아 새로운 생(生)을 살지만 어두운 영기를 가진 사람은 제대로 새 몸을 받지 못하고 나쁜 기운으로 떠돌아다닌다. 가족들의 주변에서 떠도는 기운이 그 가족에게 해를 끼치기도 한다. 기운이 기운을 공격하는 것이다. 성령(聖靈)이 있고 귀신, 악귀(惡鬼)가 있을 수 있다.

영기질(靈氣質)이 합체(合體)하려는 본성

사람뿐만 아니라 동식물과 광물 등 모든 존재가 영기질(靈氣質)로 짜였다. 영기질은 "우주의 성·주·괴·공(成住壞空)과 만물의 생·로·병·사(生老病死)와 사생(四生)의 심신 작용을 따라 육도(六途)로 변화를 시켜 혹은 진급으로 혹은 강급으로 혹은 은생어해(恩生於害)로 혹은 해생어은(害生於恩)으로 이와 같이 무량 세계를 전개"한다.

• 이 변화 과정에서 질(質), 즉 물질적 부분은 생로병사, 성주괴공 되어 해체와 재결합을 지속하는 것이 우주지속(宇宙持續)이다. 물질 부분이 해체된 상태, 즉 물질적 죽음의 상태에서도 '영'과 '기'는 물질적 부분과 재결합하려는 합체본성(合體本性)을 가진다. 그래서 죽은 뒤에 새로운 생(生)으로

윤회하게 되는 것이다. 새로운 합체 과정은 인과보응의 법칙을 따른다. 이때 도학을 공부한 영혼은 사람의 몸을 쉽게 받는다. 그러나 공부하지 않은 영혼, 탐진치에 찌든 영혼, 원한과 원망으로 독해진 영혼은 동물의 몸을 받거나, 그것도 못 받고 나무와 바위, 음기(陰氣)가 서린 곳 등에 깃든다. 때로는 영력(靈力)과 기력(氣力)이 약한 사람들에게 빙의(憑依), 즉 '옮겨붙기'도 한다.

나도 악귀가 될 수 있는 것을 경계하라

사람과 존재가 영기질로 짜여 있기 때문에 존재를 바르게 지키기 위해서는 각 계층에 따른 힘을 가져야 한다. 영력(靈力), 기력(氣力), 물질력(物質力)을 가져야 한다는 말이다. 사람이 만물의 영장이라고 하는 것은 영기질의 힘을 자각적으로 기를 수 있는 존재라는 말이다. 동물들은 본능적으로 그 힘을 유지하고, 그 밖의 존재들은 주어진 대로 지키고만 있는 존재다.

인과보응과 음양상승의 이치를 깨달아서 그것을 자기 행동과 삶의 기준으로 실천하는 사람이 공부인이고 깨달은 사람이다. 그런 이치에 따르지 않고, 원망심을 품고 현재의 나쁜 결과가 다른 사람이나 조건에 있다고 하며, 한(恨)을 품고 복수심을 갖는 사람이 있다. 이것이 악귀다. 나쁜 방향으로 영력과 기력이 뭉치는 것이다. 나쁜 방향이란 파괴의 힘으로 된다는 말이다. 악귀를 없애려면 내 마음과 행동에서 악귀의 요소를 없애야 한다. 인과보응과 음양상승의 진리대로 행동하는 것이 악귀의 요소를 없애는 것이다. 이것이 해원(解冤)이다.

해원은 진리의 힘으로 하라

해원(解冤)은 악귀에게 빌거나 달래는 행위가 아니다. 악귀에게 빌거나 달래는 것이야말로 우상숭배로 가는 길이다. 진리의 길이 아닌 길에 서 있는 것이 악귀이며 우상이기 때문이다. 해원하려면 진리 그 자체의 위력에 의존해야 한다. 그리고 진리 그 자체의 위력을 얻으려면 진리 그 자체를 깨달아야 한다. 진리를 깨달으려면 내 마음과 행동 속에 있는 원망을 나 스스로 풀어야 한다. 자기 해원(自己解冤)을 해야 한다는 말이다. 자기 해원을 하면 영력(靈力), 기력(氣力), 물질력(物質力)이 조화를 이루는 기본이 된다. 영기질이 조화를 이루면 천지인이 합일하게 되어 우주의 큰 힘과 맥이 통하여 악귀도 소멸하게 되는 것이다. 천지인이 합일하여, 음양오행이 나의 몸과 마음에서 골라지면, 그 바른 기운이 나를 공격하고 충돌하는 '나쁜 기운, 즉 귀신'을 물리치고 제도할 수 있게 된다.

만우당 생각 24

성주(聖呪) 풀이

* 이 글은 원기106년(2021, 단기4354년) 9월 12일 영상 법회에서 '보보일체대성경'이란 제목으로 말한 것이다. 원고를 보고자 하는 몇 분의 요청에 따라 당시 내용을 약간 보완하여 여기에 올렸다.

주문(呪文)은 기도, 성리법설, 과학이다

오늘은 원불교 〈성주〉를 주제로 말씀을 나눈다. 천도재나 제사 의식을 진행할 때 외우는 주문이다. 그런데 〈성주〉는 단순한 의례용이 아니다. 성주는 주문임과 동시에 성리법설이다.

어떤 사람들은 주문 외우는 것을 주술(呪術)로 이해하는 경우가 있다. 주술까지는 아니더라도 비과학(非科學)이라고 말하는 경우도 있다. 그러나 주문은 과학이다. 기도이며 성리법설이라고 말할 수 있으면 과학이라고도 말할 수 있다.

〈성주〉의 번역

영천영지 영보장생(永天永地永保長生)

만세멸도 상독로(萬世滅度常獨露)

거래각도 무궁화(去來覺道無窮花)

보보일체 대성경(步步一切大聖經)

하늘땅 기운 모아 영원한 생명 주어
수 만세를 죽어서 윤회의 길 가더라도
죽지 않는 수명(壽命) 받아 살아있게 하소서
오고 가는 진리 깨쳐 다함 없는 밝은 빛
꽃 피게 해주시고
하는 일 하나하나 진리 되게 하소서.

• 영천영지 영보장생(永天永地永保長生)은 음양상승의 진리를 말한다. 전통적으로 천지(天地), 또는 천지인(天地人) 사상은 음양 사상을 전개한 것이다. 만세멸도 상독로(萬世滅度常獨露)는 인과 윤회, 인과보응 사상을 말한 것이다. 영원한 세상이 이어지는 짜임새가 인과 윤회로 된다는 것을 알라는 것이다. 거래각도 무궁화(去來覺道無窮花) 보보일체 대성경(步步一切大聖經)은 음양상승과 인과보응의 진리를

융합하여 '사람'이 '일'하며 후천 시대를 열라는 것이다. 이 주문 하나에도 삼교합도(三敎合道)하는 소태산 성존의 가르침이 들어있다.

[1] 〈성주〉는 삼학동시(三學同時)공부를 가르친다.

〈성주〉는 주문임과 동시에 성리법설이기 때문에, '자신 천도'를 위한 주문이기도 하고, 깨달음을 위한 자기 수행의 지침이기도 하다. 소태산 성존의 주문은 주문임과 동시에 '성리 화두(性理話頭)'이다. 〈성주〉를 외우고 공부할 때 전제할 것은 이 주문에 삼학동시공부가 들어 있다는 것이다. 삼학동시공부라고 표현하는 것은 삼학병진의 의미를 적극적으로 강조하기 위한 것이다. 한글로 "세발동시공부"다. 사진기의 삼각대나 솥의 세 발이 동시에 서야 하는 것이지, 어느 한쪽부터 순차적으로 서는 것이 아닌 것을 비유하는 것이다.

[2] 영천영지 영보장생(永天永地永保長生) 만세멸도 상독로(萬世滅度常獨露)

하늘땅 기운 모아 영원한 생명 주어
수 만세를 죽어서 윤회의 길 가더라도
죽지 않는 수명(壽命) 받아 살아있게 하소서.

천지는 시작도 없고 끝도 없이 생생약동하는 진리 그 자체를 말한다. 진리가 공허한 개념으로 있는 것이 아니라, 하늘과 땅이라는 실체로 나타나 있는 것을 말한다. 그래서 하늘과 땅은 자연임과 동시에 진리인 것이다. 그 안에 사는 모든 존재가 천지의 품 안에서 수만 생을 낳고 죽는 것을 거듭하는 것이다. 멸도(滅度)는 열반(涅槃), 즉 니르바나(nirvana)를 번역한 말이다. 윤회의 고통스러운 수레바퀴를 벗어났다는 말이다. 만세멸도는 그런 말이다. 그다음 상독로(常獨露)를 보자.

'죽고 다시 낳고 하는 윤회의 과정에서 언제나 홀로 드러나게 하소서!'는 무슨 말인가?

사람은 생명(生命)과 수명(壽命)의 두 가지 목숨을 갖는다. 생명은 사람이 죽으면 흩어지지만, 수명은 다음 생의 씨앗으로 남는 것이다. 수명이란 씨앗이 좋아야만 다음 생이 정신적으로나 물질적으로 풍요롭고 행복하게 된다. 다시 말하면 이 수명이 있어서 새로운 생명을 얻게 되는 것이다.

사람이 영기질(靈氣質)로 되어있기 때문이다. 단순하게 말하면 영(靈)과 기(氣)는 수명을 가지고 질(質)인 몸은 생명을 갖는다. 영기질이 결합한 방식으로 수명과 생명은 결합되어 있는 것이다. 죽음이라는 것은 물질인 몸의 생명이 끝나는 것이다. 몸의 생명이 끝나더라도 영과 기의 수명은 지속된다. 영(靈)과 기(氣)는 현생(現生)에 지은 업을 씨앗으로 가지고 있다가 다시 그 업에 맞는 새로운 몸과 결합하여 다음 생을 살게 된다. 그러므로 수명이 중요한 것이다.

• 그런데 사람마다 생명과 수명을 갖는 것은 평등하지만 생명력(生命力)과 수명력(壽命力)은 각각 다르다. 몸의 건강을 잘 돌볼수록 생명력이 강해지는 것처럼 기(氣)의 수련과 영적 단련을 많이 할수록 수명력은 좋아진다. 의식주 생활을 조화롭지 못하게 한 사람이나 함부로 한 사람은 건강을 상할 수 있다. 마찬가지로 정신적인 진선미(眞善美)의 생활을 의식적이고 조화롭게 해야만 수명력을 강하게 할 수 있다. 나아가 선과 성리 공부, '세발동시공부'를 잘하여야만 수명력을 강하게 할 수 있다.

수명력이 강해야만 윤회의 과정에서 진급의 길로 갈 수 있다. 생명력이 강해야만 건강한 일상생활을 할 수 있는 것과 같다. 사람이 진리 공부를 하지 않으면 수명력을 기를 수 없다. 진리 공부란 음양상승과 인과보응의 진리 신앙과 진리 수행을 말하는 것이다.

음양상승과 인과보응의 진리적 힘을 믿지 않는 사람이 그것을 실천할 수 있겠는가? 이것이 소태산 성존이 가르치는 '진리적 종교의 신앙'이다. 다시 말하면 '공부한다'는 말은 '신앙과 수행을 동시에 한다'는 말이다.

• 상독로 하게 된다는 말은 강한 수명력을 길러서 영생에 걸쳐서 진급의 길로만 가게 해주소서란 말이다. 그런데 자기가 공부하지 않으면서 그 길을 가게 해달라고 빌 수는 없다. 인과법칙에 따라서 보더라도 그런 일은 있을 수 없다.

[3] 거래각도 무궁화(去來覺道無窮花)

다음으로 거래각도 무궁화를 외어 본다. '거래각도 무궁화', 즉 '오고 가는 진리 깨쳐 다함 없는 밝은 빛 주시고!'라는 말이다. 이것은 삶과 죽음이 그저 끝나는 죽음이 아니라 '오고 간다는 진리'를 깨우치게 해달라는 주문이다.

오늘날 서양식 과학은 죽음을 삶의 끝이라고 본다. 서양식 과학교육을 받은 현대인들은 죽음 이후의 삶에 대해서 말하는 것을 비합리적이라고 하고 미신이라고도 한다. 서양에서 전파된 종교들도 죽음 이후에 현생의 삶을 심판받아 천국과 지옥의 삶으로 나누어진다는 교리를 전파하고 있지만 전생윤회(轉生輪廻), 그리고 육도윤회(六道輪廻)나 칠도윤회(七道輪廻)를 가르치지는 않는다. 그러하기에 일회성 구원만 받으면 된다는 교리를 가르친다. 서양식 과학은 그마저도 비합리로 팽개친다.

이른바 과학적 사고방식을 서양식으로 배운 현대인들에게 죽음이 끝이 아니고 오고 가는 것이라고 알려주는 것은 힘든 일일 수 있다. 죽음 이후를 체험한 사람이 없기 때문이다.

그러나 진리를 아는 것은 체험으로 알 수 있는 것도 있지만 깨달음으로 아는 진리가 있다. 나에게 들어 있는 영식(靈識)으로 아는 것이다. 영식(靈識)을 열기 위해 선(禪) 수련을 하고, 심고와 기도를 하며 사리연구를 한다.

감각되지 않으면 없다고 하는 것처럼 어리석은 일은 없다. 각자의 조상님들이 보이지 않는다고 안 계신다는 사람은 없다. 요즈음은 오래 사는 시대가 되어 고조할아버지까지 같은 시간대를 살 수 있는 경우가 생기고 있다. 그러나 그 이상은 조상님들이 같은 시간대, 같은 공간대에 함께 산 일이 없다. 대개 사진도 없고, 초상화도 없는 경우가 대부분이다. 그렇다고 시조 할아버지부터 그 대를 이어온 조상님들이 계시지 않는다고 말할 수는 없다.

죽음 이후의 세계도 그렇다. 안 보인다고 해서 없다고 하면 안 되는 것이다. 그리고 나의 영식(靈識) 속에는 내 전생의 기록이 남아 있다. '영식(靈識)의 끄나풀'이 숨어 있는 것이다. 선을 많이 하고 성리 공부를 하면 그 숨은 끄나풀들을 발견하게 된다.

• 삶과 죽음이 한번 죽음으로 끝나는 것이 아니라 가고 오는 것, 해가 뜨고 지는 것, 밤에 잠자고 아침에 일어나는 것을 아는 것은 진공묘유(眞空妙有)의 진리를 아는 것이다. 진공묘유의 진리는 우주와 만물이 새로운 기운을 채우고 나쁜 기운을 비우는 운동을 지속하는 것을 말한다. 진공묘유를 알

면 죽음이 끝이 아니라 가고 온다고 하는 것을 알게 된다.

이 진리를 깨달아서 다함 없는 지혜를 얻게 해달라고 비는 것이다. '거래각도 무궁화'라고 할 때 '꽃'은 지혜가 열리는 것을 말한다. 무궁화란 다함 없는 지혜가 열리는 것을 말한다. 우리나라의 나라꽃이 가진 꽃말보다 더 깊은 뜻을 가진 것이다.

[4] 보보일체 대성경(步步一切大聖經)

끝 구절인 '보보일체 대성경'을 외운다. '걸음걸음 모두가 성스러운 경전 되게 하소서!'

여기서 걸음걸음이란 '하는 일 모두'라는 말이다. 그래서 '하는 일 하나하나 진리 되게 하소서!'란 말로 번역할 수 있다. 보(步)라는 말 자체가 걸음걸이라는 뜻으로 쓰지만 행동한다는 뜻으로 쓴다. 일한다는 것이다. 나의 모든 행동과 하는 일이 진리에 맞게 이루어지게 해주시라는 말씀이다. 죽음이 끝이 아니라 오고 가는 것이라는 진리를 깨달았으면 그것을 행동에 옮기라는 말씀이다.

죽음이 끝이 아니고 오고 가는 것을 아는 것은 우리의 존재 자체가 '진공묘유 운동'이라는 것을 깨닫는 것이다. 일원상의 진리를 신앙하고 수행하는 것 속에 진공묘유 운동을 발견하게 된다. 그리고 진공묘유의 운동을 자신의 모든 행동으로 실천하라는 말씀이다.

• 성주와 세발동시공부(삼학동시공부)

영천영지 영보장생(永天永地永保長生) 만세멸도 상독로(萬世滅度常獨露)는 정신수양 공부이고, 거래각도 무궁화(去來覺道無窮花)는 사리연구 공부다. 그리고 보보일체 대성경(步步一切大聖經)은 작업취사 공부에 해당한다고 할 수 있다.

작업취사, 즉 일을 할 때 해야 할 것과 버릴 것을 구별하여야 한다는 것이다. 가볍게는 예의 바른 행동을 말한다. 그러나 사람은 '일'하는 존재다. 작업이란 '일'한다는 것이다. 일이란 직업과 직결된다. 직업은 모든 산업의 범위 안에서 만들어진다. 그러므로 직업에 종사하고 산업을 경영하는 것은 사람이 반드시 해야 하는 일이다. 직업에 종사하고 산업을 경영할 때 인과보응과 음양상승의 이치에 따르는 것이 작업취사 공부다.

[5] '보보일체 대성경'을 천지인(天地人) 회삼귀일(會三歸一) 사상으로 해석한다.

하늘은 땅과 합하여 만물(萬物)을 만들고, 하늘과 땅은 사람과 합하여 사람을 통하여 만업(萬業)을 만든다. 그래서 사람은 '일하는 존재'인 것이다. 하늘과 땅과 사람이 합하는 사상은 우리 민족 고유의 '천지인 회삼귀일' 사상이다.

'영천영지 영보장생'이란 주문을 외우면서 바로 하늘과 땅이란 전통적인 개념으로 말하지 않는가? '천지' 개념 자체가 한국 전통이며 동아시아 전통 사상이다. 그런 뜻으로 볼 때 〈성주〉는 전통적인 천지인 합일 사상을 기반으로 진공묘유 사상을 융합하고 있다고 할 수 있다. 그 만나는 지점이 '보보일체 대성경' 구절이라고 할 수 있다.

[6] '보보일체 대성경' 주문은 영주(靈呪)로 이어진다.

〈영주〉도 전통적인 회삼귀일 사상을 담고 있다. 영주는 정산 종사가 주신 것이다. 이 주문도 천지인(天地人)의 합일 사상이다.

천지영기 아심정(天地靈氣我心定)
만사여의 아심통(萬事如意我心通)
천지여아 동일체(天地與我同一體)
아여천지 동심정(我與天地同心正)

하늘과 땅의 영기 나의 중심 잡아주어
모든 일 진리대로 내 마음과 통하소서
하늘 땅과 내 몸이 하나로 되어
하늘 땅과 내 마음 바로 되게 하소서

[7] 영주(靈呪)는 천지인(天地人), 하늘과 땅과 내가 영기질(靈氣質)로 하나가 되는 주문이다.

이 주문에서 중심이 되는 구절은 '만사여의 아심통'이다. 사람인 내가 하는 일이 하늘의 뜻, 땅의 뜻과 통하게 해 달라는 말이다. 하늘 땅의 기운과 하나가 되고, 하늘 땅의 운행 이치와 하나가 되어야 가능한 일이다. 그래서 한 몸이 되고, 한마음이 되게 해달라고 발원하는 것이다. 하늘과 땅과 내가 하나가 되어야 보보일체 대성경이 될 수 있는 것이다.

삶의 세계, 생활세계, 그리고 직업과 산업의 모든 일을 적극적으로 받아들이는 것이 소태산 성존과 정산 성사가 주시는 주문이다.

[8] 보보일체 대성경이 되는 신앙과 수행.

내가 하는 모든 일이 우주의 진리에 맞게 하려면 '무위자연(無爲自然)'으로 일해야 한다. 무위자연이란 말은 이기적인 의도를 버리고 음양상승과 인과보응의 진리에 맞게 일하라는 것이다. 그렇게 되려면 음양상승과 인과보응의 진리대로 이 세상, 이 우주가 돌아간다는 것에 대해 철저한 믿음을 가져야 한다. 진리에 대한 투철한 신앙을 전제하지 않으면 이기적인 목적을 버릴 수가 없다.

• 이기적인 욕구는 자기 보존을 위한 필수적인 본능이지만, 사람에게는 자기 보존을 넘어서는 욕구를 가지는 잘못을 하

는 습성도 있다. 그래서 '어리석은 우리 중생'이라는 자기반성부터 시작해야 하는 것이다. 자기 욕구를 버린다는 것은 나의 존재를 없애는 것이 아니라 천지인 합일의 조화를 실천하라는 말이다.

크리스트교의 기도도 무위자연의 정신이 있다. "하나님의 뜻대로 하소서!"라는 기도다. 여기서 하나님의 뜻이라는 것이 무엇이겠는가? 우리 교법으로 풀어 보면 진리의 뜻대로 하자는 것이다. 진리의 뜻이라는 것은 음양상승과 인과보응의 이치대로 돌아가는 힘을 말하는 것이다.

• '무위자연' 하려면 천지인의 맥(脈)을 이어야 한다.

그러면 천지인의 맥을 잇는 방법은 무엇인가? 사람에게는 우주의 영기질(靈氣質)과 이어지는 '이음판(플랫폼)'이 있다. 그것이 육근(六根)이다. 감각하고 인식하는 6개의 기관과 작용을 말한다. 안이비설신의(眼耳鼻舌身意), 즉 눈, 귀, 코, 혀(입), 몸, 생각의 여섯 기관이다. 육문(六門)이라고도 한다. 우주의 영기질과 내가 한 맥으로 이어지는 여섯 개의 문(門)이라는 말이다. 우주의 힘과 나를 연결하는 문이다.

• 맥을 잇는 방법의 첫째.

이어져 있음을 자각하고 느낀다.

우주와 나는 자연적으로 맥이 이어져 있다. 그러나 대부분 사람은 자연적으로 이어져 있다는 것을 모른다. 그저 본능적으로 살기 때문이다. 그것을 깨달아 알고 의식적으로 육근작용을 해야만 육도윤회, 칠도윤회의 길에서 진급의 길을 갈 수가 있는 것이다. 그래서 맨 먼저 할 일은 우주와 내가 하나로 이어졌다는 것을 자각하고 느끼는 것이다.

본능적으로 보고 듣는 사람, 본능적으로 냄새 맡고 맛보는 사람, 본능적인 촉감을 가지고 본능적으로 동작하는 사람, 생각하는 것이 아니라 본능적으로 반응만 하는 사람은 진화, 진급하지 못하고 퇴화하고 강급한다.

▷ 한 가지 예를 들어 보자.

식물의 씨앗은 땅에 심어 경작해야만 새로운 씨앗을 만들고 그 종(種)을 이어간다. 씨앗을 심지 않고 그대로 놓아두면 대부분의 씨앗은 말라버려 생명의 기운이 사라지고 그저 물질 상태로 돌아간다는 사실은 우리에게 깨우침을 준다. 본능대로만 살다 보면 말라버린 씨앗처럼 결국에는 지수화풍(地水火風) 사대로 흩어지고 마는 존재가 될 것이다. 윤회의 수레바퀴에서 강급하고 퇴화하게 된다는 말이다.

육근, 육문을 사용할 때 본능적으로 사용하는 것은 땅에 심지 않은 씨앗과 같은 것이다. 존재 자체가 결국은 해체에 이르게 된다. 육근 작용을 자각하고, 육문을 통해 우주와 소통하고 있다는 것을 자각하는 상태는 씨앗을 땅에 심는 것과 같다. 이것이 알아차림이다. 깨어있음의 상태다.

시각(視覺), 청각(聽覺), 후각(嗅覺), 미각(味覺), 촉각(觸覺)과 의식(意識)을 사용할 때 내가 그 어떤 것을 보고 듣고 냄새 맡으며, 맛보고 감촉하며 그 무엇에 대해 생각하고 있다는 것을 아는 것이 출발이다.

• 맥을 잇는 방법의 두 번째.

우주와 나의 맥을 잇는 방법의 두 번째는 숨쉬기다. 숨은 생명이다. 목숨 그 자체인 것이다. 숨을 과학적으로 잘 쉬면 생명력을 왕성하게 하여 좋은 삶을 살 수가 있다. 숨은 우주의 공기를 내 몸에 받아들이는 작용, 그 이상이다. 대부분 사람은 외부의 산소를 들이쉬고, 내 안의 이산화탄소를 밖으로 내보내는 생리작용이 호흡이라고 생각한다.

그러나 숨을 쉰다는 것은 우주의 살아 있는 기운을 내 안에 받아들이고, 내 안에서 흐려진 기운을 우주로 순환시켜 다시 새 기운으로 받아들이는 과정이다. 우주의 기운을 받는다는 것은 하늘과 땅의 기운을 받는 것이다.

우리의 육근 작용 전체를 포괄하는 것이 숨쉬기이다. 눈으로 숨 쉬고, 귀로 숨 쉰다. 코로 숨 쉬고 혀와 입으로 숨 쉰다. 몸으로 숨 쉬고 마음으로 숨 쉰다. 그래서 숨 쉬며 우주와 통하고, 우주와 통하며 하나가 되는 것이다. 육근 숨쉬기, 육문 숨쉬기를 하는 것이다.

▷ 우주는 영기질로 뭉쳐진 큰 힘이다. 하늘의 신령스러운 기운을 받아 땅은 만물을 기른다.

그 힘이 우주단전(宇宙丹田)이다. 천단지전(天丹地田)이다. 그리고 사람은 하늘과 땅의 기운을 받아 만업(萬業)을 펼치는 것이다. 그 기운을 코로 숨 쉬며 단전에 모은다. 내 안의 단전은 우주의 단전과 이어져 있다. 그리고 그 기운을 육근, 육문으로 받아들이고 내보내며 순환시킨다. 보고 듣고 냄새 맡는 작용, 맛보고 감촉하며 생각하는 작용을 하며 우주 숨쉬기를 한다. 그리고 육근, 육문이 아니라, 온몸으로 우주 숨쉬기를 하는 것이다. 천단지전 숨쉬기다.

• 맥을 잇는 방법의 세 번째.

우주단전 숨쉬기, 천단지전 숨쉬기를 하며 우주의 영기질과 나의 영기질을 하나 되게 한다. 물질로 하나가 되고 기운으로 하나가 되며 영식(靈識)으로 하나가 된다.

물질로 하나가 된다. 음식을 먹고 맑은 공기를 마시는 것은 우주의 좋은 물질을 나에게 받아들이는 것인데 이것도 넓은 의미에서 숨쉬기라고 할 수 있다. 식선(食禪)이라고 한다. 우주의 소리를 듣는 숨쉬기는 청선(聽禪)이다. 우주의 냄새를 맡는 것은 후선(嗅禪)이고 우주의 맛을 보는 것은 미선(味禪)이다. 우주의 촉감을 느끼는 것은 촉선(觸禪)이다. 그리고 우주의 영식(靈識)과 하나 되는 것은 영식선(靈識禪)이다.
우주의 물질과 하나가 되고, 우주의 기운과 하나가 되며 우주의 영식과 하나가 되는 것이다. 이처럼, 하늘과 땅의 물질과 하나 되고 하늘과 땅의 기운과 하나가 되며 하늘과 땅의 영식과 하나 되는 것이 우주단전, 즉 천단지전 숨쉬기이다.

▷ 이것은 무시선 무처선을 할 때 숨 쉬는 방법이다. 좌선할 때 단전주 선을 한다. 그 단전주 선의 다음 단계가 단전 숨쉬기라고 할 수 있다. 이러한 숨쉬기를 해야만 〈일원상 법어〉를 실천할 수 있게 된다.

○ 눈을 사용할 때 쓰는 원상(圓相),
○ 귀를 사용할 때 쓰는 원상,
○ 코를 사용할 때 쓰는 원상,
○ 혀를 사용할 때 쓰는 원상,
○ 몸을 사용할 때 쓰는 원상,
○ 마음을 사용할 때 쓰는 원상이 다름 아닌 우주단전 숨쉬

기, 천단지전 숨쉬기인 것이다.

▷ 여기서 중요한 것은 우주의 영기질이 있다는 것, 그것이 모든 존재, 나라는 존재를 있게 하고 살게 하는 힘이라는 것을 확실하게 믿어야만 우주단전 숨쉬기, 천단지전으로 숨쉬기라는 수행이 가능하다는 것이다. 하늘과 땅의 신묘한 이치와 힘을 믿지 않고 그것과 하나 되는 수행을 할 수는 없는 것이다. 소태산 성존의 가르침이 바로 이것이다. 신앙이 곧 수행이며 수행이 곧 신앙인 것이다.

[9] 우주단전 숨쉬기, 천단지전 숨쉬기를 성리학적으로 말하면 진공묘유 운동이다.

'진공묘유 운동'이라고 하는 것은 진공묘유를 개념으로만 이해하지 말고, 그것을 실천하라는 것이다. 진공(眞空)은 모아들이는 운동이고, 묘유는 다시 펼치는 운동이다. 모아들임과 펼침은 동시에 일어나는 운동이다. 사람과 모든 존재의 숨쉬기가 진공묘유 운동이다. 모아들이는 것은 가지와 잎과 꽃을 거두어들이는 운동이고, 펼치는 것은 다시 가지와 잎과 꽃을 펼치는 것이다. 소태산 성존은 두 방향의 운동을 두 개의 측면이 아니라 하나로 이어지는 운동이라는 것을 중요하게 가르친다. 소태산 성존의 게송이 바로 이것을 가르치고 있다.

"유(有)는 무(無)로 무는 유로
돌고 돌아 지극(至極)하면
유와 무가 구공(俱空)이나
구공 역시 구족(具足)이라."

▷ 앞서 식물의 씨앗을 땅에 심어 경작해야만 그 식물이 계속 생장할 수 있다는 말씀을 드렸다. 그런데 그 씨앗을 만드는 과정이 '진공'의 운동이다. 잎과 꽃을 떨구어 내며 씨앗이 만들어지는 과정을 우리는 쉽게 보고 있지 않은가? 잎과 꽃을 떨구어 내는 과정이 진공의 운동이다. 음양운동으로 보면 양(陽)의 운동이다. 잎과 꽃으로 보면 비우는 운동이고, 씨앗으로 보면 모아들이는 과정이다. 씨앗이 땅에 심어져 다시 잎과 꽃을 피우는 것은 음(陰)의 운동이다. 땅이 모든 것을 받아들인다는 뜻에서 음(陰)의 운동이다, 만물이 펼쳐진다는 뜻에서 묘유(妙有) 운동이라고 하는 것이다.

▷ 씨앗을 문(門)으로 하여 잎과 꽃을 떨구고, 다시 잎과 꽃을 피우는 것이다. 그래서 생사문(生死門)이 되는 것이다. 진공묘유의 운동이 곧 생사문이라는 말이다. 그래서 가는 것이 오는 것이고, 오는 것이 가는 것이다. 가고 오는 것이 하나라는 말이다.

▷ 땅이 하늘의 기운을 받아 만물(萬物)을 펼치는 것처럼 사람은 만업(萬業)을 펼친다. '일'로서 진리를 나타낸다는 말이다. 음양상승과 인과보응의 진리를 '일'하면서 실천하기 때문에 천지인이 합일하게 되는 것이다. 사람이 죽고 사는 것은 몸의 생명이 윤회하는 것이기도 하지만 만업을 접었다 펼쳤다가 하는 것도 윤회 운동이다. 사람이 죽으면 그 사람이 일생 하던 일을 모두 거둬들이지 않는가? 그 일들도 씨앗이 된다. 그것이 다름 아닌 '업(業)'이다. 사람이 죽으면 몸의 생명은 해체되지만, 그 사람의 기식(氣識)과 영식(靈識)으로 된 수명(壽命)은 영속한다. 그런데 그 사람이 자기가 그 생에서 펼친 만업에 집착하고 있으면 진화하고 진급할 수 없게 되는 것이다. 씨앗을 거두어들여 경작해야만 그 식물이 영속하는 것처럼 사람도 그렇다. 죽는다는 것은 그 일을 버린다는 말이다. 그러나 그 일을 씨앗으로 거두어들여 다시 다음 생에 펼치는 것이다. 만업도 죽어 없어지는 것이 아니라 가는 것이 오는 것이고, 오는 것이 가는 것이 되는 것이다.

[10] 〈성주〉는 삼학동시공부와 천지인 합일신앙을 융합한 주문이다.

소태산 성존의 모든 가르침이 그러하듯 〈성주〉도 '세발동시공부' 즉 '삼학동시공부(三學同時工夫)'를 가르치고 있다. 자연스럽게 진리대로 일한다는 주문인 '보보일체 대성경'은 공부해야만 도달하는 경지라고 할 수 있다. 삼학동시공부는 현재의 삶도 잘 살고, 내세의 삶도 잘 살자고 하는 것이다.

한편 〈성주〉는 우리의 전통 사상이요 수행법인 천지인의 회삼귀일(會三歸一) 사상을 실천하는 주문이다. 만업(萬業)을 원만하게 이루어 보자는 것이다. 천지인으로 하나가 되면 나의 생각과 행동이 진리 그 자체가 되기 때문에 보보일체 대성경이 되는 것이다.

하늘과 땅의 기운을 내가, 나의 영기질로 받아들여 만업을 펼치기 때문에 그것을 회삼귀일이라고 한다. 하늘과 땅의 영기질과 나의 영기질이 소통하는 것은 회삼귀일 공부며, 진공묘유 운동을 하는 신앙이며 공부다.

소태산 성존은 전통적인 회삼귀일 사상을 '네 가지 은혜'로 밝혀 주셨다. 천지인 합일로 내가 존재하게 되는 것은 천지은, 부모은이다. 내가 존재하며 만업을 펼치게 하는 것은 동포은, 법률은이다.

소태산 성존의 네 가지 은혜 사상은 단순한 생활세계에서 주고받는 윤리적인 차원의 은혜가 아니다. 천지인이 합일하는 존재철학적인 원리를 밝히는 성리학적 차원의 은(恩) 사상이다. 존재철학적이고 성리학적인 은 사상은 은혜와 해독을 초월한 존재의 구성

원리란 말이다.

따라서 보보일체 대성경이 되는 것은 존재철학적인 은혜를 깨닫고 그것을 실천하는 것이다. '네 가지 은혜' 사상은 만업을 펼치는 현장을 진리적으로 올바르게 만들자는 사상이다. 그리고 진리적이면서도 현실적으로 풍요롭게 하자는 것이다.

과거에는 진리적으로 살려고 하면 고통스럽고, 가난하고, 때로는 죽음을 각오해야 하는 경우가 많았다. 소태산 성존의 네 가지 은혜 사상은 새로운 시대의 가르침이다. 진리적으로 살더라도 현실적으로 즐겁고, 풍요로우며, 삶의 현장이 생명력으로 넘쳐야 한다는 가르침이다. 인과보응과 음양상승의 진리를 알고 그것을 실천하면 평화롭고, 풍요로운 세상이 되는 것이다. 정의롭고 떳떳한 사람들이 '네 가지 사회치료법' 즉 '사요(四要)'를 실천하여 보편세계를 만드는 가르침이다.

삼학동시공부와 천지인 회삼귀일 사상을 융합하니 네 가지 은혜 사상과 네 가지 사회치료법 사상이 드러나게 된 것이다. 〈성주〉 주문을 외울 때 마음속에 이 뜻을 간직하며 정성스럽게 외우면 '보보일체 대성경'이 될 것이다.

만우당 생각 25

심성(心性) 삼학 수행과 함께 생활 삼학 수행

'생활 삼학 수행'을 위하여 삼학구수(三學九修) 공부, 즉 삼학동시공부(三學同時工夫)와 아홉 갈래 수련법을 실천할 수 있다.

삼학공부(三學工夫), '세발동시공부'를 하여 수양력, 연구력, 취사력을 얻으라고 한다. '세 가지 큰 힘'을 얻기 위하여 공부 실천 조항을 정하는 것도 유익하다고 할 것이다. 세부적인 공부 실천 조항을 '세 가지 큰 힘'에 각각 세 가지씩 정하여 아홉 갈래 수련법을 말할 수 있다. 이것이 삼학구수 공부, 즉 세발동시공부와 아홉 갈래 수련법이다. 이것은 관념적이거나 개념적인 수행이 아니라 생활세계에서 삼대력을 얻자고 하는 공부다. '일' 중심으로 세 가지 큰 힘을 얻자는 공부다. 이 힘을 얻어 결과적으로 사람이 정신적이고 물질적으로 풍요롭고 품격 갖춘 삶을 살게 되고, 사회와 세계는 풍요롭고 자유로우며 평등한 세계가 되는 것이다. 천지인 합일(天地人合一)하는 경지에 이르게 된다. 소태산 성존께서 "불법이 생활이고 생활이 불법"이라고 가르치지 않았는가? 생활이 주어가 되는 수련법을 생각해 보자. '심성 삼학 수행'과 함께 '생활 삼학 수행'을 해보자는 말이다.

수양력

먼저 수양력(修養力)을 보자. 『원불교교전』에서 수양력을 이렇게 규정한다. "천지만엽으로 벌여가는 이 욕심을 제거하고 온전한 정신을 얻어 자주력을 양성하기 위하여 수양하자는 것이니라." 한마디로 정신의 자주력을 얻자는 것이다. 자주력은 살아있는 존재만이 가질 힘이다. 정신의 자주력을 갖는다는 것은 영기질(靈氣質)로 짜여진 사람이 영기질의 자주력을 얻자는 말과 바로 통한다. 영기질이 생명력을 가져야 한다는 말이다. 물질적 몸의 생명력, 기(氣)의 생명력, 영(靈)의 생명력을 가져야 한다. 영기질의 생명력을 유지하는 수련으로 세 갈래의 수련법을 말할 수 있다. 첫째는 숨 고르기, 둘째는 감정 고르기, 그리고 셋째는 다짐 고르기다.

- 먼저 숨 고르기다. 숨을 고른다는 것은 몸과 마음을 고르

는 것이다. 본능적으로 숨 쉬지 않고 의식적으로 숨을 쉬어야 한다. 의식적으로 숨을 쉬면 몸과 마음의 상태가 달라진다. 코와 허파로만 숨 쉬는 것이 아니다. 심장은 스스로 움직이지만, 허파는 의식적으로 변화를 줄 수 있다. 의식적으로 숨 쉰다는 것은 온몸과 마음, 영기질(靈氣質)로도 숨 쉰다는 말이다.

숨쉬기를 통해서 영기질의 기운을 모으는 것이다. 영기질의 단전(丹田)을 단련하는 것이다. 그렇게 하려면 수승화강이 되게 해야 한다. 음양오행의 기운을 골라야 수승화강이 된다. 숨을 고르게 쉴 수 있어야 수승화강이 된다. 숨쉬기를 고르게 하면 우주의 기운을 내 안에 받고, 내 안에서 탁해진 기운을 우주로 내보내게 된다. 나와 우주가 소통하게 되는 것이다. 이것은 우주 단전호흡이다. 천단지전(天丹地田) 호흡이다.

• 다음으로 감정 고르기다. 넓게는 탐진치를 없애라고 한다. 욕심, 화, 어리석음을 없애라는 것이다. 이 가운데 화내는 마음은 가장 직접적인 감정작용이다. 어떤 사람이나 일에 대하여 화를 내고 있으면 숨쉬기가 고르지 않다. 화내는 마음과 같은 것은 미워하는 마음이다. 누군가를 미워하는 마음이 있으면 음양오행이 고르지 않다. 기쁨에 들뜬 마음, 체념하는

마음, 원망하는 마음 등도 음양오행의 조화를 깨트린다.

• 그리고 다짐 고르기다. 자기가 당하고 있는 일, 해야 할 일에 대하여 그 일을 해야 하겠다고 결심하는 것이 다짐이다. 사람은 '일하는 존재'다. 일하는 존재인 만큼 언제나 '사물과 경계'에 마주하는 존재다. 몸과 마음의 작용을 하는 존재는 언제나 사물이나 경계와 함께한다. 경계를 마주할 때, 일을 시작하는 때, 다짐을 고르는 것이 중요하다. 다짐을 고르는 것도 생명력을 고르는 것이다. 마음을 가라앉힌다는 표현보다 다짐을 고른다는 표현이 입정(入定)의 뜻에 맞다. 그래서 '설 립(立)' 자 입정(立定)으로 쓰는 것이 적절하다고 하는 것이다.

▷ 숨 고르기, 감정 고르기, 뜻 고르기는 본능적으로 일어나는 것들을 '참아내는 공부'다. 참아내면 일심(一心)을 기르게 된다. 일심이 되면 우주 진리를 깨달음과 동시에 일하는 힘을 얻게 된다.

연구력

사리연구는 인간의 시비 이해를 아는 공부다. 또 우주의 대소 유무의 이치를 알아내는 공부다. 인간의 시비 이해와 우주의 대소 유무 이치가 서로 다른 것은 아니니다. 대소 유무의 이치를 인간의 일에 맞추어 실행하는 것이 시비 이해다. 다른 말로 하면 시비 이해는 대소 유무의 이치를 벗어나서 따로 있는 것이 아니다.

• 인과보응의 이치에 맞추어 보기

일과 사물을 대할 때 인과보응의 관계에서 그 전개 과정을 맞추어 보자는 것이다. 이것은 과학자들이 연구하는 방법과 같은 것이다. 과학자들은 자연현상을 보면서 그 인과관계를 추론하며 가설을 세우고 검증한다. 자연과학의 기본 법칙은 인과법칙이다. 자연현상을 관찰하여 인과관계를 찾아내거나 인과관계를 전제로 하고 자연현상을 찾아낸다. 귀납법, 연역법이다. 때로는 연역법을 쓰고, 때로는 귀납법을 쓴다.

그런데 사람은 영기질(靈氣質)로 되었다. 자연과학은 이 가운데 물질(物質)의 단계에서 인과법칙을 찾아내는 연구를 한다. 중요한 것은 영(靈)과 기(氣)의 단계에서도 인과법칙을 찾아내야 하는 것이다. 영기질로 결합되어 있는 '존재 짜임'에서 질(質)만 인과법칙의 지배를 받고 '영과 기'의 짜임에서는 그렇지 않다고 하면 말이 되지 않는다.

물질의 세계는 보이는 세계다. '영과 기'의 세계는 보이지 않는 세계다. 물론 물질의 세계도 거시적(巨視的)인 세계나 미시적(微視的)인 세계는 보이지 않는다고 할 수 있다. 과학자들은 거시적이거나 미시적인 세계를 볼 수 있는 도구를 만든다. 망원경이나 현미경이다. 이것들의 연구개발로 제임스 웹 망원경 등, 수억 광년 떨어진 우주를 관찰하는 도구를 만들었다. 또 초미세(超微細) 구조를 볼 수 있는 양성자 가속기 등의 도구로까지 첨단으로 발전하고 있다.

'영과 기'의 보이지 않는 세계에서의 인과법칙은 전생윤회(轉生輪廻)하는 세계를 보게 한다. 전생윤회야말로 아직 과학적으로 증명하지 못하기 때문에 설화의 수준으로 이해하는 사람이 많다. 그러나 깨달은 성인들이 밝힌 교법은 영속하는 수명(壽命)의 세계를 가르치고 있다. 자연계의 인과 연쇄(因果連鎖)가 대(代)를 이어 진행되는 것은 상식이 되었다. 이 사실을 미루어 추론하면 '영과 기'의 세계도 대를 이어 인과 연쇄로 이어진다는 것을 쉽게 추론할 수 있지 않겠는가? '영과 기'의 세계가 대를 이어 인과 연쇄된다는 것이 다름 아닌 윤회전생(輪廻轉生)이다.

• 음양상승의 흐름에 맞추어 보기

사리연구 수행의 두 번째 방법은 음양상승(陰陽相勝)의 흐름을 살피는 것이다. 오행의 상생상극(相生相克)을 포괄하는 것이 음양상승이다. 자기가 하고자 하는 일이 우주 자연,

그리고 사회와 세계의 흐름 속에서 어디에 자리 잡고 있는가를 판단하는 것이다. 음양오행(陰陽五行)의 흐름 속에서 자기가 하는 일의 위치를 찾아내는 일이다. 상생상극의 흐름을 보고 현 사태를 보는 것이다. 그 방법으로 해야 할 일과 하지 말아야 할 일을 결정하는 것이다. 역학(易學)을 익히는 것은 여기에 도움이 되는 일이다. 아니 필수적인 일이라고 할 수 있다. 예를 들어 봄철에 씨앗 뿌리고 가을에 수확하는 것이다. 농부가 이 철에 맞추어 농사짓기 위하여 씨앗 뿌릴 철을 찾는 것이 사리연구라는 말이다. 어떤 작물은 가을에 씨앗을 뿌려야 하는 경우도 있지 않은가? 농민들은 요즘 기후변화로 인하여 농사짓기 힘들다고 한다. 때를 알기가 힘들다는 말이다. 첨단 온실 농업을 선호하는 이유 중 하나다.

사회생활을 할 때도 사람들의 기세(氣勢) 흐름을 관찰하여 행동할 때를 정하는 것이다. 기세의 흐름도 음양상승의 운동이다. 나아가서 일할 때와 물러나 자기 공부를 할 때를 찾아내는 공부가 사리연구다. 연(鳶)을 날리려면 바람을 타야 하는 이치다. 바람이 없는데 연을 매달고 운동장을 뛰어도 연은 뜨지 않는다.

• 사물의 현상으로부터 진리를 추론하기

사리연구를 할 때 세 번째의 방법은 인과보응과 음양상승의 진리를 연구할 때, 현상으로 나타난 사물을 놓고 연구하는 방법을 쓰는 것이다. 개념적으로 상상하거나 짐작하지 말라는 것이다. 현재 나의 주변 인물이나 그 인물들의 행동, 현재 나라 안팎에서 일어나고 있는 일들을 놓고 인과보응과 음양상승의 진리가 드러나는 것을 판단하는 훈련을 하는 것이다. 그뿐만 아니라 역사 속의 인물과 역사의 사실들을 놓고 음양상승과 인과보응의 관계를 탐구해야 실질적인 연구력을 얻을 수 있다. 이것은 격물치지(格物致知)의 방법과 그 맥을 같이 한다. 사서삼경 가운데 『춘추(春秋)』라는 역사책도 넓게 보아 격물치지다.

▷ **변불변(變不變)의 조목 판별하기**

인과보응과 음양상승의 진리를 탐구하고, 사물의 현상으로부터 진리를 탐구하면, 변할 것과 변하지 않을 것을 구별할 수 있다. 본체와 현상, 체와 용을 구별할 수 있다. 버려도 되는 가치와 절대로 버릴 수 없는 가치를 구별할 수 있다는 말이다. 버릴 수 없는 가치 가운데서도 순서를 정할 수 있게 된다. 능이성 유상(能以成有常)한 진리와 능이성 무상(能以成無常)한 진리를 공부하는 것은 변불변의 가치를 정하는 기초가 된다. 변불변을 구별하는 공부를 하면 '알아내는 힘'을 기르게 된다. '알아내는 힘'을 기르면 그때 맞는 행동을 할 수 있게 하는 중도지(中道智)를 얻을 수 있다.

취사력

취사력이란 진리에 따른 바른 행동과 실천을 하여 실생활에 유익한 열매를 맺는 공부를 하는 것이다. 『대종경』 제8 불지품 12장의 말씀에서 취사의 개념을 배울 수 있다. "우주의 진리를 잡아 인간의 육근 동작에 둘러씌워 활용하는 사람이 곧 천인이요 성인이요 부처"라는 것이다. 취사, 즉 우주의 진리에 맞추어 육근을 움직여 활동하는 사람이 천인(天人)이요 성인(聖人)이며 부처라는 말씀이다. 이것은 취사를 잘하여야 부처가 될 수 있다는 말씀이다. 이어서 13장에서도 말씀하신다. "사람이 천지의 도를 보아다가 쓰지 않으면, 천지는 빈 껍질에 불과하다"는 말씀도 사람의 취사력이 핵심이라는 것을 강조하고 있다.

• 미루지 않고 결행(決行)하기

결행한다는 것은 결단하고 행동하는 것이다. 결단이란 말의 뜻 자체에 미루지 않는 것이 포함된다. 위성을 궤도에 진입시키거나 달과 다른 행성에 착륙시키는 기술을 보자. 지구의 자전과 공전을 계산하여 그 시점에 정확하게 쏘는 것이 중요하다. 활이나 총을 쏠 때, 움직이는 표적을 맞추려면, 겨냥

한 다음 머뭇거리면 안 된다. 가늠자에 맞추어졌을 때 바로 쏘아야 하는 것이다. 일과 공부도 그렇다. 새로운 결심을 하면 그 즉시 행동해야 한다. 앞으로 부모님께 효도하겠다는 마음만 가지고 다음 명절 때를 기다리면 안 된다. 그 즉시 전화하여 문후라도 여쭙는 태도를 말하는 것이다. 때에 맞추는 행동이다. 이런 것이 중도행(中道行)이다. 중도지(中道智)와 중도행(中道行)이 합쳐질 때 중도력(中道力)을 얻는다.

• 자리이타(自利利他)로 실천하기

취사력을 얻는 다음의 방법은 무슨 일을 할 때든지 자리이타로 하는 것이다. 모든 이익을 혼자서 독차지하려고 하지 말라는 것이다. 자리이타도 결국은 인과법이다. 다른 사람을 이롭게 하면 다른 사람이 또한 나를 이롭게 한다는 말이다. 서로 이롭게 하는 결과를 가져오니 모든 사람이 이롭게 되는 것이다.

취사력을 얻는다는 것은 정행(正行), 즉 바른 행동과 함께 덕행(德行)을 의미하기도 한다. 자리이타는 정행임과 동시에 덕행이 된다.

• 일하기

생각이나 말로만 하지 말고, '일'을 하라는 것이다. 책만 보지 말고 일하라는 것이다. 조선시대 선비들처럼 책만 읽는 것을 중요하게 여기지 말라는 것이다. 마당에 널어놓은 곡식이 비가 와서 떠내려가고 있는데도 방안에서 책만 읽었다는 풍자를 모두 알고 있다. 그렇게 하지 말라는 것이다. 구두선(口頭禪)이란 말이 있다. 선(禪)에 대해 말로만 하고 실제로 선수행(禪修行)은 하지 않는다는 말이다. 우리나라 사람들이 구호에만 그치는 새 정치, 새 경영을 말하는 것은 구두선의 현실적인 모습이다.

두 가지 일이 있다. 하나는 영리적인 일이고, 다른 하나는 비영리적인 일이다. 영리적인 일은 한마디로 돈 버는 일이다. 돈 버는 일을 하려면 직업을 갖고 일해야 한다. 직업 활동을 하려면 일정한 기술이나 기능을 가져야 한다. 기술이나 기능을 가지려면 실업교육을 받아야 한다. 진리 공부, 마음공부와 함께 실업교육이 중요하다. 시대에 따라 학문을 준비하라는 말씀에도 이 뜻이 포함되어 있다. 소태산 성존의 법문을 듣는다. 『대종경』 제8 불지품 18장이다. 돈이 없어 한탄하는 제자들에게 돈 버는 일에 대해서 말씀하신다. 그러나 돈에 집착하지 말고 있으면 있는 대로, 없으면 없는 대로 안심하며 생활을 개척하라는 말씀이다.

"… 사람이 누구나 이 세상에 출신하여 자기의 육근을 잘 이용하면 그에 따라 모든 법이 화하게 되며, 돈도 그 가운데서 벌어지나니, 그러므로 각자의 심신은 곧 돈을 버는 기관이요, 이 세상 모든 것은 곧 이용하기에 따라 다 돈이 될 수 있는 것이니 어찌 돈이 없다고 한탄만 하리요. …"

소태산 성존의 이 말씀은 돈의 필요성을 말씀하신 것이다. 돈을 더러운 것, 죄악과 함께하는 것으로 보는 것이 아니다. 초기 크리스트교가 자기 소유를 하면 구원을 받지 못한다는 교리를 가르친 것과 비교해 보시라. 교황청은 전 재산을 교회에 바치는 것이 현실적으로 어렵다는 것을 깨닫고 십일조(十一租, tithe)의 제도로 개선한 것이다. 돈에 집착하지 않고, 주어진 조건에서 생활을 개척하는 것이 참으로 부유한 사람이라고 한다. 여기서 생활을 개척한다는 것은 결국 직업활동이다. 현대는 다중직업(多重職業, multiple competence)의 시대다. 다중 실업교육이 필요하다. 4차 산업, 5차 산업혁명의 시대다. 1인 기업, 소기업이 주도하는 시대다. 3차 산업혁명의 시대까지 대기업이 주도하던 것과 비교되는 부분이다. 다중직업 활동은 다중기술, 다중기능을 활용하는 직업 활동이다.

• '일'의 또 다른 영역은 비영리적인 일이다. 산업혁명이 진행될수록 사람의 힘이 아니라 기계의 힘이 생산에서 중요한 지위를 차지하게 된다. 공장자동화 시기의 초기에는 사람의

육체적 힘을 기계가 대신하는 방향으로 발전하였다. 지금은 인공지능(AI)이 사람의 두뇌노동까지 대신하는 시대가 되었다. 지식노동이다. 사람의 하는 '일'의 범위가 달라지고 있다. 달라진 '일'의 영역 가운데 하나가 봉사활동과 재능기부다. 평등한 세계를 만드는 방법이다.

모든 사람이 자유롭고 평등하게 태어났다고 하는 것은 자연법(自然法, natural law)이다. 역사는 이 자연법을 현실화하는 방향으로 발전해 오고 있다. 군주정치 시대에는 지배자의 선의(善意)에 의지하여 평등 세계를 기대했다. 그 이후에는 혁명으로 평등 세계를 만들 수 있다고 보았다. 민주주의, 사회주의, 공산주의의 이념들은 기본적으로 전통사회에 대해 혁명하여 이룩한 체제들이다. 그러나 지금까지 어떤 체제에서도 자유롭고 평등한 세계는 아직 만들어지지 못하였다.

그런데 자원봉사나 재능기부는 사람들의 자발적인 의지로 내가 가진 것을 다른 사람들과 나누며 결과적으로 평등한 세계를 만들 방법이 되었다. 지배자의 선의가 아니라 모든 사람의 선의로 실천하기 때문이다. 피를 흘리는 혁명이 아니라 평화로운 나눔으로 평등 세계를 만드는 방법이다. 이것은 〈일상 수행의 요법〉 제9조 "공익심 없는 사람을 공익심 있는 사람으로 돌리자"는 조항의 구체적인 실천 방법이기도 하다. 4차, 5차로 이어지는 지속적인 산업혁명의 결과가 이러한 일을 할 수 있는 길을 열어 놓은 셈이다. 이것은 또한 우주자연의 도(道)를 따라 사람의 일을 건설하는 것이다. 봉사활동과 재능기부는 사람이 중심되는 후천 시대에 평등세상을 만드는 방법으로서의 '일'이다.

▷ 취사력은 행동하는 힘을 기르는 것이다. 미루지 않고 결행하는 것, 자리이타로 실천하는 것, 영리적인 직업활동과 자원봉사, 재능기부를 하는 것은 행동하는 힘을 기르는 것이다. 행동하는 힘을 길러야 삶의 열매를 거둘 수 있다.

'삼학동시공부'의 사례를 들어 본다. 메타버스 인력양성 사업을 추진한다고 가정하자. 메타버스를 지식으로 알고자 하는 것과 사업 종목으로 정하고 탐구하는 것은 그 수준이 다르다. 투자도 마찬가지다. 세상 돌아가는 이야기로 투자 경향을 알아보는 것과 자기 돈을 투자하기 위하여 투자 대상을 살피는 것은 그 차원이 다르다. 다른 사람의 말이나 관련 자료를 보며 머릿속으로 구상만 할 것이 아니다. 일정한 구상을 했다면 정부와 투자자 등 관련된 사람을 즉시 만나서 창업을 의논한다. 창업을 착수하고 구상을 하면 구상 내용을 조정해야만 한다. 현실에 맞게 조정하는 것이다. 때에 맞는 지식과 지혜를 얻게 된다. 중도력을 얻는다. 그렇다고 서두르지는 않는다. 일할 때도 숨 조절을 한다. 서두르지 않기 위해서 그렇다. 숨

자체는 생명체로서 쉬지 않는 것이지만, 항상 숨을 고르며, 서두르는 감정을 누르고, 하고자 하는 뜻을 고른다. 이 세 가지가 순차적으로 되는 것은 아니다. 동시에 되는 것이다. 그래서 삼학동시공부, '세발동시공부'라고 한다.

공부하는 것도 마찬가지다. 단순한 호기심으로 책을 읽고 신문을 보거나 영상을 보는 경우가 있다. 그런데 강의를 위한 준비, 글을 쓰기 위한 준비의 과정으로 책을 읽거나 신문을 보는 것은 태도와 그 집중력의 정도가 다르다. 지루함을 참고, 주제와 관련된 진리의 전모에 대조하며 실제적으로 강의할 글을 준비한다면 그것이 열매로 맺어지는 것이다. 강의하는 기회를 가진 사람들이 많지는 않다. 그럴 때 다른 사람에게 특정한 주제와 관련된 정보를 전달하는 경우를 대비하는 것도 좋다. 가족이나 친구에게 알려주기 위해 초안을 만드는 것도 같은 효과를 가져온다. 일부러라도 그렇게 해보시라. 이러한 것으로 삼학동시공부를 체험할 수 있다.

만우당 생각 26

우주단전(宇宙丹田), 천단지전(天丹地田), 천단지전식(天丹地田息)

* 이 글은 범해 김범수 교수님의 질문에 대하여 저의 의견을 정리한 내용입니다.

단전의 기본 뜻

• 단전과 음양상승

단전(丹田)은 우리나라와 동아시아의 기과학(氣科學)과 기철학(氣哲學)의 핵심 요소의 하나다. 단전은 음양오행의 운동과 함께 이해해야 한다. 단전이라고 할 때 단(丹)은 뭉치는 기운이고, 전(田)은 펼치는 기운이다. 하늘이 뭉치는 기운을 땅이 받아서 만물을 생겨나게 하는 힘을 말한다. '단'은 하늘의 기운이고, '전'은 땅의 기운이다. 그래서 천단지전(天丹地田)이다. 이것을 우주단전(宇宙丹田)이라고도 한다. '단'은 양기운이고, '전'은 음기운으로 양기운과 화합하여 만물을 만들어 내는 것이다. 단전은 양기운과 음기운이 음양상승으로 교차하며 '힘'을 만들어 내는 지점, 또는 영역이다. 영역이라고 하는 풀이는 단전을 기해(氣海)라고 이름하는 것에서도 알 수 있다.

• 몸의 단전

단전(丹田)은 음양상승으로 기운이 뭉쳐서 다시 그 힘을 펼치는 곳이다. 그런 뜻에서 동아시아의 기과학(氣科學), 기철학(氣哲學)의 토대에서 수련하고 수행할 때, 단전은 기본이다. 배꼽 아래 3촌(寸), 약 10㎝가 되는 자리의 내부 공간에 자리한다고 한다. 사람이 어머니의 태중에 있을 때 배꼽으로 우주와 통하는 이치를 연상하면 단전을 쉽게 알 수 있다. 서양의학의 해부학으로는 찾을 수 없는 곳이다. 배꼽 아래의 그 단전을 하단전(下丹田)이라고 한다. 도가(道家)에서는 상단전(上丹田), 중단전(中丹田), 하단전을 말한다.

내단(內丹)과 외단(外丹)

내단과 외단이 있다. 사람의 몸에 있는 단전이 내단이다. 몸속의 정기신(精氣神)이 음양상승하며 어리는 영역이다. 내 몸과 마음에서 음양 교차가 이루어지는 지점, 혹은 영역이다. 외단은 내 밖의 물질에 음양상승하는 기운이 뭉친 것을 말한다. 옛날부터 불로초(不老草)를 찾는 사람들이 많았다. 그것도 외단이다. 연금술(鍊金術)로 단약(丹藥)을 만드는 것도 외단이다. 기운이 뭉친 식물이나 광물을 섭취하는 것이다. 납(鉛), 수은(汞)과 다른 약물들을 배합한 뒤, 화로 속에 집어넣고 가열하고 제련하여 단약으로 만들었다. 단약과 황금을 섭취하자는 기록도 있다. 그러나 이것은 수은 섭취로 인하여 잘못된 결과를 가져왔다. 그 결과 외단사상은 쇠퇴하였다. 그러나 호흡으로 외부의 기운을 받아들이는 외단공(外丹功) 수련은 한다. 우주의 힘을 끌어들여 내 안의 단전을 살리는 수련이다. 장자(莊子, 서기전 369-289, 맹자와 동시대 사람)가 말하는 종식(踵息)은 일종의 외단공 수련이라고 할 수 있다. 발뒤꿈치로 숨쉬라는 것이다.

단전과 음양상승

단전은 음양상승의 힘을 만들어 내는 곳이다. 우주 만물의 생명력 자체가 음양상승으로 만들어진다. 음양상승(陰陽相勝)은 음양오행의 상생상극(相生相克)이 동시에 이루어지는 것을 말한다. 쉽게 말하면 상생관계만 생명과 힘을 만들어 내는 것이 아니라, 상극관계도 생명력과 만물을 만들어 내는 것이다. 오행의 상생관계는 "목생화(木生火)·화생토(火生土)·토생금(土生金)·금생수(金生

水)·수생목(水生木)"의 관계다. "목극토(木剋土)·토극수(土剋水)·수극화(水剋火)·화극금(火剋金)·금극목(金剋木)"은 상극관계다. 상생상극관계가 동시에 이루어지는 대표적인 예가 수승화강(水昇火降)이다. 수승화강은 '수극화'의 관계이다. 물기운은 내려가고 불기운은 올라가는 것이 자연스러운 것이라고 할 수 있을 것이다. 그러나 물기운을 올리면서 불기운을 내리면 '화생토(火生土)'로 된다. 내려간 불기운이 '흙 기운'을 살린다. '흙 기운'은 모든 것을 조절하는 기운으로 그 오행의 중심이 되는 기운이다. 그렇게 되면서 몸과 마음의 기운이 순조롭게 조화되어 건강하게 되는 것이다. 한마디로 말하면 수승화강도 음양상승이다. 화극금(火剋金)의 사례를 보자. 대장간에서 불로 쇠를 달구어 내리치면서 '칼'이라는 새로운 도구를 만들어 내는 것이다. 상극도 생명과 힘을 만드는 것을 말하는 것이다.

세포와 소립자에도 단전이 있다

단전이 '힘'을 만들어 내는 곳이라고 한다면, 한 걸음 더 나가서 생각하여 '힘'이 있는 곳에는 단전이 있다고 생각한다. 우리의 몸은 100조 개의 세포로 이루어졌다고 한다. 30조 개라는 학자도 있고 60조 개라는 학자도 있다. 그런데 그 세포의 하나하나도 모두 '힘'을 가지고 있고 '힘의 작용'을 한다. 가장 미세한 소립자(素粒子)

도 '힘'을 가지고 있고, '힘의 작용'을 한다. 세포의 세계나 소립자의 세계도 '힘'을 가지고 있고, '힘의 작용'을 한다면 거기서도 음양상승의 작용을 하고, 음양상승의 작용을 한다면 '단전'이 존재한다는 것을 알 수 있다. 이것은 단전이 배꼽 아래에 있다거나 상중하의 단전만이 아니라 내단(內丹), 외단(外丹)에 걸쳐 헤아릴 수 없이 많은 단전이 존재한다는 것을 알 수 있다. 나와 우주 간에 "큰 원(圓)이 돌매 작은 원이 따라 도는 것"이다. 이것이 우주단전(宇宙丹田)이다. 우주 전체, 천지인 합일(天地人合一)이라는 뜻으로 천단지전(天丹地田)이라고 하는 것이다.

천단지전식(天丹地田息)

• 민족 전통의 천궁호흡(天宮呼吸)

천단지전식은 우주 호흡이다. 우주단전과 나의 단전을 소통시키는 호흡이다. 소통시켜 하나 되게 하는 것이다. 삼일신고(三一神誥)에서는 우주단전을 천궁(天宮)이라고 하였다. 삼일신고는 환웅(桓雄)의 가르침을 적어 전해 내려오는 우리 민족 고유의 경전이다. 지금은 대종교가 경전으로 택하고 있다. 천궁을 실천하는 방법으로 '지감(止感) 조식(調息) 금촉(禁觸)'을 말하고 있다. 여기서 조식, 즉 숨을 조절하라고 한다. 희구애노탐염(喜懼哀怒貪厭)의 감각과 감정작용을 멈추고, 성색취미음저(聲色臭味淫抵)의 촉(觸)을 멈추며 숨을 조절하라는 것이다. 그리하면 천궁에 이르는 숨쉬기가 된다. 나는 여기서 말하는 조식을 천궁호흡(天宮呼吸)으로 해석한다. 그것은 곧 단전호흡이다.

• 소태산 성존의 우주단전호흡

소태산 성존은 천지인 합일(天地人合一)의 경지를 말씀하신다. 『대종경』 전망품 2장에서 법의대전(法義大全)에 수록되었던 대각시(大覺詩)의 한 구절을 읽는다. "시사일광창천중(矢射日光蒼天中) 기혈오운강신요(其穴五雲降身繞)" 즉, "화살을 쏘아 푸른 하늘 가운데 일광을 맞추니, 그 구멍에서 오행(五行)의 구름이 내려와 나의 몸을 감싸네." 여기서 그 구멍이라는 것은 천궁(天宮)이며 우주단전이다. 그다음 구절 중 두 구절을 읽는다. "천지만물포태성(天地萬物胞胎成) 일월일점자오조(日月一點子午調) 방풍공중천지명(放風空中天地鳴) 괘월동방만국명(掛月東方萬國明)", 즉 "천지만물 포태를 이루어 해와 달 시작할 점, 자오축(子午軸)에 조절하니, 공중에 바람 불어 천지간에 울리고 자오축에 때가 맞아 온 나라가 밝아지네." 여기서 자오축은 우주의 중심이 바로 선다는 말이다. 자오축이 바로 선다는 것은 후천개벽을 알리는 뜻도 가지고 있다. 공중에 바람 분다는 것은 다름 아닌 우주호흡을 말한다. 바람은 음양을 교차시키는 작용이라고 보기 때문이다. 우리 민족 고유의 풍류도(風流道)도 이런 관점에서 이해할 수 있다. 이처럼 소태산 성존의 대각시에서 우주단전호흡, 천단지전호흡의 의미를 발견하게 된다. 그리고 이것은 천지인 합일(天地人合一)을 바라보는 민족 고유의 사상을 계승 확대하고 있다는 사실을 알 수 있다.

• 인도사상의 우주호흡

우주호흡을 쉽게 이해하는 또 다른 단서는 인도의 범아일여(梵我一如) 사상에서 찾는다. 요가(yoga) 수련이 대중화되었기 때문이다. 우주의 원리인 브라만(Brahman)과 '나(atman)'가 하나라는 말이다. 우주와 내가 하나 되는 원리는 호흡에 있다고 하였다. 따라서 범아일여 사상에서 호흡은 대단히 중요한 수행이 된다. 요가 수행에서 호흡이 중요한 이유이다.

호흡의 좁은 뜻과 넓은 뜻

• 코로 숨쉬기

천단지전호흡이라고 할 때 호흡은 무엇인가? 사람들은 일반적으로 코를 사용하여 산소를 들이쉬고 이산화탄소를 내쉬는 작용이라고 알고 있다. 공기를 들이쉬고 내쉬는 것이다. 상식으로 알고 있는 이러한 지식에도 모자란 부분이 있다. 피부로도 숨 쉬고 있다는 사실이다. 피부에 화상을 입는 경우 숨쉬기 장애가 생긴다는 것은 많이 알려진 사실이다. 모든 땀구멍으로도 숨 쉰다. 모든 세포가 숨 쉰다는 것도 다 알고 있는 사실이다. 그러나 그것들을 숨 쉬는 작용으로 의식하는 순간부터 우리는 새로운 숨쉬기 단계로 들어간다.

• 안이비설신의로 숨쉬기

숨쉬기는 그 자체로 음양운동이다. 안이비설신의(眼耳鼻舌身意)의 심신 작용이 모두 음양운동이다. 음식물을 먹는 행위는 우주 안에 있는 먹거리를 받아들이는 음(陰)의 운동이고, 소화하여 내보내는 것은 양(陽)의 운동이다. 보고 듣고 냄새 맡으며 느끼고 동작하는 행위도 받아들이고 내보내는 작용이다. '안이비설신'의 다섯 감각을 통합하는 '의(意)'의 작용도 받아들이고 내보내는, 즉 버리는 작용의 연속이다.

• 사람의 일생도 대단위로 보는 숨쉬기

아침에 일어나고 밤에 자는 것도 음양운동이다. 춘하추동으로 한 해가 변화하는 것도 음양운동이다. 그런 의미에서 넓은 뜻의 숨쉬기다. 이런 말이 전해 내려온다. 일 년이 365일이다. 그런데 1년간 365번만 숨쉬기할 수 있으면 역학(易學)에 통달하고 신선이 될 수 있다는 것이다. 생물학적으로 하루에 한 번 들이쉬고 내쉬는 숨을 쉬기는 불가능하다. 이 말은 천지 기운의 흐름과 함께 한다는 것을 말한다. 천지 기운의 흐름과 함께하면 천지인 합일(天地人合一)이 되는 것이다. 사람의 일생도 큰 단위의 음양운동이고 숨쉬기다. 사생의 생로병사와 우주의 성주괴공도 음양운동이고 숨쉬기다. 우주단전 숨쉬기, 천단지전 숨쉬기를 해야 하는 뜻이다.

천단지전식(天丹地田息)과 영기질(靈氣質) 호흡

천단지전 숨쉬기는 영기질 숨쉬기를 하는 것이다. 천단지전 숨쉬기는 기본적으로 '안이비설신의'로 숨 쉬는 것이다. 온몸과 마음으로 숨 쉬는 것이다. 그런데 사람은 영기질로 짜였다. 영기질 일체(靈氣質一體)로 된 것이다. 몸과 마음이 영기질로 된 것이라고 할 수 있다. 사람이 물질과 기(氣)로 되었다는 것은 상식처럼 알려진 사실이다. 한의학 등 기과학(氣科學)은 이런 사실을 잘 알려주고 있다. 그런데 영(靈)에 대해서는 잘 모르고 있다. 영(靈)은 영혼으로 말하기도 하고 영식(靈識)으로도 말한다. 물질인 몸으로 숨 쉬는 것과 기(氣)로 숨 쉬는 것은 많이 알려져 있으므로 여기서는 말하지 않겠다. 영혼, 영식으로 숨 쉬는 것에 대해서만 짤막하게 말한다. 숨을 내쉴 때 묵은 업력(業力)을 내보내며 진리에 해탈을 발원하는 뜻으로 내쉰다. 참회의 마음으로 내쉬는 것이다. 들이쉴 때는 우주의 원식(元識)을 받아들이며 신업(新業), 즉 새로 짓는 업(業)을 청정하게 하는 마음으로 들이쉰다. 기도의 마음이다. 참회의 마음으로 내쉬고 기도의 마음으로 들이쉰다는 뜻이다. 업장(業障)과 업력(業力)이 청정하여져서 윤회로부터 자유로워진다.

* 일월관송(日月觀送) 호흡법을 영기질 숨쉬기의 방법으로 참고하시기를 바란다.

천단지전식(天丹地田息)은 생활선(生活禪)

소태산 성존은 좌선(坐禪)에만 몰두하는 것을 경계했다. "… 근래 선방과 같이 시간마다 좌선만 힘쓰고 지혜(智慧)를 밝히지 아니한즉 사지(四肢)가 게을러지고 마음이 침묵에 빠져 선(善) 짓기를 즐겨하지 아니하고 대자대비심(大慈大悲心)을 멀리 떠나 세상에 무용지물(無用之物)이 되기 쉽나니, 이 어찌 참 도(道)라 하리요. …" 소태산 성존이 직접 쓰신 『불교정전』 43쪽의 말씀이다. 무시선 무처선(無時禪無處禪), 생활선(生活禪)을 해야 하는 결심을 하시는 '마디'라고 할 수 있다. 생활선도 단전주의 수승화강을 떠나서 하는 것이 아니다. 생활 속에서 수승화강하는 방법이 천단지전 숨쉬기다.

천단지전식(天丹地田息)과 천지인 합일(天地人合一)

소태산 성존과 정산 성사(聖師)가 주신 주문(呪文)은 천지인 합일을 목표로 하고 있다. 천지(天地)의 개념이 그 주문 속에 들어 있다는 것을 주목해야 한다. 성주(聖呪), 영주(靈呪), 청정주(淸淨呪)는 천지 개념과 기(氣)를 알아야 해독할 수 있는 주문이다. 결국 천지인 합일(天地人合一) 사상을 인과윤회(因果輪廻)와 음양상승의 법으로 종합하여 후천 시대의 법으로 펼치신 것이다. '천지인 합일'은 사람이 하늘과 땅의 이치를 받아들여 만업(萬業)을 펼치는 것을 말한다. 즉 '일'을 하는 것이다. 선천 시대는 하늘의 이치를 땅이 받아서 만물(萬物)을 펼치는 것이다. 이에 비하여 후천 시대는 사람이 중심이 되어 진리를 체 받아서 모든 '일'을 하는 것이다.

• 예술창작, 다도(茶道)가 천지인 합일로 된다는 뜻

사람의 마음을 통해서 진리가 드러나는 예를 들어보자. 미술과 음악 등 사람이 창작하는 모든 활동이다. 예술창작이 그렇다. 예술가들은 자신의 마음속 이념을 작품으로 표현한다. 그것은 예술가의 이념인 것 같지만 진리가 자기를 드러내는 방식으로 작가를 이용한 것이라고 할 수 있다. 다도(茶道)의 예술 행위도 그렇다. 그것은 내단공(內丹功)과 외단공(外丹功)을 종합한 예술이라고 할 수 있다. 차(茶)를 외단(外丹)으로 하여 '안이비설신의'의 내단(內丹)으로 받아들여 천지인 합일을 하는 것이다. 이것이 '함다토성(含茶吐聖)의 다도'라고 할 수 있다. 또 여러 가지의 행위예술도 이러한 범주에 들어간다고 할 수 있다.

• 의식주 산업, 진선미 산업이 천지인 합일로 된다

사람을 통해서 진리가 나타나는 것은 모든 의식주(衣食住) 산업과 진선미(眞善美) 산업을 전개하는 것이다. 예술 작품이나 행위예술이나 마찬가지로 모든 산업을 전개하는 것도 진리가 자기를 펼치는 방식으로 해야 하는 것이다. 인과보응과 음양상승의 진리를 의식주, 진선미 산업을 통하여 발현하는 것이다. 자연이 중심이 되어 생태계를 펼치는 선천 시대에 비하여 후천 시대는 사람이 중심이 되어 만업(萬業), 즉 모든 산업을 펼치는 것이다.

• 무시선 무처선의 단전주법이 천단지전식

사람이 일할 때 인과보응과 음양상승의 진리를 드러내려면 단전주를 하여서 우주와 합일되어야 한다. 그 방법이 천단지전식(天丹地田息), 우주 단전호흡이다. 무시선 무처선(無時禪無處禪)을 하기 위한 숨쉬기 법이다.

만우당 생각 27

바람의 성리학(性理學), 바람의 영기질(靈氣質)

『대종경』 전망품 2장에 실린 소태산 성존의 대각시(大覺詩)에서 "방풍공중천지명(放風空中天地鳴)"의 의미를 생각해 본다. 여기서 말하는 '바람'의 뜻을 생각해 보자는 말이다. 그 뿌리가 옛 선가(仙家)와 풍류(風流) 사상에 있다고 보기 때문이다.

바람을 과학기술로 이용하는 현대

2021년 미국의 항공우주국(NASA)은 바람길을 알려주는 항공길잡이(내비게이션)를 개발한다고 했었다. 자율주행 드론과 플라잉카 상용화를 대비한 것이라고 한다. 바람의 방향과 세기를 측정하여 드론에 실시간으로 전송하는 기술이다. 도심항공교통(UAM,

Urban Air Mobility) 구축을 위한 것이라고 한다. 우리나라의 현대차도 2025년에 도심 에어택시 상용화를 목표로 하는 만큼, 이러한 기술은 절실하게 필요하다고 할 수 있다. 고층빌딩과 각종 전선이 널려있는 도회지에서 낮은 고도로 날아야 하는 드론 등의 공중교통수단은 바람의 방향과 세기에 민감하기 때문이다. 미세먼지의 흐름을 분석해서 바람의 움직임과 속도를 알아내는 방식으로 한다고 한다. 이 장비는 일본 기업 '메트로웨더'가 개발했다. 라이다(Lidar)라는 이름을 가진 이 장비를 이용하여 '바람의 길잡이'를 제작한다는 것이다. 2021년 9월 2일에 보도된 것인데, 아직 성공 여부는 알려지지 않았다. 바람의 과학기술이 일상생활과 더욱 가까워져야 하는 시대가 되었다.

• 기상현상인 바람

바람을 자연현상으로만 이해하면, 바람은 대기 중에서 발생하는 공기의 움직임이다. 대기의 온도와 습도, 압력에 의해서 공기의 움직임이 발생한다. 대기를 움직이는 힘이 중력(重力)이기 때문에, 이것이 바람이 일어나는 원인이라고도 한다. 그래서 대기권이 없는 우주에서는 바람이 불지 않는다고 한다. 그러나 어느 행성에 대기권이 이루어졌다면 바람은 당연히 일어난다.

• 물리적 현상인 바람

한편 기상현상으로 일어나는 바람은 아니지만, 공기의 흐름과는 상관없이 전자·양성자·헬륨 원자핵 등의 전자 입자들의 바람이 있다고 한다. 또 우주에는 은하풍(Galactic Winds)이 있다. 초신성(超新星, supernova)의 폭발로부터 일어나는 바람이다. 우주에서 일어나는 바람이 있다는 것은 우리가 바람을 여러 각도나 단계로 이해해야 하는 것을 말해준다.

즉 "물질이 가진 모든 힘이 움직이는 것을 '바람'으로 이해할 수 있다"는 말이다. 음양오행의 운동을 바람이라고 할 수 있다는 말이다. 바람을 자연현상으로만 이해하는 것이 아니라 형이상학적으로 이해하는 '마디(계기)'가 되는 말이다.

『단군신화』에 나타난 '바람'

세계 모든 지역에 바람의 신화가 있다. 동아시아 여러 지역에서 '바람'을 신(神)으로 받들었다. 은(殷)나라에는 동풍, 서풍, 남풍, 북풍의 바람 신이 있다. 제주도에도 바람과 관련한 신화가 있다. 중국이나 일본에도 바람 신의 신화가 있다. 이집트의 바람 신은 '슈(Shu)'다. 바다 위에 있다가 습기를 머금고 불어서 메마른 세상을 적셔주는 신이다. 생명을 살리는 신이다. 그리스 신화의 '아네모아'

도 바람 신이다. 동아시아처럼 넷의 바람 신이 있다. 북풍의 신은 '보레아스'로 겨울을 일으킨다. 남풍의 신은 '노토스'로 여름을 일으키고, 동풍의 신은 '에우로스'로 가을을 일으킨다. 그리고 서풍의 신은 '제퓌로스'로 봄을 일으킨다.

『단군신화』에 등장하는 풍백(風伯)도 신격화된 '바람' 신의 범주에서 이해할 수 있다. 환웅(桓雄)이 풍백(風伯), 우사(雨師), 운사(雲師)와 3천의 무리를 거느리고 태백산 정상의 신단수(神壇樹) 아래로 내려와 신시(神市)를 열고, 곡식·수명·질병·형벌·선악 등 인간의 360여 가지 일을 주관하며 세상을 다스렸다고 하지 않은가?

• 신화로부터 사실을 추론한다.

신화시대에는 자연현상을 신화적(神話的)으로 묘사했다. 힌두교의 신들, 그리스의 신들은 사람의 세상만사와 자연현상을 주관하는 신들이다. 신화시대가 아니더라도 자연현상을 신화나 설화로 묘사하는 경우는 얼마든지 있다. 자연현상을 이해하는 다른 방법이다.

여기서 비코(Giambattista Vico, 1668-1744, 이탈리아 역사철학자)의 생각을 들어 볼 필요가 있다. 그는 신화나 설화도 역사를 추론하는 방법으로 쓸 수 있다고 한다. 신화는 그 당시의 행위와 사실을 담고 있다는 것이다. 다만 그 신화 속에서 '사실이 굴절된 정도'를 찾아내면 당시의 역사를 추론해

낼 수 있다는 것이다. 같은 방법으로 자연현상도 추론해 볼 수 있을 것이다.

자연의 현상을 신화로 묘사하는 단계와 다른 방법은 철학적 원리로 이해하는 방법이다. 과학은 자연현상을 부분으로 나누어 이해한다. 한자로 '과(科)' 자가 쪼갠다, 나눈다는 뜻이 있다. 물리, 화학, 생물 등으로 나누어 본다는 말이다. 철학적으로 본다는 것은 이들을 전체적인 연관으로 본다는 말이다. 전체적인 연관을 알아야 근본 원인을 알게 된다. 우리나라의 고유사상인 환철학(桓哲學)이나 풍류도(風流道)도 자연을 전체로 보는 방법이다.

바람의 철학

우리나라 고유사상의 풍류도(風流道)는 글자 그대로 '바람의 도'다. 바람을 음양의 과학으로 접근하고 수행적으로 접근하는 사상이다. 인도의 옛 사상도 사람이 '지수화풍'의 사대(四大), 또는 '지수화풍공(地水火風空)'의 오대(五大)로 되었다고 한다.

옛 그리스 철학자 아낙시메네스(Anaximenēs, 서기전 585-528)는 '공기'가 만물의 근원이라고 하였다. 공기가 생명의 근원이라고 본 것이다. 그의 학설은 인도의 지수화풍 사상에서 영향을 받았다고 할 수도 있다. 그런데 그가 공기를 발견한 것은 서양의 과학이 발전할 수 있는 기틀을 놓은 것으로 평가받는다. 공기의 존재를 전제하지 않고서는 과학기술이 성립될 수 없기 때문이다. 엠페도클레스(Empedocles, 서기전 490–430)는 '물, 불, 공기, 흙'의 네 가지 원소로 만물이 이루어졌다고 했다. 역시 인도의 지수화풍 사상과 같은 생각이다. 그의 4원소설은 원자론(原子論)이 전개되는 앞 단계의 이론이라고 할 수 있다.

• 주역(周易) 팔괘(八卦)의 바람

『주역』의 팔괘는 "하늘·땅·못·불·지진·바람·물·산: 천지뢰풍수화산택(天地雷風水火山澤)"을 우주 자연의 기본 짜임새를 말한다. 이 가운데 네 번째가 바람이다. 손괘(巽卦)다. 괘의 모양은 '☴'이다. 여기서 말하는 바람은 사물을 움직이는 힘이다. 우리나라와 동아시아의 우주철학, 존재철학은 만물의 본성을 '움직임'으로 본다. 서양의 전통 철학이 "움직이지 않고 오직 하나인 것"을 존재의 본성으로 보는 것과 대비되는 관점이다.

• 복희(伏羲)와 바람

『주역』의 기원은 복희팔괘도(伏羲八卦圖)다. 태호복희(太皞伏羲)가 그린 것이다. 태호복희는 지금으로부터 5천5백년 전 무렵에 신시배달국(神市倍達國)의 제5대 태우의환웅의 12번째 막내아들이다. 우리 민족인 '쥬신족'의 선조다. 오늘날 왜곡된 역사로 인하여 중국인들의 선조로 잘못 알고 있다. 문왕팔괘도를 그린 사람은 주(周)나라 문왕이다. 태호복희의 성씨가 풍(風)이다. 풍산(風山)이란 지역에 살아서 풍씨로 했다고 전해진다. 태호복희는 천부경(天符經)을 보고 복희팔괘도를 그렸다고 한다. 여기서 '바람'의 뜻을 살리기 위해 '풍' 씨로 정했다는 것을 미루어 생각할 수 있다.

• 풍류도(風流道)의 바람

최치원(857-?, 남북국시대 신라)이 쓴 난랑비(鸞郎碑)의 서문에 풍류도에 관한 기록이 나온다. 이 글은 난랑(鸞郎)이라는 화랑에 대한 비문이라고 알고 있었다. 그러나 난랑은 화랑(花郎)의 다른 이름이라고 하는 견해를 발표한 학자가 있다. 나는 이 주장을 지지한다. 난랑이 어떤 특정한 화랑이 아니라 '화랑'을 지칭하는 다른 이름이라는 것이다. 즉 고유명사가 아니라 보통명사라는 말이다. 이 비석은 신라의 진흥왕 때 세운 비로 알려졌다. 진흥왕은 화랑도를 부흥시키는 일에 주력한 왕이라는 것도, '화랑도 그 자체'를 기념하는 비라고 보는 근거다. '난새'는 봉황의 다른 이름이다. 신령스러운 새, 즉 신조(神鳥)라고도 한다. '난(鸞)' 자는 주로 황제와 관련된 도구나 행위를 표현할 때 쓴다. '빼어난 인물'을 표현하는 말이기도 하다. 예를 들어 난림(鸞林)은 뛰어난 인재가 모여있는 곳을 비유한 말이다.

• 최치원이 돌비석에 쓴 전체 문장은 전해지지 않고 서문의 일부인 76자만 전해 오고 있다. 『삼국사기』 신라본기 진흥왕 37년 조에 기록되어 있다. 그 풍류도에 관한 기록이 이것만인 것은 아쉽지만 그나마 다행이라고 할 수 있다.

• 풍류도를 이해하는 두 갈래

풍류도를 이해하는 두 부류가 있다. 하나는 노래와 춤으로 아는 사람들이고, 다른 하나는 무도(武道)로 수련하는 사람들이다. 무도로서 풍류도의 방법이 바르게 전해져 내려왔는지는 모르지만, 오늘날에도 풍류도를 수련하는 사람들이 있다. 노래와 춤으로 이해하는 사람들은 풍류도가 오늘날 한류(韓流)의 원천이라고 맥을 댄다.

풍류도는 기(氣)의 철학과 기의 과학을 기초로 하는 수련법이다. 예술로 수련할 수도 있고, 무도(武道)로 수련할 수도 있다. 나아가서 육근(六根)을 사용하는 모든 영역에서 수련이 가능하다. 기의 흐름은 자연의 변화로 나타난다. 자연의 변화에서 기의 흐름을 읽는 것이 기본이다. 기의 흐름은 음양운동이다.

소태산 성존의 연구문목의 하나인 바람, '바람'의 성리학

소태산 성존이 내주신 연구문목 136항에 바람에 관한 질문이 있다. "바람이라 하난 것은 어듸로 좇차오난 것인지 연구할 사(事)."(『수양연구요론』 원기12년, 단기4260년, 서기1927년) 바람에 관한 이 질문과 함께 내준 질문은 자연현상에 대한 것으로 묶여 있다. 밤낮이 되는 이치, 조수왕래(潮水往來), 일월(日月)의 본래, 춘하추동이 되는 이치, 구름, 안개, 비와 눈, 뇌성과 번개, 지진과 벼락, 우박(느레)과 이슬, 서리와 무지개, 일식과 월식 등에 관한 질문과 이어지는 것이다. 과학적인 대답을 하면 간단한 상식에 속하는 질문이다. 기압이 높은 곳에서 낮은 곳으로 공기가 흐르는 것이라는 대답이다. 또 기압 차가 크면 바람의 세기도 강해진다는 것이다. 바람과 함께 자연현상에 대한 이러한 질문들은 오늘날 초등학교 학생들도 상식적으로 대답할 수 있는 문제라고 할 수 있다. 그러나 소태산 성존이 이러한 질문을 연구하라고 하는 것은 단순한 물리적 현상에 대한 대답을 요구한 것이 아니다. '바람'의 영기질(靈氣質)을 탐구해서 성리학적 의두(疑頭)로 삼으라는 것이다.

법의대전(法義大全)의 대각시(大覺詩)

『대종경』 전망품 2장에 소태산 성존의 대각시(大覺詩)가 실려 있다. 법의대전(法義大全)에 수록되었던 것이라고 한다. 우리의 관심을 끄는 것은 『대종경』이 공식적으로 발간되기 전 필사본에는 서품 제3 대각장 천시수편(天詩數篇)에 실렸다는 사실이다. 발간되기 전에는 서품에 올리려다가 정작, 발간할 때는 뒷부분의 전망품으로 바꿨다는 사실이다. 필사본에서의 의도대로 이 대각시는 소태산 성존의 교법을 이해하는 데 중요한 요소라고 할 것이다. 나는 이 대각시에서 교법의 연원이 우리 민족 고유의 사상에 뿌리를 둔 근거를 찾을 수 있다고 본다. 그 뿌리로부터 가지를 뻗으며 유불도(儒佛道)를 융합한 것이다.

대각시는 정역(正易)에 기반을 두었다

이 시의 서문은 이 시 전체가 『정역』에 기반을 두고 있다는 것을 알려준다. "개자태극 조판으로 원천이 강림어선절후계지심야(盖自太極肇判元天降臨於先絕後繼之心也)" 즉 "대개 태극으로부터 나누어진 '건원(乾元)의 하늘이 끝나는 선천(先天)'과 '이어지는 후천(後天)'의 한 가운데 내려와 임한다." 이 서문이 선후천(先後天) 사상에 기반을 두고 시작한다는 것을 알 수 있다. 여기서 선후천 사상은 『정역』이 세우는 선후천 사상이다. 19세기 후반부터의 우리나라의 신종교는 여기에 사상적 기반을 두고 있다.

시사일광창천중(矢射日光蒼天中)
기혈오운강신요(其穴五雲降身繞)

이 시의 핵심은 이 구절이다. "시사일광창천중(矢射日光蒼天中) 기혈오운강신요(其穴五雲降身繞)" 즉 "활을 쏘아 하늘의 해, 그 가운데를 맞추니, 기운 뭉친 구멍에서 오색구름이 내려와 내 몸을 감싸네." 하늘과 땅의 기운, 음과 양의 기운이 서로 돌아 새 기운을 여는 것을 깨달은 사람이 활을 쏘아 하늘 가운데 태양을 쏘아 맞히니 그 단전혈(丹田穴)에서 금목수화토의 오행 기운이 내려와 나를 감싼다는 말이다. 깨달은 사람이 천지인(天地人)을 회통하여 황극(皇極)을 이룬다는 뜻이다. 황극은 인극(人極)을 말한다. 사람이 하늘 기운과 땅 기운을 받아, 우주 이치를 '일'로 실현한다는 말이다. 우주와 내가 하나라는 믿음과 깨달음이 있어야만 이 '활쏘기'가 가능하다. 하늘의 해를 향해 활을 쏘는 순간은 깨달음의 순간이요, 진리의 힘에 대한 확고한 믿음이 완성되는 순간이다. 신앙과 수행의 최고 정점에 서 있는 사람이 하늘 기운, 땅 기운을 한 몸에 크게 뭉치어 새 세상을 휘어잡는 모습이다. 이 사람을 다음의 시구(詩句)에서는 신선(神仙)이 된 사람이라고 표현하였다.

방풍공중천지명(放風空中天地鳴)

괘월동방만국명(掛月東方萬國明)

이 시는 전체가 소태산 성존의 교법과 관련된 것이다. 그 가운데 주목할 것은 다음의 구절이라고 본다. "천지만물포태성(天地萬物胞胎成) 일월일점자오조(日月一點子午調) 방풍공중천지명(放風空中天地鳴) 괘월동방만국명(掛月東方萬國明)" 즉 "천지만물 포태를 이루어 해와 달이 시작할 점, 자오축(子午軸)에 조절하니, 공중에 바람 불어 천지간에 울리고, 동방에 걸린 달은 온 세계를 밝히네." 자오축(子午軸)을 조절한다는 말은 음 시대와 양 시대의 축을 바로 잡는다는 말이다. 그 축을 바로잡아 바람 불어 세우니, 천지가 울리며 바로 잡힌다는 것이다. 동방에 걸린 달이라고 할 때의 동방은 새 시대, 새 나라가 열리는 곳을 말한다. 후천 시대 지혜의 달이 떠올랐다는 말이다.

'방풍(放風)'의 뜻

이 시구에서 방풍공중천지명(放風空中天地鳴)의 뜻을 다시 돌아본다. 그 앞 구절에서 천지 만물이 새로운 포태를 만들고, 해와 달의 자오축(子午軸)을 하나로 맞추어 조절했다고 한다. 자오축, 즉 음양의 축을 바로 세워 그것을 완성하는 것이 '방풍공중천지명'이다. 바람으로 그것을 완성시키니 천지가 울린다고 한다. 화풍정(火風鼎) 괘(䷱)에서 바람이 완성시키는 것을 본다.

정산(鼎山, 1900-1962) 성사(聖師)의 법호는 '화풍정' 괘의 정(鼎)이다. 불을 때서 가마솥의 밥을 짓는다는 비유다. 가마솥에 불을 땐다는 것은 바람으로 때는 것이다. 즉 바람으로 완성한다는 것이다. '방풍'이 그런 뜻이다. '방풍공중'이란 빈틈없이 그 기운을 채운다는 뜻이다. 풍선에 바람을 채워야 부풀러 떠오르는 것처럼 그 기운을 채워야 변화가 완성된다는 것을 말한다. 바람이 제 길을 바르게 가야만 연(鳶)을 띄우고, 배가 갈 수 있으며 비행기가 날 수 있다. 이처럼 바람의 길은 음양오행의 변화를 바르게 완성하는 기능을 하는 것이다. 바람은 기(氣)를 채우고, 기를 변화하고 운동하게 하는 작용이다.

• 방풍(放風)은 숨쉬기, 무도(武道), 예술(藝術), 의식주의 도(道)

이런 뜻으로 볼 때 방풍은 기본으로 숨 쉬는 것이다. 음양오행으로 숨을 쉬는 '단전 숨쉬기'다. 우주단전(宇宙丹田), 천단지전(天丹地田) 숨쉬기다. 그리고 방풍은 음양오행의 순환과 조화를 완성시키는 것이므로 예술을 통하여 기운 조절하는 수행을 완성한다. 음악과 그림, 글씨와 춤으로 음양오행 수련을 하는 것이다. 이것이 우리나라 미학(美學)의 근본이다. 또 음양오행의 순환을 무도(武道) 수련으로 실천한다. 질병을 치료하는 것도 음양오행의 순환과 조화를 기본으로 한다. 그리고 의식주 생활의 모든 것이 음양오행의 순환과 조화를 실현하는 것이다. 음식과 의복, 주택과 건축이 음양오행의 순환과 조화를 목표로 하는 것이다.

• 방풍은 무시선, 무처선의 원천

여기서 펼쳐 보인 모든 영역은 삶 그 자체이며 삶의 전체이다. 그런 의미에서 방풍은 무시선 무처선(無時禪無處禪)의 원천적 뿌리라고 할 수 있다. 무시선 무처선은 민족 고유의 선가(仙家) 사상으로부터 풍류도로 이어져 온 것이며, 다시 유불도(儒佛道) 삼교합도(三教合道)로 융합하여 현대화한 사상이다.

바람의 영기질(靈氣質) 수행이 방풍이다

바람도 영기질로 짜였다. 물질로서의 바람은 과학기술이 취급

하는 것이다. 항공기술, 항해기술, 기상관측과 기체를 이용한 과학기술 등은 바람의 물질적 부분을 다룬다. 몸의 바람인 숨쉬기의 물질적 단계에서는 산소를 들이쉬고 이산화탄소를 내쉰다. '바람의 기(氣)'의 단계에서는 음양상승을 조절한다. 예술과 무도(武道), 의술(醫術)로 전개한다. 그리고 바람의 영(靈)의 단계에서는 우주령(宇宙靈), 우주식(宇宙識)과 일치시키기 위한 의식작용을 한다. 가장 높은 단계의 선(禪)이다. 이처럼 바람의 영기질 수행을 하는 것이 방풍이다.

만우당 생각 28

수직괘(垂直卦), 수평괘(水平卦), 대원도(大圓圖), 일원상(一圓相)

〈만우당 생각 15, 대원도(大圓圖), 일원팔괘도와 일원상〉에서 수평괘(水平卦)에 대한 개념을 말했다. '수평괘'라는 낱말이나 개념은 나의 글에서 처음 쓴 것이다. 물론 수직괘(垂直卦)라는 표현도 여기서 처음 썼다. 읽는 분들에게 도움을 드리기 위하여 덧붙여 설명한다.

『정산종사법어』 경의편 3장 말씀이다. "일원상은 우주 만물 허공 법계와 진리불의 도면이니, 견성 성불하는 화두요, 진리 신앙하는 대상이요, 일상 수행하는 표준이니라." 일원상을 진리의 도면(圖面)이라는 뜻을 생각할 때, 『주역』의 괘(卦), 팔괘(八卦), 64괘, 384효(爻)로부터 거슬러 생각해 볼 수 있다고 본다.

다섯 종류의 팔괘도

보통 4개 종류의 팔괘도를 말한다. 그런데 정확하게 말하면 5종류의 팔괘도가 있다. 복희팔괘도, 문왕팔괘도, 정역팔괘도, 일원팔괘도다. 그런데 일원팔괘도는 '단괘(單卦) 일원팔괘도', '중괘(重卦) 일원팔괘도'의 두 종류가 있다.

5개 종류 팔괘도는 모두 남북(南北)과 동서(東西) 축을 중심으로 둥근 모양으로 그린다. 복희팔괘와 문왕팔괘는 둥근 모양의 중심에서 바깥으로 효(爻)를 쌓아 괘(卦)를 만들었다. 즉 안에서 바깥으로 쌓아간 것이다. 선천 시대를 말한다. 이것은 우주가 생성되고 팽창하는 시기를 상징한다. 우주의 대폭발(빅뱅)을 생각하면 된다. 이 괘를 평면으로 펼쳤을 때는 수직괘(垂直卦)로 된다. 수직괘는 천지인(天地人)이 수직으로 계층화된 것을 보여준다. 6효(爻)의 아래 두 효는 지(地), 가운데 두 효는 사람, 위의 두 효는 천(天)을 상징한다.

정역팔괘와 일원팔괘는 둥근 모양의 괘도(卦圖)를 그릴 때 밖에서 안으로 효를 쌓아간다. 후천 시대를 말한다. 우주가 줄어드는 시기를 생각하면 된다. 대폭발이 있으면, 그다음으로 축소의 시기, 예를 들어 '검은 구멍(블랙홀)'을 연상할 수 있다. 식물의 씨앗이 만들어지는 것도 꽃과 잎을 떨구어 작은 씨앗으로 축소하는 과정이라고 할 수 있다. 성주괴공, 생장쇠멸의 과정을 생각하면 쉽게 이해할 수 있다.

정역팔괘와 일원팔괘는 천(天)과 지(地)를 더하여 배치했으므로 정확하게 말하여 팔괘도가 아니라 십괘도(十卦圖)로 불러야 한다. 그런데 '천'과 '지'는 이미 건괘(乾卦)와 곤괘(坤卦)가 겹친다고 할 수 있다. 그러나 건괘와 곤괘는 향(向)과 기운을 말하는 것이고, '천'과 '지'는 사람의 생활세계 자체를 만들어 주는 것이라고 할 수 있다. 우주 자연이라는 말이다. 괘(卦)로 표시한 것이 아니므로 십괘(十卦)라고 할 수는 없다. 그래서 정역도(正易圖), 대원도(大圓圖)로 이름하게 된다. 사람의 삶이 중심이 되는 후천 시대를 보여주는 것이다. 여기서 문제가 되는 부분이 된다. 둥근 모양의 정역도나 대원도를 평면에 옮길 때는 수직괘로 그릴 수가 없다. 수평괘로 그려야 한다. 지금까지 『주역(周易)』에서 수평괘의 방식은 개념 자체가 없다. 후천 시대이기 때문에 생각할 수 있는 방식이다.

수평괘(水平卦)

사람이 만업(萬業)을 펼치는 것이 후천 시대의 중심이다. 천지가 중심이 되는 선천역(先天易)은 64괘와 384효로 이루어졌다. 자연의 변화와 사람의 일을 384개로 표준화한 것이다. 그런데 사람이 중심이 되는 후천 시대는 다르다. 사람은 심신 작용을 하며 만업(萬業)을 펼친다. 문제는 사람의 심신 작용은 384개로 표준화할 수 없는 것이다. 심신 작용은 무한한 변수를 가진다. 심신 작용은 음양의 상생상극(相生相克) 관계나 자연인과(自然因果)로만 이루어지지 않는다. 사람의 행위에 따른 행위인과(行爲因果)의 관계로 이루어진다. 사람의 행위는 무한한 방식으로 이루어진다. 64괘와 384효로 표준화되지 않는다는 말이다. 수평괘를 무한으로 확장한 것이 대원도(大圓圖), 즉 일원상이다. 수평괘는 왼쪽에서 오른쪽으로 그려야 한다. '인(人)-지(地)-천(天)'의 순서다. 인도(人道)가 바탕이 되지만 천지인(天地人)이 계층적이 아니라 합일(合一)한다는 뜻이기도 하다.

법인 기도할 때 꽂은 일원팔괘기

법인 기도를 할 때, 오르셨던 기도봉에 일원팔괘기를 꽂고 하셨다. 문왕팔괘라고 말하는 사람이 있는데 그렇지 않다. 법인 기도 시기가 아닌 행사에서도 일원팔괘기를 걸고 기념 촬영한 사진이 남았다. 제1대 제1회 성업봉찬회를 마치고 찍은 단체사진이다. 총부 대각전 준공식 기념사진에서도 볼 수 있다. 문서로 남은 것은 단괘(單卦)와 중괘(重卦)의 두 가지가 있다. 단괘와 중괘의 배열이 다른 것도 알아야 한다. 일원팔괘도가 다섯 종류 팔괘도 속에서 위상을 갖고 있어야 하는 이유다.

• 복희팔괘도

복희팔괘도(伏羲八卦圖)가 처음이다. 태호복희는 지금으로부터 5천5백 년 전 무렵, 신시배달국(神市倍達國)의 제5대 태우의(太虞儀) 환웅(신시개천 386-479, 서기전 3512-3419)의 12번째 막내아들이다. 우리 민족이다. 천부경을 보고 팔괘도를 그렸다고 한다. 천도(天道)를 중심으로 그린 팔괘다. 남쪽에 건괘(乾卦), 북쪽에 곤괘(坤卦)를 배치하여 남북축으로 하여 팔괘를 그렸다.

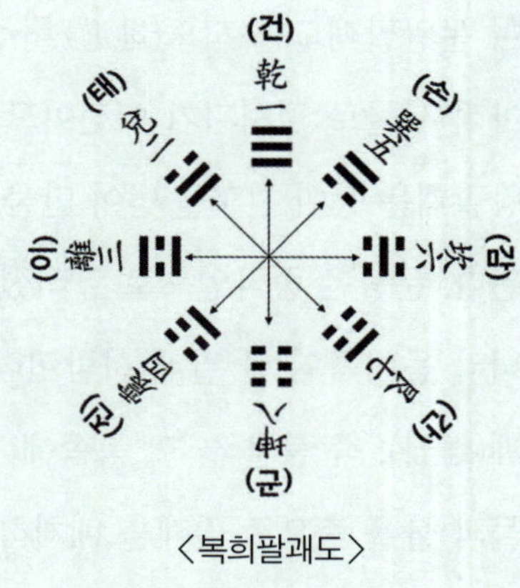

〈복희팔괘도〉

• 문왕팔괘도

문왕팔괘는 주문왕이 그린 것이다. 주(周) 문왕(文王)은 서기전 1천 년경의 사람이다. 복희로부터 2천여 년 뒤에 문왕팔괘도를 그렸다.

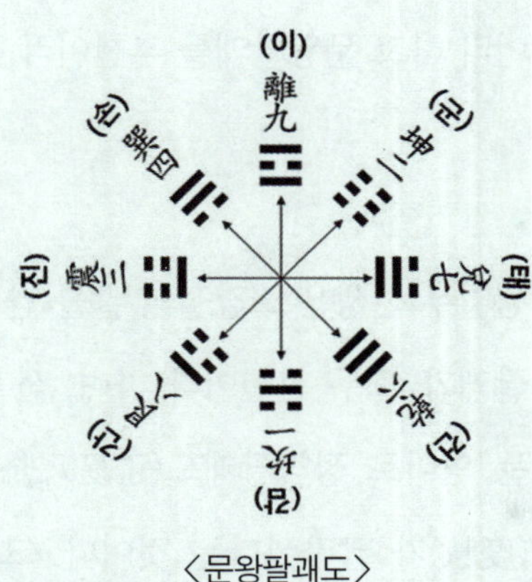

〈문왕팔괘도〉

복희팔괘도는 천도(天道)의 진리를 밝힌 것이다. 이에 비하여 문왕팔괘도는 지도(地道)를 중심으로 된 것이다. 천도는 아직 사물로 펼쳐지기 이전이므로 팔괘 그 자체로 있다. 문왕팔괘는 땅이 천도를 받아 만물을 펼치기 때문에 9수(數)가 된다. 문왕은 중국인으로 알려졌다. 그러나 화족(華族)이 아니라 동이족의 한 갈래 사람이라는 학설도 있다. 남쪽에 이괘(離卦), 즉 불을 놓고, 북쪽에 감괘(坎卦), 즉 물을 놓았다. 물과 불을 축으로 팔괘를 배치하였다. 건도(乾道)를 받아 땅이 만물을 펼치는 것을 그린 것이다. 복희팔괘는 하늘이 주권자고 문왕팔괘는 땅이 주권자다. 아기가 생길 때까지는 아버지가 주권자이고, 아기가 생긴 뒤에는 어머니가 주권자인 것과 같다. 빛과 볕을 줄 때까지는 하늘이 주권자이고 그 빛과 볕을 받아 만물을 생장시키는 것은 땅이 주권자이다. 소강절(邵康節, 1011-1077, 중국 송나라)은 복희팔괘를 선천이라 하고 문왕팔괘를 후천이라 하였다.

• 정역팔괘도

김일부 선생은 소강절의 말을 인정하지 않았다. 복희와 문왕팔괘가 모두 선천이라 하며, 선후천의 기준을 바로 잡는다는 의미로 정역팔괘도(正易八卦圖)를 그렸다. 천지의 도수(度數)가 달라졌다는 것이다. 그리하여 복희팔괘도의 남북

축을 뒤집어 세웠다. 그리고 효(爻)를 쌓을 때 밖에서 안으로 쌓았다. 그 이유는 우주의 관점에서 음 시대(陰時代), 즉 거두어들이는 시기로 바뀌었기 때문이다. 복희팔괘와 문왕팔괘

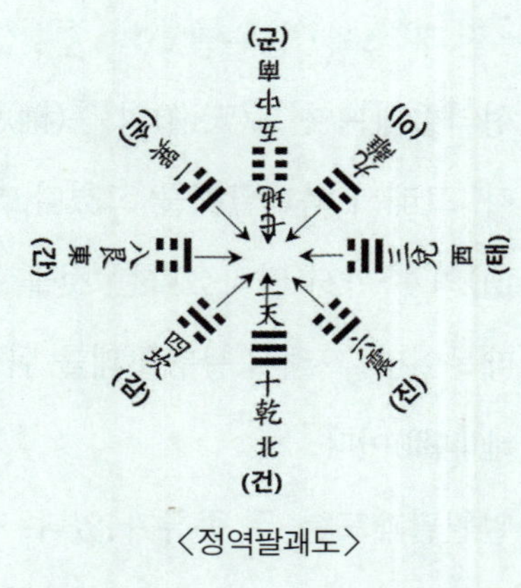

<정역팔괘도>

는 안에서 밖으로 쌓은 것이다. 그리고 천지인 합일(天地人合一)의 관점에서, 선천은 천(天)과 지(地)가 주권을 갖는 시기이고, 후천은 인(人) 즉 사람이 주권을 갖는 시기로 보았다. 이것이 정역 정신이다. 그리고 정역은 팔괘에 천(天)과 지(地)를 표시하여 시방(十方)으로 그렸다. 일원팔괘도 역시 정역의 시방을 받아들였다. 이것이 10인 1단의 기원이 되었다. 그러므로 정확하게 말하면 일원십괘도(一圓十卦圖)로 불러야 한다. 그러나 천지와 건곤(乾坤)의 의미가 중첩되어 괘상을 정돈하기 어려우므로 대원도(大圓圖)로 부르고, '길 도(道)' 자 대원도(大圓道)라고도 불렀다. 팔괘에 천(天)과 지(地)를 합한 것은 후천 시대에 사람이 하는 만업(萬業)을 중심으로 전개되는 현실 세계를 그린 것이다. 태어난 아이가 자라서 일을 하는 것으로 이해하면 쉽다.

• 단괘(單卦) 일원팔괘와 중괘(重卦) 일원팔괘

정역팔괘는 천도(天道)의 축(軸)이 바뀌었다는 것을 표시했다. 그래서 복희팔괘를 고쳤다. 일원팔괘는 천도와 지도(地道)의 축까지 달라졌다는 것을 표시한다. 아이가 자라났기 때문이다. 그래서 문왕팔괘를 뒤집었다. 모두가 천지개벽(天地開闢)이다.

일원팔괘도는 두 종류가 있다. 단괘(單卦)와 중괘(重卦)다. 단괘는 문왕팔괘의 축을 뒤집었다. 남쪽의 이괘(離卦)와 북쪽의 감괘(坎卦)를 축으로 한 것이다. 그러나 효(爻)를 쌓는 방향은 정역팔괘와 같이 밖에서 안으로 쌓는 방식으로 뒤집은 것이다. 역시 선천역(先天易)과 후천역(後天易)이 다르다는 것을 표시한 것이다. 물과 불을 축으로 삼은 것은 만물의 생성을 기준으로 보기 때문이다. 북쪽에 배치한 '물'이 생명의 근원이 된다는 뜻이다. 도가(道家)에서 물을 떠 놓고 치성을 드리거나 수행하는 이유다. 소태산 성존이 문왕팔괘를 뒤집은 것은 지상의 현실 세계를 낙원으로 만든다는 이상을 표시한 것이다. 그리고 그것이 후천 시대의 현실이기 때문에 밖에서 안으로 효(爻)를 쌓은 것이다.

'중괘(重卦) 일원팔괘'는 남쪽에 진괘(震卦)를 놓고 북쪽에 곤괘(坤卦)를 놓아 중심축으로 삼았다. 곤괘는 후천의 중심이다. 현실 세계가 중심이라는 뜻이다. 건괘(乾卦)에서 곤괘

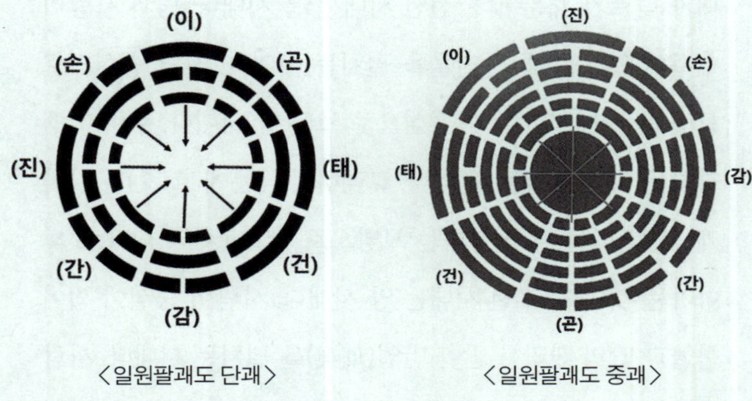

〈일원팔괘도 단괘〉 〈일원팔괘도 중괘〉

로 변화하는 시기에 진괘(震卦), 즉 우레가 울린다. 음양(陰陽)이 합해지고 교차하며 소리가 나는 것이다. 중국 창사의 마왕퇴(馬王堆)에서 발굴된 백서주역(帛書周易)의 64괘 배열 순서를 보면 이 뜻을 좀 더 명확하게 알 수 있다. 진정한 후천 세계가 열리는 것을 말하고 있다. 단괘(單卦) 일원팔괘의 의미를 더욱 강조한 것이라고 할 수 있다. 중괘(重卦) 일원팔괘 역시 밖에서 안으로 효(爻)를 쌓았다.

• 정역팔괘도와 일원팔괘도를 밖에서 안으로 쌓은 이유.

복희팔괘도와 문왕팔괘도는 안으로부터 밖으로 쌓아가는데, 정역팔괘도와 일원팔괘도는 밖에서부터 안으로 쌓는다. 그 이유는 무엇인가? 한마디로 말하면 선천 시대와 후천 시대가 다르기 때문이다. 선천 시대는 음 시대다. 땅과 사람이 우주의 기운을 받아 만물을 펼치는 시대다. 사람 중심으로 보면 음 시대지만 우주 중심으로 보면 양 시대다. 우주가 팽창하는 시기라고 볼 수 있다. 그러하기 때문에 효(爻)를 쌓아 괘(卦)를 만들 때 팽창하는 모양으로 안으로부터 밖으로 쌓아가는 것이다. 후천 시대는 양 시대다. 사람이 중심이 되어 하늘과 땅의 진리를 받아 만업(萬業)을 펼치는 시대다. 사람 중심으로 보면 양 시대지만 우주를 중심으로 보면 음 시대다. 우주가 축소되는 시대라는 말이다. 그런 뜻으로 효를 밖으로부터 안으로 쌓는 것이다. 선천과 후천의 음양상승(陰陽相勝)이다. 음양상승은 음양중첩(陰陽重疊)이다.

• 음양중첩을 자연현상에서 찾아본다. 숨쉬기의 음양 운동에서 보자. 사람은 이산화탄소를 내쉬고 산소를 들이쉰다. 식물은 산소를 내쉬고 이산화탄소를 들이쉰다. 같은 방식으로 숨 쉬는 음양 운동을 하지만 그 내용은 상생으로 되는 현상이다. 우주 만물이 그러한 방식으로 상생상극 하는 것이다. 이것이 음양상승이다. 상생상극이 동시에 진행되는 것이다.

• 다시 한번 강조하지만, 소태산 성존은 음양사상과 인과사상을 종합하셨다. 일원팔괘는 여기서도 문제가 된다. 음양상

창립 제1회 기념 사진 속 불법연구회 회기(현 구조실)

승 사상만이 아니라 인과보응의 진리를 종합한 것을 괘(卦)에 표시하기 어렵다. 음양상승 작용으로 일어나는 우주만유의 변화는 384개의 효(爻)로 표준화될 수 있다. 그런데 인과보응의 원인이 되는 사생(四生)의 심신 작용(心身作用)은 셀 수 없이 많은 변화의 경우가 있다. 표준화할 수 없다는 말이다. 그것은 효(爻)로 그릴 수 없다는 말이다. 그리하여 모든 것을 포괄하는 원(圓)으로 그리게 된 것이다. 대원도(大圓圖)다. 수평괘는 일원상으로 그릴 수밖에 없게 된 것이다. 수평괘를 그려야 할 때 원(○)이 되어야 하는 이유다. 뜻으로 볼 때 일원상은 원괘(圓卦)다.

만우당 생각 29

소태산의 일원주의(一圓主義)를 다른 종교와 비교하는 기준
: 선천의 종교와 후천의 종교

우주 자연은 쉬지 않고 움직인다. 성주괴공으로 움직인다. 우리나라 전통 철학의 고전인 『천부경(天符經)』은 우주의 순환 원리를 밝힌 것이다. 중국 송나라 시대의 철학자 소강절(邵康節, 1011-1077)은 우주가 성주괴공으로 한 번 순환하는 주기를 1원(元)이라고 하였다. 그의 계산으로는 12만 9천6백 년이다. 우주가 운행되는 과정에서 중심축도 이동한다. 우주의 도수(度數), 천지도수(天地度數)가 변화하는 것이다. 여기서 선천과 후천의 구별이 생긴다. 천문학, 우주과학, 지구과학 등 자연과학은 우주의 성주괴공 순환 과정을 잘 보여주고 있다.

서양에는 천년지복설(千年至福說)이 있다. 천년 만에 심판이 이루어져 착한 사람과 악한 사람이 심판받게 된다는 믿음이다. 유대교에서 유래한 것이다. 천년마다 세상이 바뀐다는 뜻으로 볼 수 있다. 서기 2천년대로 진입할 때, 전 세계에서 소란스러운 일들이 일어났던 사실을 기억할 것이다. 불교에는 삼시관(三時觀)이 있다. 정법시대(正法時代), 상법시대(像法時代), 말법시대(末法時代)로 나눈다. 부처님이 돌아가신 뒤 천년을 정법시대, 그다음 천년을 상법시대, 그리고 그다음 만년을 말법시대라고 한다. 부처님의 가르침을 받아들이는 민중의 수준에 따라 구분한 것이다. 우리나라와 동아시아의 선후천 개념과 비교할 수 있다.

소태산 성존의 일원주의(一圓主義)를 다른 종교와 비교할 때 선후천을 그 기준으로 삼는 것이 마땅하다. 선천의 종교와 후천의 종교는 신앙 수행의 중심점이 다르기 때문이다. 일원주의를 바르게 공부할 수 있는 관점도 바로 세울 수 있다. 19세기 후반과 20세기 초에 만들어진 우리나라의 신종교들은 후천 시대의 종교라는 역사관을 가지고 있다. 소태산 성존과 동학, 증산교가 대표적이지만, 작은 민간 종교들도 그러하다.

선천(先天)은 천지인(天地人) 삼재(三才) 가운데 천지(天地)가 우주를 주도하는 시대다. 선천의 종교는 천명(天命), 순천(順天), 무위자연(無爲自然), 허(虛)가 중심 개념이다. 우주 전체의 연관을 생각하며 '나'를 초월하는 것, 공(空) 즉 비움을 공부의 요점으로 삼는다. 유교, 도교, 불교의 요점이다. 진리를 실현하는 주체가 천(天)과 지(地)다. 이러한 공부는 선천 시대의 공부다. 사람은 천지의 도(道)에 포함된 존재다. 크리스트교나 이슬람교도 하나님의 구원을 지향하는 종교다. 하나님과 하나가 되기 위해서 '내'가 있으면 안 된다. 내 몸의 욕심과 재산을 버려야 한다. 이것도 비움이다. 비워야 하나님의 응답을 받는다. 역시 주도권이 하늘에 있는 것이다.

선천 시대도 하늘이 중심되는 시대가 있고, 땅이 하늘 이치를 받아 모든 생명을 살리는 시대로 나눈다. 복희팔괘(伏羲八卦)의 시대와 문왕팔괘(文王八卦)의 시대다.

비유하여 말하면 선천은 이렇다. 역학(易學)을 해석하는 사람들의 비유다. 아버지인 하늘이 주도하다가 어머니가 회임하면 그 주권이 땅인 어머니에게로 온다는 것이다. 어머니에게서 태어난 자식은 아직 어리기 때문에, 하늘과 땅이 지도하는 대로 사는 것이다. 개념으로 말하면 '나'의 외부에 있는 우주 전체에 나를 종속시키는 것이다. 능동적인 천지에 비하여 사람은 수동적이다.

후천 시대는 사람이 천지의 이치를 받는 시대다. 땅이 하늘의 이치를 받는 문왕팔괘의 시대의 다음 차례다. 이것은 정역팔괘(正易八卦)의 사상이다. 우주의 도수가 바뀌어서 사람 중심 세계가 되었다는 것이다. 동학(東學)의 인내천(人乃天) 사상은 이것을 직접적으로 표현하고 있다. 수동적인 사람이 능동적인 사람으로 바뀐다. 이것이 개벽(開闢)이다.

그런데 사람이 천지의 도를 받아 어떻게 한다는 것인가? 단순히 인권(人權)만 말할 수 있는 것인가? 땅이 하늘의 진리를 받아 만물을 키워내는 것처럼, 사람은 '일'하는 것이다. 만업(萬業)을 펼친다는 말이다. 사람이 사는 현실 세계에서 우주 자연의 진리를 실현하는 것이다. 이것은 소태산 성존의 일원팔괘(一圓八卦) 사상이다. 소태산 성존은 일원팔괘를 나중에 일원상(一圓相)으로 그리신다. 공부법이 달라진다. 이사병행(理事竝行), 영육쌍전(靈肉雙全), 무시선 무처선(無時禪無處禪), 도학과 과학의 병진, 정신과 물질의 병진, 병든 사회치료법, 강약 진화법 등은 선천 시대 종교와 다른 공부법을 말하는 것이다. 이러한 공부법, 즉 소태산 성존의 일원주의(一圓主義)가 선천 시대의 유불도(儒佛道), 크리스트교의 신앙 수행과 다른 점이다. 그리고 개벽 시대의 동학이나 증산사상과도 구별되는 점이다. 동학과 증산에는 '일'의 개념이 없다. '일' 속에서 진리를 녹여내는 것이 진정한 후천 시대의 종교다. 쉬운 표현으로 하면 시장(市場)에서 일하는 종교다.

십인일단(十人一團)의 단 조직도 사람 중심, 일 중심의 의미를 가진다. 십인일단은 팔방과 하늘과 땅을 응하는 조직이다. 이것은 모든 사람이 능동적으로 역할 해야 하는 조직이다. 한 사람이 아홉 사람을 교화하라는 것이 아닌가? 선천 시대의 수동적인 사람이 아니다. 모든 사람이 능동적으로 되라는 것이다.

역학 해석가들의 비유를 다시 빌리면 이렇다. 어린이가 커서 어른이 되니 스스로 살게 하고 일을 맡기는 것이다. 어른이 되었다고 해서 제멋대로 하는 것은 아니다. 어른이 되어 일을 할 때도 음양상승과 인과보응의 진리에 따라 하는 것이다. 개념으로 말하면 사람이 본성을 깨우쳐서, 자기 스스로의 자력(自力)을 위주로 일을 펼쳐 나가는 것이다.

소태산 성존의 일원주의를 다른 종교와 비교할 때 기준으로 삼을 요점이다. 선천과 후천의 수행법과 신앙, 인간관(人間觀)이 크게 대비되는 것을 알면 된다. 유불도(儒佛道), 크리스트교, 이슬람교는 선천 시대의 종교다. 선천의 종교를 개량한 수준이 아니다. 차원이 다르게 창조한 것이다. 코페르니쿠스적 전환(Kopernikanische Wendung, Copernican turn)을 한 것이다. 즉 정역과 소태산 성존의 일원주의는 후천개벽의 종교다. 여기서 또 알아야 할 것은 일원주의는 같은 후천 사상이라고 하더라도 정역사상과 동학, 증산과도 다르다. '일'을 중심으로 보는가, 그렇지 않은가의 기준으로 구별할 수 있다는 말이다. 일원주의는 '일하기 사상'이다. 한자(漢字)로 말하면 '주업사상(做業思想)'이다.

만우당 생각 30

깨달음과 동시에 생명을 얻는 공부로서의 사리연구

'깨달음과 동시에 생명을 얻는 공부'로서의 사리연구

"깨달음과 동시에 생명을 얻는다"는 말을 한자로 표현하면 '식즉생기(識卽生氣)'다. 성리학적으로 말하면 '내가 나인 것'을 깨달았을 때 비로소 '내'가 되는 것이다. '나 자신'이 된다는 말이다. 물론 '내가 나인 것'을 몰랐을 때도 나의 존재는 여전히 존재한다. 그것은 영기질통화체(靈氣質統和體)인 나 자신에서 영식(靈識)과 기식(氣識), 기령(氣靈)과 영기(靈氣)가 열리지 못한 상태에서 물질적인 자신만을 아는 단계다. 의식주 욕구에만 충실한 단계의 자신이다. 이것을 천연상태(天然狀態)의 자아라고 한다.

천연상태의 자아로만 있으면 윤회의 굴레에 휩쓸려 들어간다. 천연상태에서 벗어나려면 깨어있어야 한다. 깨어있으려면 사리연구를 해야 한다. 깨달아야 한다는 말이다. 그런데 사리연구는 정신수양, 작업취사 공부와 동시에 진행해야 하는 공부다. 세발동시공부다. 즉 삼학동시공부다. 이 과제부터 풀어보자. 세발동시공부를 해야 하는 이유는 모든 존재가 영기질통화체이기 때문이다.

• 정신개벽을 지향하는 교육과 훈련으로서의 사리연구.

무지(無知)와 독단(獨斷)의 상태에 있는 사람들을 지식인의 수준으로 만드는 것은 교육이었다. 18세기에 영국으로부터 시작된 산업혁명 이후에 과학적 지식이 보편화되었다. 그렇게 한 것이 교육이었다는 말이다. 산업혁명으로부터 시작된 물질개벽은 과학적 지식의 보편화로 이루어졌다고 할 수 있다. 정신개벽은 영적(靈的)인 천연상태에서 영식(靈識)과 기식(氣識), 기령(氣靈)과 영기(靈氣)를 보편적으로 깨닫는 것이다. 이러한 내용의 정신개벽을 이끌어내는 고리가 사리연구다. 교육과 훈련의 수단으로서의 사리연구다. 지적(知的) 계몽에서 진화한 영적(靈的)인 계몽(啓蒙)이다.

사리연구도
'세발동시공부'로 한다

'삼학동시공부'를 '세발동시공부'로 표현하는 것은 『대종경』 교의품 21장을 참고한 것이다. "우리가 경전으로 배울 때에는 삼학이 비록 과목은 각각 다르나, 실지로 공부를 해나가는 데에는 서로 떠날 수 없는 연관이 있어서 마치 쇠스랑의 세 발과도 같나니, …" 쇠스랑의 세 발을 예로 들 수 있지만 솥의 세 발도 동시에 힘을 합쳐야 솥을 걸 수 있다는 점에서 비유할 수 있다.

소태산 성존의
일원주의(一圓主義) 삼학(三學)

불교도 삼학 공부를 가르친다. 불교의 삼학은 계학(戒學), 정학(定學), 혜학(慧學)이다. 계-정-혜의 순서로 공부하는 것이다. 여기서 혜학은 진리를 깨우치는 것이다. 깨우침이 궁극적인 공부의 목표다. 소태산 성존의 일원주의 삼학은 정신수양, 사리연구, 작업취사다. 계정혜가 아니다. 무엇보다도 불교의 삼학과 다른 것은 순서로 두어 공부하는 것이 아니라 동시 공부하라는 것이다. 그래서 '세발동시공부'라고 한다. 후천 시대의 종교로서 생활하고 일하는 것을 진리적으로 하라는 것이다. 공부의 목표가 다르다. 공부의 목표가 작업취사를 바르게 하자는 것이다. 작업취사를 불교의 계학(戒學)과 같은 뜻으로 보는 사람들이 있다. 잘못된 해석이다. 일을 바르게 하자는 것은 개인의 계행과는 개념과 범위, 실천하는 절차가 다르다.

▷ 정산 성사는 일원주의 삼학에 대하여 이렇게 말씀하셨다. "과거에도 삼학이 있었으나 계정혜와 우리의 삼학은 그 범위가 다르나니, 계는 계문을 주로 하여 개인의 지계에 치중하셨지마는 취사는 수신제가 치국평천하의 모든 작업에 빠짐없이 취사케하는 요긴한 공부며, 혜도 자성에서 발하는 혜에 치중하여 말씀하셨지마는 연구는 모든 일 모든 이치에 두루 알음알이를 얻는 공부며, 정도 선정에 치중하여 말씀하셨지마는 수양은 동정 간에 자성을 떠나지 아니하는 일심 공부라, 만사의 성공에 이 삼학을 벗어나지 못하는 것이니 이 위에 더 원만한 공부 길은 없나니라."(『정산종사법어』 제6 경의편 13장)

사리연구

불교의 혜학(慧學) 공부의 방법은 자성의 본성을 깨달으면 우주의 본성도 깨닫게 된다는 것이다. 그것의 예비단계로 계학과 정학을 두는 것이다. 거기와 비교하면 일원주의의 사리연구는 우주의 대소 유무의 진리와 사람살이의 시비 이해를 연구하는 것이다. 우주의 진리, 본성의 진리뿐만이 아니라 일의 시비 이해를 연구하여 알아내자는 것이다. '일 잘하기 위한 종교'의 기본이다.

알아내는 순간 생명을 얻는다 : 식즉생기(識卽生氣)

성리학적으로 알아내는 공부의 기초를 알아보자. 사람뿐만 아니라 모든 동식물, 광물까지도 영기질통화체(靈氣質統和體)다. 지구와 모든 행성, 일월성신(日月星辰)과 온 우주도 영기질통화체다. 우주의 모든 것 가운데 죽어있는 것은 없다는 말이다. 이것이 소태산 성존 일원주의 존재철학의 기본이다. 여기서 영(靈)은 근본식(根本識)이다. 모든 존재에 본성적으로 입력된 것이 '주어진 식', 즉 근본식(根本識)이다. 음양상승과 인과보응의 이치대로 돌아가는 것은 '주어진 식'이 돌아가기 때문이다.

• 자오자생(自悟自生)

근본식을 다른 말로 표현하면 '자오자생(自悟自生)'이다. 모든 존재가 음양상승과 인과보응의 진리를 본성적으로 알고 그 진리대로 살고 존재하는 것을 말한다. 앞서 말한 천연상태다. 비슷한 경우가 있다. 모든 사람이 단전(丹田)이나 선(禪)이란 개념을 몰라도 행동할 때 자연스럽게 마음을 모은다. 이러한 것을 천연선(天然禪)이라고 한다. 선공부(禪工夫)는 그 원리와 체계와 효능을 알아서 의식적으로 하는 것이다. 모든 존재가 영기질통화체로서 주어진 영기(靈氣)만큼만 존재하는 것은 자오자생이다. 여기에 영기질통화체의 원리를 알고 그 체제를 알아서 의식적으로 알아내는 공부를 하는 것이 사리연구다.

• 알아내는 식(識), 요해식(了解識)

사리연구는 이 근본식을 탐구하여 '알아내는 것'이다. 대소유무의 진리, 즉 우주 전체가 돌아가는 이치, 개별적 사물이 돌아가는 이치, 변하는 진리와 불변하는 진리를 알아내는 것이다. 그리고 사람의 살아가는 '일'과 그 시비 이해를 알아내는 것이다. 그런데 '일'은 '주어진 식'대로 돌아가지 않는다. 사람이 각자의 심신 작용으로 하는 것이기 때문이다. 심신 작용을 바르게 하기 위해서 '알아내는' 노력을 하는 것이다. 이것이 사리연구의 핵심이다.

• 양자역학(量子力學, quantum physics)을 빗대어 이해한다. 물질은 입자이면서 파동이고 파동이면서 입자다. 파립자설

(波粒子說)이다. 오늘날 물리학의 정설이다. 그렇다면 어느 때 입자의 상태이고 어느 때 파동의 상태가 되는가? 양자물리학은 파동의 상태에 있다가 관찰자가 관찰하는 순간 입자의 상태로 된다고 한다.

'관찰하는 순간'이라는 것을 '인식(認識)하는 순간'으로 바꾸어 이해할 수 있다. 인식하는 순간은 '주어진 식(識)'이 아니라 '알아내는 식(識)'이다. 알아내는 순간, 그 상태로 삶의 형태가 만들어지는 것이다.

• 헤겔을 빗대어 이해한다.

객관적 관념론자인 헤겔(Hegel, 1770-1831)의 생각을 참고하여 '알아냄'에 관한 것을 이해해 본다. 그는 존재와 생각을 같은 것이라고 보았다. 사람의 생각은 개념으로 되어 있다고 한다. 무엇이 존재한다는 것은 '그것에 대한 생각(Vorstellung, representation)'을 갖고 있다는 말이다. 그리고 그 생각은 개념으로 되었다는 것이다. 쉽게 말하면 무(無)는 없다고 한다. '무, 즉 없음'이라는 '개념으로 있다'는 말이다. 사람이 생각하지 않은 것은, 그것이야말로 없는 것이다. 예를 들어 말한다. 날아다니는 새는 자유로운가를 묻는다. 새는 자유롭지 못하다고 말한다. 자유를 의식하지 못하고 있기 때문이라는 것이다. 사람이 의식하는 것, 인식하는 작용이 중요하다는 헤겔의 생각은 '알아냄과 동시에 생기가 살아나는 것'이라는 성리학적 관점을 이해하는 데 도움을 준다.

▷ 유물론자들은 사람의 생각과 관계없이 객관적으로 사물이 존재하는 것을 들어 헤겔에 대하여 반박한다. 그러나 유물론자들도 유념해야 할 말은 이것이다. "특정한 개인의 생각과 관계없이 존재하는 것들도 영기질통화체로 존재한다." 이것은 헤겔의 '관념'과도 다르다. 오해를 피하고자 덧붙였다.

돈오돈생(頓悟頓生)

이러한 생각을 정리하면 돈오돈생이다. 알아내는 순간 생명력이 살아난다는 것이다. 돈오돈수(頓悟頓修), 돈오점수(頓悟漸修), 점오점수(漸悟漸修) 논쟁이 있다. 그런데 닦기 전에 생명력이 살아나는 것이 먼저다. 생명력이 살아나는 것은 곧바로 알아내는 순간이다. 우주의 영단(靈丹), 기단(氣丹)을 알아내는 순간이다. 물질적인 몸만의 상태인 자신이 영단과 기단을 받아들여 영기질통화체로 살아나는 것과 같은 말이다. 천단지전(天丹地田) 수식생(受識生)이다. 우주 단전의 영단(靈丹)을 받아 깨닫는 순간 만생(萬生), 만업(萬業)이 살아나는 것이다. 생명력이 살아나는 것을 '마음 닦음', 즉 수행(修行)으로 인식한 점도 있다. 그런데 소태산 일원주의의 돈오돈생에서 돈오는 마음의 본성, 우주의 본성을 알아내는 것만이 아니다. 우주의 대소 유무 이치와 사람살이의 시비 이해 이치를 동시에 알아내는 것이다. 이 역시 일상생활을 잘하고, 일을 잘하기 위한 '알아내기'다.

알아내는 방법

『정전』 '사리연구'에서 읽는다. "이 세상은 대소 유무의 이치로써 건설되고 시비 이해의 일로써 운전해 가나니, 세상이 넓은 만큼 이치의 종류도 수가 없고, 인간이 많은 만큼 일의 종류도 한이 없나니라."

소태산 성존의 말씀이다. "사리연구의 사(事)는 정치에 속한 것이고, 이(理)는 종교에 속하는 것이다. 여러분은 마땅히 종교와 정치를 아울러 밝혀서 복혜양족(福慧兩足)을 유감없이 얻을 지어다. 그와 같이 하고자 하면 먼저 그 길을 알아야 할 것이니 연구를 하여야 할 것이고, 연구를 하고자 하면 먼저 수양을 요할 것이다. 수양력과 연구력이 풍부하면 모든 일에 취사할 때 안 되는 일이 어디 있으며, 못할 사람이 어디 있으리요?"(《월말통신》 제4호, 송도성 수필. 원기13년 6월 27일)

- "지혜와 행복을 이루기 위해 연구한다"라는 동기를 바르

게 함.

바로 이 말씀으로부터 배운다. 첫째, 사리연구를 하고자 하면 복혜양족(福慧兩足), 즉 지혜롭고 행복한 삶을 이루고자 하는 동기를 분명하게 하는 것이다. 소태산의 일원주의는 “일 잘하기 위한 종교”라는 것을 전제하는 것이다. 오늘날의 표현으로 하면 정치와 경제, 과학과 사회를 공부하고 우주의 진리와 변화의 원리를 동시에 공부하라는 말씀이다.

• 수양력을 길러야 연구의 힘을 얻는다.

둘째, 수양력을 기르는 것이다. 마음과 우주의 본성 자리에서 연구하라는 말씀이다. 사람의 오염된 탐진치 상태에서 연구하는 것이 아니다. 그런데 복잡한 탐진치의 현실을 피하기 위해 명상하는 사람들이 많다. 특정한 수련법이 입정 상태(入定狀態)에 들어가기 좋다고 선전한다. 입정 상태에 들어가는 그 자체로만 치유를 이루었다고 간주한다. 단순히 입정 상태에 들어가는 것이 아니라 행복하고 지혜로운 삶을 살기 위해 바른길을 찾기 위한 적극적인 수양을 하라는 것이다. 자기 욕심으로 법도에 어긋나는 요령을 찾아가는 연구를 하지 말라는 것이다.

• 여러 갈래의 길을 찾아낸다.

《월말통신》 제21호(원기14년 11월 16일, 전음광 수필)에서 소태산 성존의 말씀을 읽는다. "본회의 삼강령(三綱領)은 사람들로 하여금 다 이 집(대우주의 본가)에서 이 살림을 시키기 위함이니, 사리연구는 이 큰 집과 큰 살림을 찾고 여는 묘(妙)한 쇳대요, 작업취사는 살림을 다스리는 방법이며, 정신수양은 이 쇳대로 문을 열고 살림을 다스리는 힘, 즉 원료를 모으는 방법이니라."

여기서 사리연구하는 세 번째 방법을 찾아본다. 우주 전체와 세상의 모든 일을 서로 연관하여 통째로 보는 것이다. 통째로 본다는 것은 처음과 끝을 동시에 보라는 말이다. 연관을 보려면 대소 유무의 이치와 시비 이해를 판단할 때, 두 가지 이상의 길을 찾는 것이다. 소태산 성존의 말씀 따라 하는 것이 두 가지 이상의 방법을 찾는 출발이 된다. 뿌리에서 가지에 이르게도 하고, 가지에서 뿌리에 이르게도 하는 것도 두 가지 이상의 길을 찾아내는 것이다. 두 가지 이상의 길을 찾으려면 실제 행동과 생활세계에 적용하려고 해야 한다. '큰 집, 큰 살림'을 하는 것이 목표이기 때문에 '살림'에 적용해 보자는 것이다. 생활 세계의 조건과 환경이 다르고 그 일을 하는 사람의 심신 작용이 그 환경에 따라 달라지기 때문에 여러 갈래의 길이 필요한 것이다. 이 법문에서 말씀하는 '묘

(妙)한 쇳대'는 여러 개의 열쇠를 말하는 것이다.

두 가지 이상의 길은 또한 대소 유무의 이치를 따질 때, 시비 이해를 함께 따지고, 시비 이해를 따질 때, 대소 유무의 이치를 함께 찾아보는 것이다. 음양상승과 인과보응의 진리를 생각할 때 생활 세계의 경영과 처세를 생각하고, 경영과 처세를 생각할 때 인과보응과 음양상승의 이치에 맞는가의 여부를 생각하면 두 가지 이상의 길을 발견할 수 있다.

• 자기가 알던 것을 일단 버린다.

사리연구의 네 번째 방법이다. 자기의 지식과 지혜의 틀을 버리는 것이다. 자기의 지식과 지혜의 틀을 벗는 것은 자기의 그것이 지극히 부분적이거나 편견일 가능성이 있다는 것을 검증하는 것이다. 철학자들이 가장 많이 강조한 것이 이것이다. 그 예를 찾아본다.

▷ 동굴의 비유

사람은 일반적으로 편견을 가진 존재다. 동서양의 성인들, 철학자들이 편견을 가진 보통 사람들에 대하여 깨우치려고 했다. 〈일원상 서원문〉에서도 "우리 어리석은 중생"이라고 표현하지 않았는가? 어리석음 가운데 하나가 편견이다. 예로부터 사람이 가진 일반적인 편견을 벗어나자고 가르치는 철학자들이 있었다. 그리스의 철학자 소크라테스의 제자인 플라톤(서기 전 428-347)이다. 그가 말한 동굴의 비유가 대표적이다. 그는 사람을 이렇게 비유했다. 사람은 동굴에 갇힌 존재다. 등은 입구의 반대편을 향하고 있다. 얼굴과 눈은 동굴 입구의 반대편 벽면만 바라보게 쇠사슬로 묶여 있는 상태라고 한다. 그가 보는 것은 자기의 그림자만 본다는 것이다. 그리고 그 그림자가 세상의 전부인 것으로 알고 산다는 것이다. 그 동굴에서 쇠사슬을 풀고 동굴 밖으로 나와 밝은 태양이 빛나는 세상을 바로 보아야 한다고 주장한다. 그 밝은 세상은 이데아(Idea)의 세계다. 사람이 갇힌 동굴은 사람의 몸을 비유한 것이다. 사람의 몸은 영혼을 담은 가죽자루라고 한다. 몸이라는 가죽자루는 탐욕에 차 있어서 밝은 이데아의 세상을 볼 수 없게 만든다. 몸의 욕구를 추구하는 것은 편견을 갖게 만든다. 그것을 벗어나야 이데아의 세계에 갈 수 있다고 한다. 그는 몸에 갇힌 영혼의 편견을 벗겨내려는 교육을 한 사람이다. 몸을 부정하여 절대의 세계, 신(神)의 세계에 갈 수 있다는 서양적 관점의 이론적 틀이다.

▷ 탐진치는 몸에 속한다고 하지만 마음의 병이다.

정신과 몸이 하나인 것을 모르고 몸에만 속한다고 하면 안 된다. 플라톤의 견해는 심신(心身)을 나누어 놓고 보는 관점에서 몸을 부정한다. 영육쌍전의 이념과는 다르다. 그러나 탐욕을 없애야 한다는 그 목표는 같은 것을 지향한다고 할 수 있다.

▷ 네 가지 우상

영국 경험론 철학의 문을 연 프랜시스 베이컨(Francis Bacon, 1561–1626)이 있다. 경험론은 경험하는 현실 세계로부터 진리를 찾아낸다는 방법의 원칙을 가진 세계관이다. 그리하려면 편견 없는 깨끗한 마음이 필요하다고 한다. 그는 사람이 일반적으로 가진 네 가지 편견을 제거해야 한다고 말했다. 종족의 우상(Idola tribus), 동굴의 우상(Idola specus), 시장의 우상(Idola fori), 극장의 우상(Idola theatri)이다. 종족의 우상은 사람이라는 그 자체로 갖는 편견이다. 동물과 자연계가 사람과 같은 인격을 가졌다고 보는 편견이다. 인종이나 민족, 거주하는 지방에 따라 생각이 달라지는 것도 종족의 우상이다. 동굴의 우상은 개인이 갖는 편견이다. 남녀의 성별, 교육받은 환경, 성장환경에 따라 편견이 생기는 것이다. 시장의 우상은 언어에 의해서 생기는 편견이다. 극장의 우상은 무조건 권위와 전통에 따르는 편견이다. 사람이 가진 네 가지의 일반적 편견을 버려야만 '확실한 경험'을 할 수 있다고 본 것이다. 경험한 현상들로부터 규칙성과 유사성을 발견하여 보편적 법칙을 찾아내는 귀납법의 전제조건이다.

▷ **우물 안 개구리, 우물 속에서 하늘을 본다.**

속담에 '우물 안 개구리'란 말이 있다. 세상 넓은 줄 모르고 자기가 아는 것이 전부라고 생각하는 사람이다. 우물 속에서 하늘을 본다는 말도 있다. '정저관천(井底觀天)'이다. 우리 속담과 비슷한 말이다. 우물 속에서 자기가 본 하늘이 하늘의 전부라고 생각한다는 말이다. 학자나 수도인들이 빠지기 쉬운 경우다. 지식이나 진리를 탐구하는 사람들이 어느 정도 알거나 깨달았다고 생각하면 그 정도 수준에서 모든 세계, 모든 진리를 얻은 것으로 착각하여 더 이상의 탐구를 멈추는 것이다.

▷ **모르는 것을 알아야 지혜가 열리는 인식의 형이상학**

여기서 자기가 알고 있는 것을 일단 버려야 하는 이유를 알게 된다. 공자는 "자기가 모르는 것을 알라(지부지: 知不知)"고 가르쳤다. 소크라테스도 "너 자신이 모른다는 것을 알라!"고 가르쳤다. 공자는 자기의 지혜로 교화하지 않고 언제나 천명(天命)을 받들었다. 소크라테스도 그러했다. 어떠한 판단을 하기 전에 신전(神殿)에 가서 신탁(神託)했다고 한다. 동서양의 성인(聖人)이 천명을 받으려 하거나 신탁하는 것은 자기의 알고 있는 것이 참으로 아는 것이 아니라고 하는 겸허한 태도다. 그런데 자기가 모르는 것을 자각한 사람일수록 큰 지혜의 문이 열리는 것이다. 공자와 소크라테스의 경우에 그것을 발견하게 된다. 이것이 "인식의 형이상학"이다.

▷ 소태산 성존은 법문하실 때마다 대중의 생각을 물으신 점도 기억해야 한다. 과거의 성인들과 다른 점이다.

▷ **형이상학은 보이지 않는 원리를 탐구하는 학문이다.** 진리의 깊이가 너무 깊어 풀어내기 어렵다는 의미에서 대답할 수 없는 문제, 즉 아포리아(Aporia)에 대하여 대답하려고 하는 학문이라고도 한다. 형이상학은 존재의 원리를 탐구한다는 점에서 존재철학과 같은 말로 이해해 왔다. 그러나 방금처럼 모르는 것을 자각할수록 지혜의 수준이 높아지는 것도 풀기 어렵지만 현실로 드러나는 일이라는 점에서 인식의 형이상학이라고 하는 것이다.

▷ **모른다는 것을 자각하는 일은 그 자체로 정신수양이다.** 마음이 바로 서야만 자신이 모른다는 것이 보인다. 정신수양

은 마음을 바로 세우는 공부다.

• 의문이 풀리지 않을 때는 '활동'하거나 이타적(利他的) 실천을 한다.

사리연구의 다섯 번째 방법이다. 사리연구는 머리에 수건을 두르고 골몰하는 것이 아니다. 의문이 풀리지 않을 때는 그 의문거리를 잠시 내려놓고 활동을 한다. 생활세계의 일상적 활동을 부지런히 하는 것이다. 이것은 과학자들이 실험을 하는 것과 같다. 가설(假說)을 세우고 그것을 증명하기 위해 여러 가지 방법으로 실험을 한다. 그와 같이 생활세계에서 인과보응과 음양상승의 원리에 맞게 삶의 방식을 만들어 가는 것이다. 이것이 '활동'이다. 한 걸음 더 나가서 의문이 풀리지 않을 때는 이타적 실천을 한다. 다른 사람을 위해 봉사하는 것이다. 육체적 노동을 제공하는 것, 여러 가지의 재능 기부활동을 하는 것, 다른 사람의 천도재에 참석하여 함께 천도 발원하는 것도 이타적 실천이다. 그러한 실천을 하다 보면 문득 의문이 풀리게 된다. 쉽게 말하면 작업취사 공부를 하다가 보면 의문이 풀린다는 말이다. 실천 활동은 의문과 무관한 것 같은데, 깨달음으로 이어진다. 이것은 "취사(取捨)의 형이상학"이다.

• '물음 주머니'를 차고 다닌다.

사리연구의 여섯 번째 방법이다. 삼학팔조 가운데 팔조를 본다. 신분의성(信忿疑誠)은 진행사조(進行四條)다. 적극적으로 실천하라는 뜻으로 진행사조라 한다. 여기서 의(疑)는 진리에 대한 의문을 항시 가지고 다니라는 말이다. 쉽게 말하여 '물음 주머니'를 차고 다니라는 말이다. 이런 질문을 할 수 있다. 신(信)을 실천하는데 의문이 있을 수 있겠는가? 그것은 진리를 부정하는 의심을 하라는 것이 아니라 참다운 진리에 대해 자신의 방법으로 '물음'을 가지고 있으라는 말이다. 이러한 물음은 '신', 즉 믿음이 없는 사람은 가질 수 없는 물음이다. 진리에 대한 물음만이 아니라 자기가 쌓은 지식과 지혜에 대한 물음도 포함된다. 앞서 말한 네 번째의 방법도 포함된다는 말이다.

▷ '물음 주머니'를 차고 다니라는 것은 회의론(懷疑論, scepticism)을 말하는 것이 아니다. 회의론자들은 절대적 진리를 부정한다. 모든 진리는 상대적이어서 절대적 표준이 없다는 뜻에서 회의론에 빠지는 것이다. 그렇다고 데카르트(Descartes, 1596-1650)가 말하는 방법적 의심(methodical doubt)을 하라는 것도 아니다. 방법적 의심은 절대적인 회의론자처럼 절대적 진리를 부정하는 것이 아니다. 확실한 진리

를 찾아내기 위하여 주어진 것들을 의심해 보자는 것이다. 수사관이 범인을 찾아내기 위하여 주변의 모든 것을 일단 의심해 보는 것이 방법적 의심이다. 이러한 의심은 지각으로 얻는 개념과 관련된 것들이다. 서양철학의 인식론과 다른 차원에서 '물음 주머니'를 다루어야 한다. 물음이라는 낱말은 같지만 접근하는 차원이 다르다. 방법적 의심이 아니라 믿는 진리와 하나 되려는 간절한 발원(發願)의 차원이다. '물음 주머니'를 차는 것은 영식, 기식, 영기, 기령을 덮고 있는 어둠을 걷어내는 빛을 찾는 공부다.

▷ '물음 주머니'를 차고 있다는 것은 언제든지 알음알이를 얻어내려고 하는 마음가짐을 갖추는 일이다. 『대종경』 수행품 2장에서는 수양력, 연구력, 취사력을 얻는 방법을 말씀하고 있다. 그 가운데 연구력 얻는 다섯 가지 빠른 방법을 말씀하신다. 이 방법을 사용하는 기본이 '물음 주머니'를 항상 차고 다니는 것이다.

"… 동하고 정하는 두 사이에 연구력 얻는 빠른 방법은, 첫째는 인간 만사를 작용할 때에 그 일 그 일에 알음알이를 얻도록 힘쓸 것이요, 둘째는 스승이나 동지로 더불어 의견 교환하기를 힘쓸 것이요, 셋째는 보고 듣고 생각하는 중에 의심나는 곳이 생기면 연구하는 순서를 따라 그 의심을 해결하도록 힘쓸 것이요, 넷째는 우리의 경전 연습하기를 힘쓸 것이요, 다섯째는 우리의 경전 연습을 다 마친 뒤에는 과거 모든 도학가(道學家)의 경전을 참고하여 지견을 넓힐 것이니라. …"

'물음 주머니'를 차고 있어야 동정 간에 이와 같은 사리연구 공부를 놓치지 않을 것이란 말이다. '물음 주머니'를 찬다는 것은 일이 있을 때나 일이 없을 때나 사리연구 공부를 하려는 마음가짐 그 자체라고 할 수 있다.

▷ '물음 주머니'는 '물음' 그 자체로 이미 답을 얻은 것과 같은 것이다. "물음 주머니"의 형이상학이다.

• 일과 이치의 순서를 찾는다.

사리연구 방법의 일곱 번째다. '물음 주머니'를 찬 상태에서 일과 이치를 마주할 때, 일과 이치의 순서를 찾아낸다. 순서를 찾아내는 것은 단답형 해답을 찾는 것이 아니다. '물음 주머니'를 차는 구체적인 방법이라고 할 수 있다. 『대종경』 수행품 9장에서의 말씀을 듣는다. "…이 일을 할 때 알음알이를 구하여 순서 있게 하고, 저 일을 할 때 알음알이를 구하여 순서 있게 하면 곧 이것이 연구 공부요, …"

순서를 찾아내는 것은 체인(體認)을 쉽게 하는 방법이기도

하다. 처음과 끝을 동시에 알아내려면 순서를 알아야 하지 않겠는가? 일과 이치의 순서를 알아내는 것은 결국 실천을 잘하기 위한 것이다. 순서를 알아내는 것은 맥락(脈絡)을 알아내는 것이다. 일과 이치의 원인을 알아내고 결과를 예측하는 것은 맥락을 아는 일이고, 그 가운데서 순서가 드러난다. 음양상승과 인과보응의 진리에 맞추어 추론하면 순서가 드러난다. 눈앞에서 일어난 일에 집착하면 맥락을 볼 수가 없다.

▷ 학과 공부도 그러하다. 정답을 외우는 공부가 아니라 맥락을 찾아내는 공부가 중요하지 않은가? 숫자부호기술(數字符號技術, 디지털, digital) 시대다. 부호화(符號化, 코딩, coding) 교육이 필수가 된 세상이다. 부호화 교육에서 핵심은 맥락을 파악하는 것이다. 즉 순서를 찾아내는 것이란 말이다. 사리연구 방법은 '숫자부호기술(數字符號技術)' 시대에 더욱 필요한 공부가 되었다.

사리연구는 영지(靈知)를 깨어나게 하는 공부다

존재하는 것들은 영기질통화체(靈氣質統和體)이기 때문에 영지(靈知)가 깨어나면 동시에 기(氣)와 물질(物質)이 깨어난다. 근본식은 '자연생태의 공적 영지'다. 사리연구는 공부하여 '자각적인 공적 영지'에 이르게 하자는 것이다. 사리연구는 개념의 학습 단계, 지식의 단계를 넘어서 깨달음에 이르게 하자는 것이다. 사리연구는 단순한 개념학습이나 화두연마(話頭研磨)의 수준이 아니라는 말이다.

깨닫는 순간 영(靈)의 파장(波長)이 달라진다. 영의 파장이 기(氣)와 물질(物質)의 파장을 일깨운다. 전뇌(電雷), 즉 번개와 천둥이 우주 만물을 깨우는 것과 같다. '열려진 영'이 기(氣)와 물질을 조화되게 움직이게 한다. 식즉생기(識卽生氣)의 원리다. 아침 해가 떠오를 때 모든 동식물이 그 빛을 받아 생기를 얻는 것과도 비유할 수 있다.

만우당 생각 31

오행중첩(五行重疊)과 무시선 무처선(無時禪無處禪)의 원리

강태공의 낚시, 물 수행으로부터 추론한다

강태공이 강물을 보다가 알아낸 것이 무엇이었을까? 그가 오행중첩(五行重疊)을 알아냈을 것으로 판단했다. 오행중첩은 존재철학의 원리일 뿐만 아니라 무시선 무처선의 원리가 된다. 오늘은 이 말씀을 풀어본다.

강태공과 낚시

강태공(姜太公)은 중국 주(周)나라 시대에 재상을 지낸 사람이다. 직책은 재상이지만 문왕의 스승이다. 주나라 문왕(文王)이 된 서백(徐柏) 창(昌, 서기전 1152-1056)이 낚시하던 강태공을 만나 문답하던 중 인물됨을 알아보고 등용하였다. 그는 문왕을 도와 주나라의 기틀을 잡고 은(殷)나라를 정벌(서기전 1122년)했던 사람으로 알려졌다. 그는 병서(兵書) 『육도(六韜)』(6권)를 지었다고 한다.

강태공이 위수(渭水)의 반계(磻溪)에서 갈고리 없는 낚싯대를 드리우고 때를 기다린 옛이야기는 널리 알려진 이야기다. 70세에 낚시를 시작해서 80세 되던 해에 문왕이 그를 국사로 모셨다. 일반적으로 그는 빈 낚시를 하며 때를 기다렸다고 한다. 그가 말하는 낚시의 철학이 있다. 인재 등용과 관련한 말이다. 육도삼략(六韜三略)에서 읽을 수 있다.

▷ 그런데 나는 강태공이 빈 낚시를 하며 때를 기다렸다고 하는 것보다 물을 바라보며 물 수행을 했다고 본다. 물 명상, 불 명상, 바람 명상 등 오행(五行)이나 자연현상을 빗대어 명상하는 사람들이 많다. 명상하며 자기 내면의 치유를 한다. 그러나 수행은 치유를 넘어서 격물(格物)이다. 본성과 진리를 찾아내는 것이다. 명상과 수행의 다른 점이라고 본다.

• 물 수행

사물을 바라보며 그 원리와 본성을 생각하는 것은 격물(格物)의 방법이다. 격물치지(格物致知)를 한 낱말로 보면 사물을 보고 본성의 진리를 탐구한다고 해석한다. 그런데 격물치지를 두 단계의 공부로 볼 수도 있다. 사물을 관찰하거나 관상(觀想)하며 떠오르거나 찾아낸 본성의 진리를 다시 한번 걸러서(치: 致) 참다운 본성의 진리에 도달한다는 것이다.

칸트(Immanuel Kant, 1724-1804)를 빗대어 보면 두 단계의 격물치지를 쉽게 이해할 수 있다. 그가 말하는 인식의 단계다. 감각경험으로 얻은 지식을 이성(理性) 속에 들어 있는 범주의 형식, 즉 논리 형식으로 정돈하여 판단을 완성한다는 것이다. 감성(感性, sensitivity, Sensualität)과 오성(悟性, understanding, Verstand)을 종합하는 것이다. 감각적 경험과 이성적 인식을 종합하는 인식론이다.

강태공은 물을 바라보며 음양오행의 이치를 연마하고 수행했다고 생각한다. 음양의 변화가 교차 되듯이 오행의 변화도 교차 되는 이치를 깨달은 것이다. 음양중첩과 함께 오행중첩이다. 물의 흐름 속에서 오행중첩을 연마했다고 할 수 있다. 강(剛)과 유(柔), 약(弱)과 강(强)의 네 가지를 겸비하여 때에 맞게 대응하라는 것이 그가 쓴 육도(六韜)의 기본이라는 점에서 그렇게 미루어 생각할 수 있다.

▷ 음양중첩

음양중첩(陰陽重疊)은 음과 양이 동시에 작용하는 것을 말한다. 일음일양지위도(一陰一陽之謂道), 일음일양(一陰一陽) 되는 것을 진리라고 하는 말은 역학(易學)의 기본명제다. 일반적으로 '한 번은 음이 되고 한 번은 양이 되는 것'이 진리라고 해석한다. 시간적인 순환관계로 본다. 그러나 그것은 시간의 앞뒤를 의미하는 것이 아니다. "한 번에 음과 양이 작용한다"라고 해석해야 맞는 말이다. 동시에 음과 양이 작용하는 것이다.

▷ 오행중첩(五行重疊)

수목화토금(水木火土金)의 오행은 글자 그대로의 자연과 함께 우주와 만물에 깃들어 있는 기본적인 힘을 말한다. 그 기운을 다섯 가지 방향으로 이해한 것이다. 오행(五行)의 행(行)은 '기운의 흐름'이다. 수(水)는 내려가는 기운, 목(木)은 불어나는 기운, 화(火)는 올라가는 기운, 토(土)는 조절하는 기운, 금(金)은 누르는 기운, 조이는 기운이다. 이것은 자연의 기운임과 동시에 마음의 기운이기도 하다.

그런데 우리가 알아야 할 것은 수목화토금의 현상과 기운이 각각 그에 해당하는 기운으로만 운동하는 것이 아니라는 말이다. 예를 들어 수(水)의 기본은 내려가는 기운이다. 그러나 수(水) 그 자체에도 다섯 가지 기운이 동시에 작용하는 것이다. 쉽게 말하여 수(水) 가운데도 오행 작용이 있다는 말이다. 물에도 내려가는 기운뿐만이 아니라 오르는 기운이 있고, 불어나거나 조여드는 기운, 조절하는 기운이 있는 것이다. 화(火)는 오르는 기운이지만 불에도 오르는 기운이 있고, 불어나거나 조여드는 기운, 조절하는 기운이 있다. 수승화강(水昇火降)이 되는 원리다. 이러한 방식으로 수목화토금(水木火土金)의 각각에 수목화토금 작용이 있는 것이다. 그래서 오행의 상생상극 작용이 일어날 수 있는 것이다. 수생목(水生木), 목생화(木生火), 화생토(火生土), 토생금(土生金), 금생수(金生水)는 상생 작용이다. 수극화(水克火), 화극금(火克金), 금극목(金克木), 목극토(木克土), 토극수(土克水)는 상극 작용이다. 상생상극 작용이 동시에 일어나서 우주와 만물을 생생약동하게 한다.

▷ 중첩은 연쇄(連鎖)적으로 일어난다.

음양중첩이나 오행중첩은 연쇄적으로 일어난다. 그래서 우주 만물이 잠시도 쉬지 않고 움직이며 변화하는 것이다. 좀 더 정확하게 말하면 음양중첩연쇄(陰陽重疊連鎖), 오행중첩연쇄(五行重疊連鎖)다. 예를 들어 본다. 봄과 여름은 양(陽)의 시대, 가을과 겨울은 음(陰)의 시대다. 그 가운데 봄은 소음(少陰)이고, 여름은 태양(太陽)이다. 가을은 소양(少陽)이고 겨울은 태음(太陰)이다. 일월(日月)은 양(陽)이고 성신(星辰)은 음(陰)이다. 일월로만 보면 해는 양이고 달은 음이다. 성신(星辰)으로 보면 성(星), 즉 보이는 별은 양이고, 신(辰), 즉 보이지 않는 별은 음이다. 양 속에 음이 있고, 음 속에 양이 있기 때문이다. 일분일초(一分一秒) 등 그 단위를 아무리 작게 나누어도 이러한 방식의 음양중첩은 쉬지 않고 일어난다. 오행중첩도 같은 방식으로 중첩연쇄(重疊連鎖)로 된다. 그래서 본성적으로 모든 존재는 역동적(力動的)이다.

▷ 실물(實物)의 오행중첩, 기(氣)의 오행중첩

실물의 '수목화토금'이 오행으로 움직인다. 물이 내려가는 작용이 중심이지만 수증기가 되어 위로 오르기도 한다. 옆으로 퍼지기도 하고 폭포로 떨어지거나 얼어서 조여드는 힘을 가지고도 있다. 물의 순환이 이루어지는 원리다. 나무는 불어나는 작용이 중심이지만 불어나면서 조여서 단단해진다. 나이테를 보면 알 수 있다. 또 내려가면서 뿌리를 내리고 위로 자라나는 것이다. 불은 위로 오르는 작용이 중심이지만 불길이 내려가기도 하고 퍼지기도 하며, 집중하기도 한다. 산불 등의 화재 현장을 관찰하면 쉽게 알 수가 있다. 불길이 위로만 올라간다면 화재진압은 쉬울 것이지만 그렇지 않은 것이다. 땅은 조절하는 작용이지만 솟구치기도 하고 가라앉기도 한다. 넓어지기도 하고 눌러서 단단해지기도 한다. 쇠도 그렇다. 누르는 작용이지만 녹아서 위로 오르기도 하고 옆으로 퍼지기도 한다. 이처럼 오행의 실물도 오행 중첩현상을 일으킨다는 말이다. 이와 함께 기운, 즉 오기(五氣) 차원의 오행중첩도 동시에 일어난다.

▷ 오행조화(五行調和)의 문화

오행 기운을 기본으로 모든 실물과 문화를 다섯으로 나누어 조화시키는 동아시아의 문화가 자리 잡았다. 방금 예를 든 실물의 다섯 가지를 오재(五材)로 부른다. 물, 나무, 불, 흙, 쇠다. 색깔도 오색(五色)으로 나눈다. 검은색, 청색(青色), 붉은색, 노란색, 흰색이다. 소리의 경우는 오음(五音)이다. 궁상각치우(宮商角徵羽), 국악의 표준 음계다. 오미(五味)로도 나눈다. 짠맛, 신맛, 쓴맛, 단맛, 매운맛이다. 한식 요리의 기본이다. 윤리의 덕목도 오상(五常), 즉 인의예지신(仁義禮智信)이다. 이 밖의 모든 영역에서 동아시아 문화는 음양조화(陰陽造化)와 함께 오행조화문화(五行調和文化)다.

▷ 충기(冲氣)와 바람

'충기'는 음과 양을 매개하여 조화시키는 기운이다. 노자의

『도덕경』 42장에서 볼 수 있다. “도생일 일생이 이생삼 삼생만물(道生一 一生二 二生三 三生萬物) 만물부음이포양(萬物負陰而抱陽) 충기이위화(沖氣以爲和)” 이 문장에서 읽는 충기는 음과 양을 조화시키는 작용을 하는 것이다. 오행에서 충기와 같은 것은 ‘바람’이다. ‘바람: 풍(風)’은 오행을 포괄하여 조화시키는 힘이다. 오행의 상생상극 작용을 매개하고 조화시킨다는 말이다. 우리 민족 고유의 풍류도(風流道)의 ‘풍’이다.

▷ **음양중첩, 오행중첩과 단전(丹田)**

음양중첩과 오행중첩은 우주가 생생약동하는 원리다. 우주의 기운이 뭉쳤다가 펼쳐지는 원리다. 음양중첩과 오행중첩도 동시에 다시 중첩된다. 그것이 생생약동이다. 오행의 상생상극이 동시에 이루어진다. 크게 말하면 우주 전체가 그 기운이 뭉쳤다가 펼쳐지고, 펼쳤다가 다시 뭉친다. 숨 쉬는 것이다. 작게 말하면 모든 개체에서 그 기운이 뭉쳤다가 펼쳐지고, 펼쳤다가 다시 뭉친다. 더 작게 말하면 모든 세포에서 그 기운이 뭉쳤다가 펼쳐지고, 펼쳤다가 다시 뭉친다. 아주 작게 말하면 ‘극소입자: 쿼크(Quark)’ 단위에서도 그 기운이 뭉쳤다가 펼쳐지고, 펼쳤다가 다시 뭉친다. 모든 것이 숨 쉬는 원리다. 뭉쳤다가 펼쳐지고 펼쳤다가 뭉치는 모든 단위에는 혈(穴) 자리가 있다. 그것이 단전(丹田)이다. 우주 전체가 큰 단전이고 모든 개체와 세포와 '극소입자: 쿼크(Quark)' 단위까지 단전이 있어 맥(脈)을 이룬다. 이것이 우주단전이고 천단지전(天丹地田)이다.

존재의 천연상태(天然狀態)와 자각상태(自覺狀態)

우주 자연의 힘과 개체의 힘이 일치되면서 개체로서의 존재를 유지할 수 있다. 개체, 나 자신이 의식하지 않아도 그렇게 존재한다. 이것은 천연상태(天然狀態)다. 그러나 천연상태에 있는 존재는 음양상승의 원리에 따라 진급과 강급의 흐름에 휩쓸려 돌아간다. 열역학으로 말하면 엔트로피(Entropy) 상태로 되는 것이다. 무질서의 정도가 높아진다는 말이다. 더 쉽게 말하면 한 번 만들어지는 것은 다시 살아날 수 없고, 없어지고 죽는 과정으로만 간다는 것이다.

숨쉬기는 크게 말하면 음양이 교차되는 것이다. 천연상태에서도 모든 존재는 숨을 쉰다. 그런데 그 숨쉬기를 자각적(自覺的)으로 하면 진급의 상태를 유지할 수 있다. 〈일원상 서원문〉에서 말한다. "… 진급이 되고 은혜는 입을지언정, 강급이 되고 해독은 입지 아니하기로써 …." 이 말씀에서 진급의 길을 유지할 가능성을 알 수 있다. 〈일원상 서원문〉은 진급하는 방법도 가르친다. 엔트로피의 반대인 네트로피(netropy) 상태로 갈 수 있다는 말이다. 그것은 자각상태(自覺狀態)다.

선(禪)을 하면 영기질통화체(靈氣質統和體)가 살아난다

천연상태에서 자각상태(自覺狀態)로 가는 방법은 선(禪)이다. 선의 기본은 숨쉬기다. 숨을 의식적으로 쉬는 것이다. 우주의 파장과 나의 파장을 일치시키는 숨쉬기를 한다는 것이다. 예를 들어 강태공은 물의 파장과 자신의 파장을 일치시키면서 새로운 존재를 깨달았다고 할 수 있다. 자각하는 상태에서 의식적으로 숨을 쉬면 기(氣), 또는 기운(氣運)이 살아나고 영지(靈知), 영식(靈識)이 깨어난다.

▷ **단전으로 숨 쉬는 것은 음양 교차, 오행 교차로 숨 쉬는 것이다.**

단전으로 숨을 쉬는 목적은 우주와 나의 파장을 일치시키기 위한 것이다. 파장이 일치되면 기운을 받는다. 음양 교차, 오행 교차가 우주의 숨쉬기다. 우주와 일치하려면 나 자신도 그렇게 숨 쉬어야 한다, 우주 전체와 모든 개체, '극소입자: 쿼크(Quark)'에 이르기까지 음양중첩과 오행중첩이 진행되는 것은 그것들 모두에 단전(丹田)이 퍼져 있고 맥(脈)으로 이어졌다는 말이다. 즉 우주단전(宇宙丹田), 천단지전(天丹地田)으로 숨 쉬는 원리가 된다.

음양중첩, 오행중첩이 무시선 무처선의 원리

존재하는 모든 것들이 음양오행의 기운을 쉬지 않고 받는다. 그 기운을 받아 영기질통화체로 모든 순간순간 새롭게 살아나는 것이다. 천연상태의 모든 존재가 그러하다. 자각상태(自覺狀態)에서 음양중첩, 오행중첩의 영기질통화체를 살아나게 하려면 음양중첩, 오행중첩의 선(禪)을 해야 한다. 숨을 고르게 쉬어 음양중첩, 오행중첩을 자각한다. 그리고 영지와 영식을 깨어나게 하며 영기질통화체를 살아나게 한다. 영기질통화체로 살아나야 '바른 일'을 하며 좋은 세상을 만들게 된다. 무시선 무처선을 하는 이유다. 그리고 우주단전선(宇宙丹田禪), 천단지전선(天丹地田禪), 이것은 무시선 무처선의 원리다.

만우당 생각 32

치료해야 할 어리석음

"소귀에 경 읽기"란 속담이 있다. 말이 통하지 않는 사람이다. 훌륭한 선생을 소개해도 무시하는 사람이 있다. 자기가 제일이라고 생각한다. 그렇지만 다른 사람이 그 사람을 볼 때는 더 배워야 하고 고칠 점이 많은 사람이다. 좋은 책을 소개해도 무시한다. 오히려 지은이의 단점만 밝혀낸다. 좋은 식단이나 건강증진 과목을 소개해도 무시한다. 부정의 껍질 속에 들어 있는 사람이다. 어리석은 사람이다. 이것은 병(病)이다. 그런데 돌이켜보면 나 자신부터 그러한 사람인 경우가 많다. 그래서 치료해야 한다. 〈일상 수행의 요법〉 2조로 공부하여 치료해 보자.

어리석음이란 껍질, 본성은 무지무치(無智無痴), 능지능치(能

智能痴).

〈일상 수행의 요법〉 2조를 공부한다. "심지는 원래 어리석음이 없건마는 경계를 따라 있어지나니 그 어리석음을 없게 하는 것으로서 자성의 혜를 세우자."

어리석음을 없게 하라는 것인데, 어떻게 해야 어리석음을 없앨 수 있는가? 바로 대답한다면 사리연구를 잘하면 된다고 할 것이다. 그런데 문제는 사리연구 공부를 어떻게 시작할 것인가? 이것이 문제다. 어리석은 상태를 벗어나려고 하는 결심을 한다면 그 자체로 이미 어리석은 사람은 아니다. 자신이 어리석다는 것을 자각한 것은 어리석음이 아니라는 말이다. 공자나 소크라테스처럼 자신의 무지(無知)를 자각한 사람은 오히려 더 넓은 지혜의 땅을 소유한 사람이다. 문제는 자신이 '어리석지 않다고 생각하는 것'이다. 어리석음은 남들의 일처럼 생각한다.

〈일상 수행의 요법〉 2조의 공부는 자신의 '현재가 어리석은 상태'라는 것을 자각하는 것부터 시작하는 것이다. 어리석음은 일종의 껍질이다. 어리석음이라는 껍질을 깨고 나와야 사리연구라는 싹이 틀 수 있는 것이다. 달걀의 껍질을 깨고 나와야 병아리가 세상에 나오는 것과 같은 이치다.

바탕의 본성에는 어리석음이 없다고 하는데, 현실의 나에게는 어리석음의 껍질이 그 본성을 막고 있다. 그 때문에 나의 본성 자체가 어리석음 덩어리로 여겨지는 때도 있게 된다. 그러나 성품의 본성은 무선무악(無善無惡), 능선능악(能善能惡)인 것처럼, 마찬가지로 무지무치(無智無痴), 능지능치(能智能痴)이다.

• 불교의 12연기법의 제1지(支)는 무명(無明)이다. 산스크리트말의 아비디야(avidya)를 한자어로 번역한 말이다. 무지(無知)와 같은 말로 쓴다. 12연기법에서는 크리스트교의 원죄(原罪)처럼, 사람의 본모습을 '무명 덩어리'로 본다. 물론 무명의 실체는 없다는 학파도 있다. 소태산 성존이 가르치는 〈일상 수행의 요법〉에서 "본래 어리석음이 없다"는 말씀과 비교할 수 있다.

어리석다는 것은 무엇인가? 어리석음은 본성을 막고 있는 껍질과 같은 것이라고 하였다. 그러면 그 어리석음은 어떤 것인가를 살펴보자.

• 어리석다는 것은 우선 무식(無識)하다는 것이다. 지식이 모자란다는 말이다. 글자를 모르는 경우도 무식한 것이다. 다른 나라 말을 모르는 것도 무식의 범주에 들어간다고 본다. 그런 의미에서 모든 사람은 어느 정도 무식하다. 여기서부터 겸손해야 한다.

• 다음으로 어리석다는 것은 무지(無智)하다는 것이다. 판단력이 없다는 것이다. 상황에 맞게 사물에 대처하는 지혜가 없다는 말이다. 여러 가지 영역에 대해 그 개념이나 맥락을 파악하지 못하는 것도 지혜가 없는 것이다. 요즈음 각종 영역에 대해서 문해력(文解力, literacy)의 중요성을 말한다. 문해력은 글을 읽어내는 능력을 말하지만, 넓은 뜻으로 쓰인다. 예를 들어 인공지능 기술과 그 사용에 대한 문해력을 기르자는 말 등이다. 문해력이 있어야 판단력을 가질 수 있는 것이다. 그런 의미에서 현대인은 대부분 어느 정도는 어리석다. 여러 가지 기술의 영역이 많고, 빠르게 달라지므로 그 모든 것을 섭렵하기 힘들기 때문이다. 그런 의미에서 현대인은 겸손해야 한다.

• 그리고 어리석다는 것은 "자기가 아는 것이 전부요 최고라고 여기는 것"이다. 학자나 지식인들이 이런 경우가 많다. 이런 사람은 새로운 지식이나 지혜를 받아들일 수 없다. "우물 속에서 하늘 보기(좌정관천: 坐井觀天)"하는 사람들이다. 이런 사람들은 판단이나 실행의 잘못을 범한다.

• 다음으로 어리석다는 것은 자기가 모르는 것은 존재하지 않는 것이라고 말하는 것이다. 보이지 않는 별들과 행성을

모르기 때문에 없다고 한다. 영(靈)과 기(氣)의 세계를 모른다고 없다고 한다. 사후세계를 모르므로 없다고 생각하는 것도 여기에 해당한다. 전생윤회(轉生輪廻)를 자기가 모른다고 없다고 한다.

• 또 다음으로 어리석다는 것은 우주를 관통하는 진리가 없다고 생각하는 것이다. 가장 어리석은 것은 음양상승과 인과보응의 진리를 없다고 하면서 믿지 않는 것이다.

• 이어서 진리를 탐구하려는 사람들을 비웃거나 무시하는 것도 어리석은 행위다. 도덕적 원칙을 지키고 실천하려는 사람을 비웃거나 무시하는 것 또한 어리석은 행위다.

• 그리고 자기 자신이 진리 공부나 도덕적 실천에 관심 자체가 없는 사람이 어리석은 사람이다.

• 두려움과 불안도 어리석음이다. 두려움과 불안의 원천은 무지(無知)다. 사람은 자기 앞날을 모르기 때문에 불안하고 두려워한다. 이것이 실존철학의 출발점이다. 두려움과 불안을 '요란함'으로 분류할 수도 있을 것이다. 그러나 어떤 사람들은 혼자 있을 때, 일이 없을 때도 불안하고 두려워한다. 그

뿌리를 보면 무지가 원인이 되어 어리석음이라는 병적인 상태로 된 것을 알 수 있다.

이제 어리석음의 근원에 대하여 생각해 본다. 동서양의 모든 종교나 사상은 '몸'을 어리석음의 근원이라고 본다.

• 동양의 경우를 먼저 본다. 몸을 오욕칠정의 덩어리로 본다. 오욕칠정이 나쁘게 발동하면 탐진치(貪瞋痴)가 된다. 대체로 몸의 금욕과 절제를 수행의 기본으로 생각한다. 몸은 타락한 상태에 있다고 전제하고 맑은 본성의 마음을 회복하는 것이 수행이라고 본다.

• 서양의 경우도 마찬가지다. 몸뿐만 아니라 현실의 '사람 자체'를 본질적으로 타락한 상태로 본다. 원죄(原罪)를 가지고 태어난 것이다. 현실의 사람이나 사물이 아닌 더 높은 곳에 본성의 세계가 있다고 한다. 그리하여 두 차원의 세계를 설계하게 된다. 하나는 깨끗하고 완전하며 이상적인 본성의 세계다. 이것은 하늘 위에 있는 세계다. 다른 하나는 우리가 사는 땅 위의 세계다. 세속적인 우리는 몸의 욕구에 찌들어 산다. 그것 때문에 세상을 바로 보지 못하는 것이다. 플라톤은 완전한 본성의 세계를 이데아(Idea)의 세계라고 하였다.

그 세계에는 땅 위의 세계에 존재하는 모든 개체가 근본 틀이 존재한다고 본다. 그것을 형상(形相, eidos)이라고 한다. 땅 위의 개체들은 그 형상의 그림자로 본다. 그래서 불완전하다. 플라톤은 완전한 영혼이 몸에 갇혀있어 불완전하게 된다고 말한다. 몸은 영혼을 가두는 '가죽자루'라는 것이다. 몸을 가죽자루라고 표현할 정도로 어리석음의 근원을 사람의 몸에 두었다.

• 몸을 어리석음뿐만 아니라 타락의 근원이라고 보는 관점은 서양 주류사상의 흐름이었다. 금욕주의 학파인 스토아학파도 그러했다. 크리스트교도 금욕적 실천이 하나님의 나라에 가는 것이라고 믿고 있다. 금식기도, 잠 안 자는 밤샘 기도는 많이 알려진 금욕실천이다. 예수님의 수난도 그렇게 볼 수 있다. 몸을 극단적으로 부정하는 죽음을 통해 성령으로 부활하지 않는가?

자기보존 욕구와 이기심이 갈라지는 지점

그러나 몸을 잘 지키려는 것은 정당한 자기보존 욕구다. 자기보존 욕구의 구체적인 것은 의식주(衣食住) 욕구다. 자기보존 욕구에서 타인을 지배하려는 욕구로 넘어가는 순간이 탐진치(貪瞋痴)의 출발이다. 그리고 지배 욕구로 넘어가는 순간이 이기심이 발생하는 순간이다. 이기심과 탐진치는 같은 맥락이라고 할 것이다. 그러므로 몸의 욕구의 모든 것을 부정하는 것은 옳지 않다. 다만 지배 욕구로 진행되는 것만 경계하면 되는 것이다. 이것은 영육쌍전 공부다.

어리석음의 뿌리인 업력(業力)

이번에는 어리석음의 뿌리를 업력으로 보는 것에 대해 생각한다. 〈일상 수행의 요법〉에서는 심지(心地), 즉 마음 바탕에는 어리석음이 없는데, '경계를 따라' 있어진다고 한다. 경계(境界)란 생활세계 그 자체를 말한다. 그와 함께 인과에 따라 과보(果報)를 받는 상태를 말한다. 즉 전생 업력의 과보를 받는 상태에서 어리석음이 발생한다는 말이다. 일이 있거나 없거나 간에 사람은 쉬지 않고 생각하고 감정을 느끼며 판단하고 행동한다. 모든 판단과 감정이 순수하고 깨끗한 마음 바탕에서 이루어지는 것이 아니라 전생과 현생에서 지은 바 업력(業力)에 따라 수동적으로 이루어진다는 것이다. 업력은 전생(前生)에 자기가 지은 업(業)이다.

▷ 소태산 성존께서 업력이 다음 생의 상황으로 이어진다는

법문을 하셨다. 김영련(金永連, 1929-) 교도님이 전하신 법문이다. 김영련 교도님은 수계교당 교도회장을 지낸 분이다. 선생은 소태산 성존이 생존해 계시던 당시 산업부에서 근무하셨다. 그때 소태산 성존의 법문을 직접 듣고 전해주신 말씀이다. 당시 산업부원 한 분이 큰 병이 들었다고 한다. 병든 산업부원은 낙심하여 삶을 포기하고 죽을 날만 기다리며 치료의 노력도 하지 않고 자포자기하고 있었다고 한다. 그때 소태산 성존께서 크게 나무라시며 법문을 내리셨다고 한다. "지금 치료의 노력을 하지 않고 죽을 날만 기다리며, 다음 생에 건강하게 태어나고 싶다고 소원하는 것은 잘못된 일이다. 지금 치료의 노력을 하지 않으면 여전히 다음 생에도 병든 몸이 된다. 다음 생의 건강을 바란다면 지금 바로 치료의 정성을 다해야 한다. 그래야만 다음 생에 그 힘으로 건강을 지킬 수가 있다." 이러한 소태산 성존의 말씀은 사람이 생을 마칠 때, 최후의 한 생각만 중요한 것이 아니라 끝까지 하는 일이 중요하다는 말씀이다. 이 법문에 비추어 보면 지금 어리석은 것은 전생에 어리석은 행위를 해 왔기 때문이다.

이 법문을 이해하면 어리석음의 뿌리는 업력이다. 그러므로 어리석음을 치료하려면 업력을 벗어나야 한다는 것을 알 수 있다.

• 업력을 수동적으로 끌어들이기만 하는 것이 업장(業障)이다. 업장을 다른 말로 하면 나의 안에 있는 탐진치(貪瞋痴)다. 이 가운데서도 탐심(貪心)과 진심(嗔心)이 치심(痴心)을 일으킨다고 할 수 있다. 나의 안에 있는 탐진치의 업장이 업력을 끌어들이고 증폭시킨다. 그리고 다시 새로운 업력을 만들어 내는 계기가 된다.

• 업장을 제거하고 업력을 벗어나려면 업력인과(業力因果)를 깨달아야 한다. 지극히 세속적인 상황에서 사는 사람, 눈에 보이는 것만이 진실한 세계라고 믿는 사람, 과학으로 증명할 수 없는 것은 진리가 아니니까 말하지 말라고 하는 사람이 업력인과를 믿을 리 없다. 이런 사람들에게 업력인과를 믿는 계기를 만들어 줄 수 있다. 그러나 그런 사람이 믿는 과학도 '현재 수준'까지의 과학이다. 과학의 지평은 아직도 넓다.

• 업력인과의 눈을 뜨는 계기를 만들어 보자. 인과를 믿지 않는 사람에게 인과의 눈을 뜨게 하는 계기를 만드는 방법을 생각해 본다. 첫째, 모든 사람이 평탄한 삶을 살지 않는다. 누구나 일이 안 풀릴 때가 있다. 출구가 없는 막다른 벽에 막혔다고 생각하는 때도 있다. 그때 사람들은 그렇게 된 원인을 생각하는 버릇이 있다. 특정한 사람 때문이라든가 어

떤 상황 때문이라는 것을 알게 된다. 거기서 끝나지 말고 다시 한번 그 원인을 생각한다. 그것이 업력으로 인한 것이라는 생각으로 이어갈 수 있다.

• 자연과학의 기본원리는 인과법칙이다. 모든 자연현상은 인과 원리의 연쇄로 이루어진다는 것은 누구나 믿는다. 자연과학을 신봉하는 것이 현대인들 아닌가? 가장 합리적인 사람이라고 자처하는 사람들도 이것을 부정하지 않는다. 그런데 자연과 사람이 다른 법칙으로 존재할 수는 없다.

• 그렇다면 같은 원리로 사람의 삶도 인과 원리로 이어진다는 것으로 생각을 이어갈 수 있다. 한 걸음 더 들어가 음양상승의 원리로 된다는 것도 알게 된다. 오르막길이 있으면 내리막길이 있고, 내리막길이 있으면 오르막길도 있다는 평범한 원리는 누구나 쉽게 수긍한다.

• 업력인과를 생각하면 자연스럽게 현재의 나의 상황에서 멈추어 본원을 생각하게 된다. 본원과 본성을 찾아내는 것은 정(定)의 상태가 되는 것이다. 그리고 그 상황을 벗어나려는 바른 실천을 하게 된다. 이것은 '바를 정(正)' 자 정의 상태로 된 것이다. 자연스럽게 세발동시공부, 삼학병진, 정혜정(定

慧正) 공부로 가게 된다.

어리석음을 치료하는 일은 결국 업력을 벗어나는 길이다. 어리석음을 치료하면서 자연스럽게 요란함도 치료하고, '그름'도 치료하게 되는 것이다. 업력을 벗어나려는 공부가 세발동시공부로 된다는 것을 알 수 있다. 〈참회문〉에 끓는 물을 식히는 비유가 있다. 그 비유를 인용한다. "밑에서 타는 불을 아예 끄는 것이 업력을 벗어나는 길"이다. 업력을 벗어나는 공부가 '돌리는 공부'로 이어진다. 〈일상 수행의 요법〉 전체의 요점인 돌리는 공부, 세우는 공부로 된다는 말이다.

만우당 생각 33

육근(六根) 가운데 '의(意)'를 사용하는 기관은 무엇인가?

'마음'은 기능인가? 기관인가?

〈일원상 법어〉를 공부할 때 의문을 가질 수 있는 대목이 있다. "이 원상은 눈, 귀, 코, 입, 몸, 마음을 사용할 때 쓰는 것이니, 원만구족한 것이며 지공 무사한 것이로다." 한자로 안이비설신의(眼耳鼻舌身意)의 의(意)를 '마음'이라고 표현하였다. 여기서 '눈, 귀, 코, 혀, 몸'은 형체가 있는 것이다. 각 기관의 모습도 알고 기능을 잘 알고 있으니, 그것을 원만구족하게 사용한다는 말씀에 대하여서도 짐작할 수 있다. 마음은 앞의 오근(五根)과 함께 작용한다. 그러나 마음은 형체가 없는 것이다. 형체가 없기 때문에 기능으로만 볼 수 있다. 그러므로 마음을 원만구족하게 쓴다는 것에 대해서도 구체적 기준을 가늠하기 힘들다.

• 다른 한편으로 보면 '눈, 귀, 코, 입(혀), 몸' 자체가 사람의 기관인 것처럼 마음도 기관이다. 보고 듣고, 냄새 맡고 맛보며 동작하는 기능의 도구가 몸의 '안이비설신'이다. 그러면 마음의 기능은 무엇이고, 그것이 기능하게 하는 도구는 무엇인가? 오늘은 이 문제를 생각해 본다.

일원주의(一圓主義)에서 보는 마음

정산 성사(鼎山聖師)의 말씀이다. "정정요론(定靜要論)을 설하실 때에 성품과 정신과 마음과 뜻을 분석하여 말씀하시기를 '성품은 본연의 체요, 성품에서 정신이 나타나나니, 정신은 성품과 대동하나 영령한 감이 있는 것이며, 정신에서 분별이 나타날 때가 마음이요, 마음에서 뜻이 나타나나니, 뜻은 곧 마음이 동하여 가는 곳이니라.' 학인이 묻기를 '영혼이란 무엇이오니까.' 답하시기를 '영혼이란 허령불매한 각자의 정신 바탕이니라.'"

이 말씀에 근거하여 성(性), 심(心), 의(意), 념(念)의 범주를 정하면 공부에 도움이 될 것이다. 이러한 방식으로 나누어 보는 존재철학적 기초는 이것이다. 즉 모든 존재는 영기질(靈氣質)로 짜졌다는 것이다.

성(性), 심(心), 의(意), 염(念)의 구분

마음으로 번역되는 여러 가지 한자가 있다. 대표적으로 성(性), 심(心), 의(意), 념(念)이다. 이들의 차이점을 구별해 보자.

성(性)은 본성(本性)을 말한다. 개별화된 사람의 본성이지만 진리 그 자체의 본성으로 이어진 것이다. 가장 중요한 것은 본성이 공적영지(空寂靈知)의 광명을 따라서 움직인다는 것이다. 『정전』 '일원상의 진리'에서 말하는 일원(一圓)의 진리다. "일원(一圓)은 우주 만유의 본원이며, 제불 제성의 심인이며, 일체중생의 본성이며, 대소 유무(大小有無)에 분별이 없는 자리며, 생멸 거래에 변함이 없는 자리며, 선악 업보가 끊어진 자리며, 언어 명상(言語名相)이 돈공(頓空)한 자리로서 공적 영지(空寂靈知)의 광명을 따라 대소 유무에 분별이 나타나서 선악 업보에 차별이 생겨나며, 언어 명상이 완연하여 시방 삼계(十方三界)가 장중(掌中)에 한 구슬같이 드러나고, 진공 묘유의 조화는 우주 만유를 통하여 무시광겁(無始曠劫)에 은현 자재(隱顯自在)하는 것이 곧 일원상의 진리니라."

• 공적영지의 광명을 가진다는 것은 근본식(根本識)을 가진다는 말이다. 우주 전체도 영기질(靈氣質)로 짜진 만큼, 근본식은 우주령(宇宙靈)이다. 근본식(根本識)은 순선(純善)한

것이라기보다 지선(至善)하다. 악(惡)에 대한 상대적 언어는 순선이다. 선악을 초월한 것이 지선이다. 이 근본식이 차별화된 개체들의 세계를 만들어 낸다. 개체들의 세계는 대소유무의 분별이 있고, 선악 업보에 차별이 있으며 말과 개념으로 표현되어 뚜렷하게 알 수 있는 세계다.

• 이러한 본성은 진공묘유(眞空妙有)의 조화로 나타나서 은현자재(隱顯自在)하며 영원히 지속한다는 것이다. 은현자재한다는 것은 나타나기도 하고 숨기도 하는 과정으로 지속한다는 것이다. 이것은 음양상승과 인과보응의 진리로 지속한다는 말이다.

• 영기질(靈氣質)의 짜임새로 볼 때, 성(性)은 영기(靈氣)다. 성품은 성품 자체로 존재하는 것이 아니라 사람과 사물로 맥락을 갖추어 나타나는 것이다. 그런 뜻에서 영기(靈氣)다.

심(心)은 성품이 개별자들에게 발현하는 것이다. 개별자들의 '마음'은 몸과 결합된 것이다. 그런 의미에서 기령(氣靈)이라고 할 수 있다.

• 마음과 정신은 같은 뜻으로 쓸 수 있다. 정신(精神)의 정

(精)은 '몸의 가장 정미한 것'이며 신(神)은 성품을 받아 물질, 몸의 정(精)을 작용하게 하는 것이다. 몸의 정(精)은 기(氣)로 이어져 정기(精氣)가 되고, 영(靈)과 이어져 정신(精神)이 된다.

의(意)는 몸을 활동하게 하는 개별자의 생각이다. 몸의 구체적인 기관인 안이비설신(眼耳鼻舌身)의 오근(五根)을 움직이게 하는 작용이다. '안이비설신'은 화살이고 '의(意)'는 시위를 갖춘 활(弩)과 같다는 비유를 한다. 한글로 '뜻'으로 표현하면 '마음'과 구별되어 개별화된 마음이라는 의미가 드러난다고 할 수 있다. 한마디로 하면 '뜻'은 활이고 '눈-귀-코-혀-몸'은 화살이라는 것이다. 그런데 '뜻'의 화살은 또 다른 곳에도 있다.

염(念)은 의(意)의 개별화된 작용이다. '염'은 물질의 정(情), 즉 느낌과 결합되어 있다. 여기서는 정념(情念)과 사념(思念)을 구별할 수 있다. 정념은 감성과 결합된 것이고 사념은 이성과 결합된 것이다.

성(性), 심(心), 의(意), 염(念)의 순서로 마음공부, 성리공부할 수도 있고, 염(念), 의(意), 심(心), 성(性)의 순서로 공부할 수도 있다. 앞엣것은 '위로부터의 방법'이고, 뒤엣것은 '아래로부터의 방법'이다. 연역적 마음공부, 귀납적 마음공부가 다 가능하다는 말이다. 본성을 깨달아서 현재의 생각과 행동을 바꾸는 방법이 연역적 마음공부다. 그리고 현재 내 생각과 행동을 인과보응과 음양상승의 진리에 맞추어 가며 고쳐가는 것은 귀납적 마음공부다. 귀납적 마음공부도 결국은 진리의 본성을 깨닫는 단계에 이르게 한다. 소태산 성존의 표현을 따라 "줄기에서 가지에 이르게"도 하고 "가지에서 줄기에 이르게"도 할 수 있다.

- 위로부터의 방법과 아래로부터의 방법은 두 가지 중에 하나를 선택할 수 있다. 그러나 이 두 가지를 병행하여 공부하면 연역(演繹)의 오류(deductive error)를 범하지 않게 된다. 소태산 성존의 비유는 "줄기와 가지 병행론"이라고 본다. 그것은 연역의 오류를 방지하게 된다. 자기가 스스로 깨닫지 않고 다른 사람이 가르쳐준 진리를 전제로 끌어내며 공부할 때, 가르쳐준 그 진리가 잘못일 경우가 있다는 것이다. 잘못된 경우의 스승과 폐쇄된 전통의 함정을 벗어날 수 있다는 말이다.

서양철학의 구분과 비교해 본다

서양 사람들은 철학이 시작된 이래로 '몸'과 '영혼'을 분리하여 탐구하였다. 몸과 영혼의 이원론(二元論)이 우세하였다. 영혼에 대한 탐구는 정신에 대한 탐구와 크게 구별되지 않았다. 성품이나 본성 그 자체에 대한 탐구보다는 추론의 능력, 감성 작용을 집중적으로 분석하였다. 논리학이 발달한 이유 중의 하나라고 할 수 있다. 근대 이후에 마음을 구분하는 공부를 구체적으로 했다고 할 수 있다.

칸트(Kant, 1724-1804)는 이성(理性), 감성(感性), 판단력으로 마음을 구분했다. 니콜라이 하르트만(Nicolai Hartmann, 1882-1950)은 존재를 네 개의 계층으로 되었다고 보았다. 물질-생명-의식-정신의 계층이다. 이 가운데 의식은 생명체로서의 사람과 결부된 것으로 심리학의 대상이 되는 것이다. 그리고 정신은 개인을 초월하여 '인류'라는 차원에서 가지는 도덕, 학문 등과 같은 것이라고 하였다. 식물은 생명의 단계까지 짜졌고, 동물은 의식의 단계까지 짜졌다고 한다. 오직 사람만이 정신의 계층까지 가지고 있다는 것이다.

말과 감정은 의(意)를 사용하는 기관이므로 의(意)를 사용하는 공부의 직접적 대상이다.

'안이비설신'은 화살이고 '의(意)'는 활과 같다는 비유로 보면 의(意)의 기관은 오근(五根)이라고 할 수 있다. 다시 말하면 안이비설신의 오근 작용은 항상 그 뒤에 의(意)가 깔려있다는 것이다. 그러나 의(意)는 또 다른 기관을 갖는다. 말과 글, 예술과 사회제도,

정치와 경제의 제도다. 이것들이 오근 밖의 또 다른 화살인 것이다.

• 마음이 개별화된 것으로서의 의(意), 즉 '뜻'은 생각이다. 그리고 생각은 말과 글로 표현한다. 즉 말과 글이 '뜻'의 기관이다. 오근(五根)을 사용하여 다시 말과 글로 나타내는 것이다. 일상적인 대화나 강의, 연설, 짧은 글이나 편지, 논문과 논설, 그리고 문학작품들이 '뜻'의 기관이다. 그러므로 〈일원상 법어〉의 말씀에 따르면, 말하기와 글쓰기를 원만구족하고 지공무사하게 사용해야 하는 것이다. 누리소통망(SNS)에 짧은 글을 올리는 것이 일상화된 현실이다. 그리고 '가짜정보'가 세계적인 사회문제가 되고 있다. 말하기와 글쓰기 공부가 절실해진 시대다. 그러므로 의(意), 즉 뜻을 원만구족하고 지공무사하게 사용하는 공부를 요청하는 것이다. 정기 훈련 과목 가운데 강연, 회화, 정기일기, 상시일기를 정한 이유가 여기에 있다.

• 원만구족하고 지공무사하게 육근을 사용하는 기본은 인과보응과 음양상승의 법칙에 따라 사용하는 것이다. 원만구족이 두루뭉술하여 모두를 만족시키는 것으로 보는 사람이 있다. 이것은 크게 잘못된 생각이다. 원만구족함을 지공무사함과 병행하면 바르게 되는 것일 뿐, 두루뭉술하게 될 수가

없다. 그러므로 〈일원상 법어〉는 인공지능기술 시대에 모든 것의 조작이 가능해진 현실에서 절실한 공부법이다.

• 또 마음은 '감정'이다. 감정은 희로애구애오욕(喜怒哀懼愛惡欲)의 일곱 가지 갈래로 나눈다. 감정을 직접적으로 표현하는 것은 예술이다. 음악, 미술, 무용, 건축, 의상 등 예술의 모든 영역은 생각과 감정을 표현하는 기관이다. 심리상담할 때, 상담자에게 그의 생각을 그림으로 그려보라고 하는 경우를 본다. 전문가들은 그 그림을 보고 상담자의 생각을 미루어 생각한다. 문학치료, 음악치료, 미술치료, 무용치료 등이 치료의 영역이 된다는 것은 일반적인 일이 되었다. 그것들이 생각과 감정의 기관이라는 것을 증명하는 것이다. 그러므로 〈일원상 법어〉의 말씀처럼 이것들도 원만구족하고 지공무사하게 사용해야 하는 것이다.

사회규범과 정치제도도 의(意)를 사용하는 도구다

공자와 맹자, 순자는 성악설과 성선설의 기초로 사회규범을 정하였다. 보편적으로 인성(人性)을 고르게 하자는 목표는 같다고 할 수 있다. 존 로크(John Locke, 1632-1704, 영국)는 영국에서 민주주의 철학의 문을 연 사람이다. 민주적 정치체제를 설계할 때, 사람의 자연상태, 즉 본성은 평화적이라고 보았다. 일종의 성선설이라고 할 수 있다. 자신들끼리 평화로운 관계를 유지하며 살 수 있는 존재가 사람이라는 것이다. 그 가운데 도둑질과 폭력 등 질서를 어지럽히는 사람들이 발생하는데, 이들만 바로 잡는 경찰력만 있으면 된다는 것이다. 그의 최소국가론, 작은 정부론이다.

토머스 홉스(Thomas Hobbes, 1588-1679, 영국)는 사람은 자연상태에서 서로 싸우는 것이 본성이라고 보았다. 순자의 생각과 같다. "모든 사람의 모든 사람에 대한 싸움(Bellum omnium contra omnes, The war of all against all)"이 본성이라는 것이다. 그래서 개인의 권리를 위임받은 강력한 정부가 싸우지 않도록 조정해야 한다고 주장한다. 이처럼 사람 마음의 본성 상태를 어떻게 보는가에 따라 사회체제나 정부의 구성을 달리하게 된다는 것을 알 수 있다.

- 사회제도, 정치와 경제제도는 사람들이 마음을 사용하는 주요 배경이 된다. 전체주의 국가의 국민들이 마음을 사용하는 것과 민주주의 국가들이 마음을 사용하는 것에는 큰 차이가 있다. 마음을 사용하는 것이 순전히 개인에게만 주어진 것이 아니라는 것을 알 수 있다. 그러므로 의(意)를 원만구족하고 지공무사하게 사용하기 위해서는 사회규범과 정치, 경제 제도를 바르게 만들어야 한다. 이것이 사은사요의 정신으

로 사회개혁, 정치개혁을 해 나가야 하는 이유이다. 정치인이 스스로 개혁하지 못할 때 개혁에 나서주는 것이 정교동심(政敎同心)이다.

만우당 생각 34

은(恩)의 존재철학

은(恩)이 존재의 원리가 되어야 하는 까닭

일원주의(一圓主義)의 사은(四恩) 사상은 신앙문(信仰門)이다. 그런데 일원인(一圓人) 가운데는 사은 사상을 윤리적 범주로만 이해하는 사람들이 있다. 다시 말하면 지금, 여기에 숨 쉬고 생활하는 생명존재(生命存在)의 차원에서 실용적으로 접근한다는 것이다. 그렇기 때문에 해충이나 독충이 어떻게 은혜가 되느냐 하는 질문을 하게 되는 것이다. 사은 사상이 신앙으로 들어가는 문이 되려면 윤리 규범의 차원을 넘어서 존재철학적으로 근거를 가져야 한다. 한마디로 말하면 실용주의적 윤리의 범주가 아니라 존재의 원리(原理)로 되어야 한다는 말이다.

은(恩)이 존재 원리가 되는 단서

〈일원상 서원문〉에서 본다. "일원은 언어도단(言語道斷)의 입정처(入定處)이요, 유무 초월의 생사문(生死門)인바, 천지·부모·동포·법률의 본원이요, 제불·조사·범부·중생의 성품"이지 않은가? 천지·부모·동포·법률의 은혜가 진리의 본원에 근거한다는 말씀이다. 이것이 원리로서의 은(恩)사상을 말하는 단서가 된다.

사람이 중심되는 선후천 교역의 개벽관(開闢觀)과 은(恩)

소태산 성존이 '은(恩)'을 핵심 개념으로 내세운 것은 초기에 지으신 〈경축가(慶祝歌)〉에서 짐작할 수 있다. 〈경축가〉는 원기1년에 한글로 지으신 가사이다. 법인 기도하셨던 아홉 제자가 기도드릴 때 마음으로 기운을 모을 때 읽으셨다고 한다.

들어가는 부분을 읽어 본다. "세계조판(世界肇判) 이 가운데 제일 주장 누구신가? 만물지중(萬物之中) 사람이라. 사람마다 주장인가? 사람이라 하고 보면 위로 보니 보은(報恩)이요 알로(아래로) 보니 배은(背恩)이라. …"

- 이 세계가 만들어진 가운데 중심되는 것은 사람이라고 하

였다. 천지인(天地人) 가운데 '사람'이라고 한 것이다. 이것은 선후천 교역의 개벽관(開闢觀)에 근거한 것이다. '사람 중심', '인본(人本)'을 말하고 있는 것이 후천 시대를 규정하는 전제가 된다는 말이다. 그런데 그 사람은 보은하는 부류와 배은하는 부류로 나누고 있다. 보은하는 사람은 하늘과 땅과 합하는 사람이고, 배은하는 사람은 천지인 합일을 하지 못하는 사람으로 분류하고 있다.

• 각 종교가 천도(天道)를 받는 방법

유교는 천지의 도를 따라 인의예지신(仁義禮智信)을 실천하자고 한다. 그리고 도가(道家)는 천지의 도를 따라 무위자연 하자고 하는데, 이들은 천지인 가운데 천과 지가 중심되는 시대의 사람 세계를 말하고 있다. 하늘 중심의 크리스트교도 땅 위에서 하늘 뜻을 실현하자고 하는데, 그것은 '율법과 사랑'이다. 그것으로 구원(救援)을 얻고 신화(神化, divineization)한다고 한다. 이들은 천도(天道)와 지도(地道)를 따라 사람 세상의 질서를 만든다. 사람 세상은 수동적인 지위에 있다.

• 이들과 비교하여 일원주의는 현실적 사람 중심으로 보는 천지인관(天地人觀)을 가지고 사람을 본다. 사람의 존재, 사

람 세상에서 천지의 도가 구현되어야 천지인 합일(天地人合一)이 완성된다고 보는 것이 후천 시대의 천지인관이다. 『대종경』 불지품 13장을 읽는다.

"… 사람이 그 도를 보아다가 쓰지 아니하면 천지는 한 빈 껍질에 불과할 것이어늘 사람이 그 도를 보아다가 각자의 도구같이 쓰게 되므로 사람은 천지의 주인이요 만물의 영장이라 하나니라. … 미래에는 천권(天權)보다 인권(人權)을 더 존중할 것이며, 불보살들의 크신 권능을 만인이 다 같이 숭배하리라."

천지의 질서에 수동적으로 따르기만 하는 것이 아니라 능동적으로 전개하는 것이 '사람'이라고 규정하고 있다.

천지인이 합일하는 것은 시간적으로 발현된다

시간적으로 발현된다는 것은 우주 운행의 주체가 천-지-인의 순서로 된다는 말이다. 그것은 음양상승의 진리로 돌아가는 것이다. 먼저 천도(天道)만 존재하다가 천도를 '땅'이 받아서 천도를 땅 위에 드러낸다. 그것은 만생(萬生)을 살려내고 키워내는 것이다. 다음으로 사람과 사람 세상이 천도와 지도를 받는다. 사람이 만사만업(萬事萬業), 즉 모든 일을 펼쳐내는 것이다. '일'은 "진리를 보이는 가치로 실현하는 것"이다. 이것이 우주 진리가 스스로 완성되는 과정이다. 이 과정은 『천부경(天符經)』이 말하는 1부터 10까지, 우주가 한 번 순환하는 과정이다. 이것이 선후천 교역(交易)의 원리다.

• 크리스트교 『성경』의 창세기 1장에서 말하는 창조 순서도 시간적 발현을 뜻한다고 할 수 있다.

천도(天道), 지덕(地德), 인은(人恩)

'천-지-인'이 각각 기둥 역할을 하는 시기에 따라 그 역할 개념이 달라진다.

• 천도(天道)

우주 자체는 살아있고 변함없는 힘이다. 음양상승과 인과보응이 힘을 지키는 원리다. 이것이 천도(天道)다. 대소 유무를 구별하는 방식으로 말하면 대(大)의 진리다. 땅은 음양상승과 인과보응의 원리를 개별적인 자연현상으로 현실화한다. 운동과 변화의 생태계를 이룬다. 바꾸어 말하면 개별자들의 세계가 계통을 이루어 변화하고 운동하며 '변하지 않는 힘'을 지키는 것이다. 쉽게 말하면 들숨과 날숨을 잘 쉬어야 생명을 지키는 이치와 같다. 개체들의 생물학적 숨쉬기는 제한이 있지만 우주의 숨쉬기는 무한하다. 복희팔괘도 천도를 표시한다.

• 지덕(地德)

땅은 하늘의 도(道)를 따라 만생(萬生)을 생겨나게 한다. 민생뿐만 아니라 만물(萬物)을 존재하게 한다. 만물만생(萬物萬生)이 있어야 하늘의 큰 도(道)가 힘으로 지탱하게 된다. 만물만생은 변화하고 생장쇠멸(生長衰滅), 성주괴공(成住壞空)으로 변화한다. 대소 유무를 구별하는 방식으로 말하면 소(小)의 진리다. 자연의 생태계, 생명체 존재 유무를 아직 모르는 우주 생태계도 음양상승과 인과의 원리를 감각 가능한 세계로 드러나게 하는 것이다. 생명존재로 나타나게 한다. 그래서 덕(德)이라 한다. 땅 위의 자연(自然)이 생명으로 드러내는 것을 말한다. 문왕팔괘가 지덕을 표시한다.

• 인은(人恩)

사람은 천도와 지덕을 받아 만사만업(萬事萬業)을 일으킨다. 즉 '일'하는 것이다. 땅이 수동적으로 천도를 받아 만생(萬生)을 길러내는 것에 비하여 사람은 천도와 지도를 받아 능동적으로 '일'하는 것이다. 천도와 지도, 지덕을 받는 작용이 '은(恩)'이다. 천지인 합일(天地人合一)의 진리를 살아서 생생약동하게 한다는 원리로서의 은(恩)이다. 대소 유무를 구별하는 방식으로 말하면 대(大)와 소(小)의 모두가 발현되는 진리다. 유무(有無)의 진리는 천도와 지덕, 인은 모두에게서 나타난다. 유무(有無) 변화의 기본이 음양상승이기 때문이다. 사람 세상에서 천도와 지덕을 드러내는 것은 '일'의 씨앗을 발아시키는 것이다. 천도가 절반만 현실화한 것이 만생(萬生), 즉 자연의 세계라면 모두 드러난 것은 '일하는 세계'다. 모든 종류의 가치를 실현하는 것이 '일'이다. 음양상승과 인과보응의 진리를 가치로 드러내는 것이 '일'이다. 사람에게서 '일'을 되게 하는 원리도 은(恩)이다. 원역(圓易), 대원도(大圓圖), 일원상(一圓相)이 이것을 표시한다.

'일'은 본능적으로 하는 것이 아니다

자기가 하는 일에 대해서는 '의식적'으로 하는 것이다. 의식적으로 천도와 지도를 현실화하는 것은 사람만이 할 수 있다. 그래서 사람이 만물의 영장이라는 것이다.

• 깨달아야 작업(作業), 즉 '일'할 수 있다.

『정전』 일원상의 진리를 읽어 본다. "… 공적 영지(空寂靈

知)의 광명을 따라 대소 유무에 분별이 나타나서 선악 업보에 차별이 생겨나며, 언어 명상이 완연하여 시방 삼계(十方三界)가 장중(掌中)에 한 구슬같이 드러나고, 진공 묘유의 조화는 우주 만유를 통하여 무시광겁(無始曠劫)에 은현자재(隱顯自在)하는 것이 곧 일원상의 진리니라."

여기서 보이지 않는 진리는 '공적 영지의 광명'을 따라 보이는 세계로 드러난다는 것을 공부할 수 있다. 공적 영지의 광명이 사람에게서 나타날 때, 가장 높은 차원의 의식적 행동이 가능해진다. 물론 신앙과 수행의 힘을 쌓은 이후의 일이다. 현실적으로는 깨달은 사람이 그 의식적 작용을 할 수 있다는 말이다. 그래서 사람이 만물의 영장이 되는 것이다.

• 보이는 가치로 드러내는 것이 왜 우주의 진리를 완성하는 일이 되는가?

그것은 우주가 음양상승으로 있기 때문이다. 양(陽) 기운 속의 존재 씨앗을 음(陰) 기운이 받아서 발생하게 하고 생성시키는 것이다. 그래야 진리가 변하지 않는 진리가 되는 것이다. 그렇게 음양운동을 하는 것이다. 『정전』 일원상의 진리에서 본다. "우주 만유를 통하여 무시광겁(無始曠劫)에 은현자재(隱顯自在)하는 것이 곧 일원상의 진리"라고 한다. 여기서 숨었다가 드러났다가 하는 것이 음양운동이다. 그렇게 해야 변하지 않는 힘으로서의 진리가 되는 것이다.

• 은(恩)의 존재철학적 범주가 실천철학의 범주로 드러나는 것은 '보은 봉공'이다.

은(恩)의 원리에 따르는 것이 보은 봉공이라고 말할 수 있다. 보은 봉공은 '감사'로부터 시작된다. '감사생활'이 신앙의 차원으로 되는 이유다. 윤리적 세계에서의 실용적 은혜가 아니라 존재의 원리로서의 은(恩)을 자각하여 실천하는 것이기 때문이다.

그러면 왜 '보은 봉공'이 실천철학의 범주로 되는가? 그것이 공동체의 평화와 부유함을 가져올 수 있기 때문이다. 소태산 성존이 개교 동기에서 밝히고 있는 '광대 무량한 낙원 건설'을 가능하게 하는 원리이다. 〈경축가〉의 관련된 부분을 읽어 본다.

"… 우리 세계 일체 동포, 근본이야 같지마는 형형색색 달라 있고, 사업동기(事業同氣) 아니기로 서로 보고 모르도다. 사방으로 보고 나니 어찌아니 반가운가, 보은 봉공 알고 보면 무궁지재(無窮之財)되어 있고, 배은망덕 알고 보면 무궁지보(無窮之寶) 실렸으니 …."

보은 봉공의 원리를 알고, 배은망덕의 나쁜 점을 깨달아 실천하게 되면 무궁한 재보(財寶)를 얻게 된다는 것이다. 현실의 풍요로움은 우주의 진리와 합일하는 것에서 온다는 것을 분명하게 말하고 있다. 참다운 부(富)의 성격을 말하고 있는 것이다. 사업동기가 아니라는 말은 모든 사람이 '하는 일'을 각각 다르게 한다는 것이다. 여기서 사람이 만사만업(萬事萬業)을 실현한다는 것을 말하게 된다.

보은 봉공은 '일의 법칙'이다

그리고 '일'은 사람 세계에 드러나는 우주 자연 진리다. 음양상승과 인과보응의 법칙이 '작업(作業)' 즉 '일'을 통하여 드러나는 것이다. 음양상승과 인과보응의 법칙에 따라 '일'의 시비이해(是非利害)가 정해진다는 말이다. 음양상승과 인과보응의 법칙은 만물과 만사만업이 되게 하는 원리이다. 결합의 원리라고도 말할 수 있다. 결합의 원리이기 때문에 은(恩)이라고 하는 것이다. 그러므로 그것을 깨달아 실천하는 보은 봉공은 '일의 법칙'이 되는 것이다.

만우당 생각 35

서양에서 대립하는 진리관을 치료하는 일원주의(一圓主義)

- 파르메니데스와 헤라클리토스, 능이성 유상-능이성 무상 -

동서양이 서로 다른 진리관(眞理觀)

서양철학에서 진리를 결정할 때, 대립하는 두 개의 세계관이 있다. 고정불변하고 유일무이한 것이 진리라는 관점이 하나고, 다른 하나는 변화하는 것이 진리라는 관점이다. 이 가운데 서양인 생각의 주류는 불변하는 것이 진리라는 관점이다. 진리의 기준을 하나만 세우는 것은 생활세계에서 일어나는 불화의 원인이 된다. 양자택일 형식은 항상 싸우게 하는 방법이다. 그렇다고 이것도 옳고, 저것도 옳다는 실용주의(實用主義, pragmatism)식으로 기준을 세우는 것이 정당한 것은 아니다.

동양에는 이런 대립이 없다. 진리는 본래 역동(力動)한다고 보기 때문이다. 우리나라와 동아시아는 음양상승으로 움직이고, 동남아시아는 인과보응으로 움직이는 것이라고 보고 있다. 일원주의(一圓主義)는 아시아의 모든 생각과 서양의 생각을 종합한 세계관, 진리관을 세웠다. 구체적으로 말하면 진리의 능이성 유상과 능이성 무상의 동시성(同時性)이다. 그리고 넓은 기초로 말하면 통화적다원론(統和的多元論)이다. 이러한 일원주의의 진리관이 서양의 진리관 대립을 바로잡는 문제에 대하여 말한다.

파르메니데스

대립되는 두 개의 관점은 두 사람의 철학자들로부터 논쟁이 시작된 것이다. 파르메니데스(Parmenides, 서기전 515-445)와 헤라클레이토스(Heraclitus, 서기전 535-475)다. 파르메니데스는 '있음'의 철학자다. '있음'만 있고, '없음'은 없다는 것이다. 존재의 생성과 변화를 부정한다. '없음'에서 '있음'으로 되는 것이 생성(生成)이다. 생성변화를 인정하려면 '없음'이 있어야 하는데 바로 '없음'은 없는 것이지 어떻게 '있다'고 말할 수 있는가를 질문한다. 그것이 모순이라는 것이다. 그래서 없음은 없음이고 '있는 것'만이 있다는 것이다. 소멸(消滅)은 '있음'에서 '없음'으로 되는 것인데 이것도 모순이라는 말이다. 변화도 마찬가지다. 변화하기 전의 존재가 '없음'으로 돌아가야만 변화가 된다. 한마디로 '없음'이 있다고 해야만 생성소멸과 변화가 가능하다. '없음'이 있다고 전제하는 것 자체가 모순이다. 그의 생각으로는 모순은 진리가 아니다.

그가 '있음'의 철학을 말하는 것은 그의 진리관에 근거하고 있다. 그는 그리스 말로 '진리'라는 낱말을 처음 쓴 사람으로 알려졌다. 진리는 '알레테이아(aletheia)'다. '아(a)'는 부정을 뜻하는 말이고, '레테(lethe)'는 숨겨짐, 잊힘의 뜻이다. 숨겨지거나 잊히지 않고 확실하게 드러나는 것이 진리라는 말이다. 그러려면 고정불변하고 유일무이한 것이어야만 한다. 다름 아닌 신(神)이어야 한다. 신은 고정불변하고 유일무이한 전체이기 때문에 확실한 것이라고 하는 것이다.

헤라클레이토스

한마디로 정리하면 '없음'이 있다고 해야 변화와 생성이 이루어진다. 그것이 논리적인 모순이기 때문에 '없음'은 없고 '있음'만 있다는 것이 파르메니데스의 생각이다. 그런데 헤라클레이토스는 바로 그 모순이 세계의 본질이라고 한다. 그래서 모든 존재는 끊임없이 변화한다는 것이다. 그의 유명한 명제다. "만물은 흐른다(판타 레이: panta rhei)"라는 말이다. 그 변화는 모순되는 것의 대립과 투쟁으로 이루어진다고 한다. 그는 말한다. 사람은 같은 강물에 두 번 다시 들어갈 수 없다고 한다. 내가 들어갔던 강물은 이미 흘러갔을 뿐 아니라 나 자신도 이미 조금 전 강물에 들어갔던 내가 아니기 때문이라는 것이다. 또 "투쟁은 만물의 아버지요 왕"이라고 하였다. 만물의 대립과 투쟁을 통하여 질서가 만들어진다고 보았다.

- 두 사람의 대립은 진리는 고정불변한 것인가, 생성변화하는 것인가라는 관점의 대립이다. 이 가운데 파르메니데스의 관점이 서양사상의 주류가 되었다. 인도 철학자 라즈니쉬(Osho Rajneesh, 1931–1990)는 헤겔(Hegel, 1770–1831)에게 와서 헤라클레이토스의 관점이 다시 살아났다고 보았다. 헤겔은 모든 존재와 이 세계가 변증법적으로 발전한다고 보았다. 모든 존재는 모순관계에 놓여 있는데 그것들이 변증법적으로 통일되면서 존재와 세계가 변화 발전한다는 것이다. 모순을 본질로 보는 원형이 헤라클레이토스에 있다고 보는 것이다.

변하지 않는 힘은 변화하는 운동과 함께한다

일원의 진리는 "능이성 유상(能以成有常)하고 능이성 무상(能以成無常)"하다. 유상(有常)이 되는 것은 "스스로 가지는 힘"이 영원하다는 말이다, 무상(無常)이 되는 것은 "스스로 운동하고 변화하는 역동성"이다. '능(能)'을 '스스로'의 뜻으로 해석하면 쉽게 풀이할 수 있다. 힘이나 변화, 운동이 다른 바깥으로부터 주어지는 것이 아니라는 말이다. 유상은 '불변함'이고 무상은 '변함'이다. 이 부분을 변하는 진리와 변하지 않는 진리의 두 가지 측면으로 볼 수 있다고 해석하는 사람들이 있다. 잘못된 생각이다. 이것은 두 가지 측면으로 보는 것보다 두 가지 속성(屬性)으로 보아야 올바른 이해다. 유상과 무상을 '생멸 없는 도'와 '인과보응의 도', '음양상승의 도'로 바꾸어 볼 수 있다. 그런데 이것은 두 가지 측면, 또는 세 가지 측면이 아니라 하나의 진리가 가진 속성이라고 보기 때문이다. 일원의 진리는 '항상 그대로인 힘'이며 '음양상승과 인과보응의 법칙으로 변화하는 운동'이라는 말이다. '변하지 않는 힘' 속에 운동하게 하는 힘의 씨앗이 들어 있다. 뒤집어 말하면 변화하는 운동을 해야만 변하지 않는 힘을 지키게 된다. 즉 힘과 운동은 동시적인 것이지 두 가지 측면이 아니라는 말이다.

• 능이성 유상은 보이지 않는 세계, 능이성 무상은 보이는 세계

능이성 유상의 세계는 보이지 않는 세계이고, 능이성 무상의 세계는 보이는 세계다. 힘은 보이지 않지만 운동하고 변화하는 것은 보이는 것이다. 보이지 않는 힘의 세계를 진리, 도(道), 신(神), 본질(本質), 본성(本性), 이데아, 물자체(物自

體) 등으로 불렀다.

이 힘의 세계를 신화(神話)로 말하는 시대가 있었다. 종교와 철학이 이 세계를 설명하려고 한다. 그리고 과학은 무상한 세계의 '변화법칙'을 찾는다. 유럽의 경우, 중세 시대까지는 종교가 힘의 세계를 설명하는 권력을 가지고 있었다. 그러나 크리스트교의 지배가 끝나고 문예부흥시대가 되면서 과학이 발전하기 시작했다. 보이지 않는 힘으로 세계와 존재를 해석하려고 하지 않고, 변화하는 운동의 법칙을 알아내어 현재를 알아내려고 한 것이다.

유럽에서 보이지 않는 세계의 탐구가 멈추었다

유럽에서 과학이 철학을 압도하기 시작한 시기가 이때다. 근세 초기까지만 하여도 과학의 법칙이라고 알려진 것은 열두 가지 정도밖에 안 되었다고 한다. 과학적 가설을 세우고 실험하는 것은 하나님을 시험하는 것이라고 하여 금기로 되었기 때문이다. 크리스트교의 지배가 끝나고 문예부흥운동, 르네상스가 시작되면서 학문의 방법과 모든 문화가 달라졌다. 수도원이 교육과 학문을 지배하던 시대가 끝나고 대학 교육이 시작되었다. 학교에서 가르치는 교과목도 달라졌다.

• 과학은 설득력을 가졌다. 가설을 세우고 그것을 실험을 통하여 검증한다. 눈으로 보이는 검증의 결과에 대하여 사람들은 쉽게 설득당한다. 참과 거짓을 바로 알 수 있게 보여주기 때문이다. 그러나 철학의 명제는 참과 거짓을 눈으로 보여줄 수가 없다. 예를 들어 '신의 존재'를 보자. 신이 존재한다는 것을 증명할 수 없다. 그 반대로 신이 존재하지 않는다는 것도 증명할 수가 없다. 극단적으로 말하면 사람들의 신념에 의지할 뿐이라고 할 수 있다. 과학이 점차로 힘을 얻게 되는 결정적인 이유다. 눈으로 볼 수 있게 해주는 설득력이다. 과학자들은 과학의 법칙을 지속적으로 발견하여 그것을 수학적으로 정립하였다. 뉴턴(Isaac Newton, 1643-1726)의 말이 있다. "진리는 자연이란 책 속에 수(數)라는 글씨로 쓰여 있다."

형이상학을 부정하는 실증주의 철학

과학이 힘을 키우게 되니 철학자들은 위축되었다. 철학자들 사이에서는 "뉴턴처럼 철학하자!"는 구호가 나돌았다. 19세기 후반에 가면 보이지 않는 세계, 보이지 않는 힘을 알아내려는 철학, 즉 '형이상학'을 배격하는 사조가 나타나기에 이르렀다. 실증주의(實

證主義, Positivism)다. 경험하는 현재의 사실에 대해서만 가설과 명제를 세우고 실험으로 검증하라는 철학이다. 초월적인 세계로 보았던 보이지 않는 세계는 철학의 대상이 될 수 없다는 철학이다.

칸트(Immanuel Kant, 1724-1804)의 고민

칸트가 여기에 의문을 가졌다. '자연의 법칙'이 궁극적인 진리가 아니라 그 법칙이 성립되게 하는 힘이 있다고 믿었다. 그리하여 과학이 진리 문제를 독점하니 철학은 할 일이 없어진 것을 고민하였다. 과학은 자연의 현상을 다루는 학문이다. 현상 속에서 새로운 법칙을 알아내고 새로운 사실을 찾아낸다. 그러나 칸트의 생각은 자연현상의 뒤에 있는 보이지 않는 힘과 원리를 탐구하는 것이 철학이라고 하였다. 칸트는 "그 사물을 그 사물이 되게 하는 것"이 있다고 보았다. 그는 이것을 '사물 그 자체'라고 이름 지었다. 줄여서 '물자체(物自體, Ding an sich, thing-in-itself)'라고 한다. 그것은 본질(本質)을 말하는 명칭이다. 과학과 실증주의가 본질을 탐구하는 형이상학을 버렸지만, 칸트는 이것을 다시 살리려고 하였다. 그리하려면 '물자체'의 세계가 존재한다는 것을 증명해야 했다. 그의 3대 비판 책, '순수이성비판', '실천이성비판', '판단력비판'은 그것을 증명하려는 노력이다. 그러나 중세철학의 신존재증명(神存在證明)처럼 추론(推論)의 수준에 머물렀다. 현상의 법칙과 그 법칙이 가능하게 하는 원리나 힘을 밝혀내고자 하는 노력은 그 이후로도 지속된다. 결국 물자체는 사람의 인식능력으로는 알 수 없다는 불가지론(不可知論, agnosticism)에 이른다.

- 자연법칙이 사실이기는 하지만 본질은 아니라는 칸트의 생각으로부터 배운다. '능이성 무상'의 법칙이 변하지 않는다는 것이 '능이성 유상'이라는 해석은 잘못된 해석이라는 것이 드러나는 문제의식이다.

칸트의 문제를 헤겔이 해결한다

헤겔도 보이지 않는 본질을 알아내려고 하였다. 변증법의 방법으로 해결하려고 하였다. 존재하는 모든 것은 모순(矛盾)관계에 놓였다고 전제한다. 모순관계란 '나와 나 아닌 것과의 관계'다. 모순관계는 중간이 성립되지 않는 관계다. 반대관계는 중간이 성립되는 관계다. 흰색의 반대색은 흑색이다. 중간에 회색이 성립되기 때문이다. 흰색의 모순 색은 '흰색 아닌 모든 색'이다. 회색도 흰색과는 모순관계에 있다. 내가 존재하는 것, 내가 살아가는 것은 '나와 나 아닌 것과의 관계'가 통일되면서 가능한 것이다. 현실적으로 내가 숨 쉬는 것, 내가 음식물을 섭취하는 것부터가 '나와 나 아닌 것'

의 통일이다. 불교의 연기론(緣起論)과 그 전제는 유사한 점이 있다. 헤겔은 중국과 인도철학을 학습한 사람이다.

• 변증법의 전개

그런데 존재하는 그것은 결국 '생각'으로 존재한다고 한다. 무엇이 존재한다는 것은 그것을 감각할 수 있는 대상이기 때문이라는 관점이 있다. 이것을 '주관적 관념론'이라고 한다. 그러나 사람이 감각할 수 없지만 존재하는 것들이 있다. 대표적으로 사람의 마음이다. 감각 가능하지 않지만, 존재하는 것들은 '그것에 대한 생각'으로 존재한다. 철학책을 읽을 때 표상(表象, Vorstellung, representation)이란 낱말이 그것이다. '그것에 대한 생각'은 개념으로 되어있다. 존재와 개념이 일치하는 것이다. 이것을 '객관적 관념론, 논리적 관념론'이라고 한다. 헤겔의 논리학은 헤겔의 존재론이란 말이 이 말이다. 존재가 '나와 나 아닌 것과의 관계'로 존재하는 것은 '그것에 대한 생각', 즉 개념의 발전 형식으로도 된다. 이것이 변증법이다. 모순 대립하는 두 개의 개념이 통일되어 그보다 높은 단계의 유개념(類槪念)으로 발전한다. 예를 들어 본다. 남자와 모순 대립하는 존재는 여자다. 남자와 여자는 '사람'이란 개념에서 통일된다. '왼쪽'의 모순되는 것은 '왼쪽 아닌 곳'이다. 왼쪽과 왼쪽 아닌 곳은 '방향'이란 높은 단계의 개념에서 통일된다.

이렇게 발전하여 모든 개별적인 모순관계는 가장 높은 단계에 가서 통일된다. 가장 높은 개념을 '존재 그 자체', '유(有)', '절대정신' 등으로 표시한다. 그런데 이것은 현실적인 사물처럼 구체적인 형상을 가지지 않는다. 그러므로 '무(無)'라고 할 수 있다. 즉 '무(無)'도 개념의 형식으로 존재하는 '유(有)'가 된다. 여기서 '유와 무가 통일'된다는 것이다. 보이지 않는 최고의 존재가 증명되는 것이다. 이러한 방법으로 신(神)이 모든 개별적 존재를 포괄하고 있다는 것을 말한다. 이것을 신학적으로 해석하면 신이 개별자들을 이용하여 신의 의도를 실천한다고 하는 것이다.

• 변증법으로 일원론 체계를 세움

헤겔의 변증법은 서양철학의 주류를 이룬 이원론(二元論)에서 일원론(一元論)의 체계를 갖추게 하였다. 신과 인간, 정신과 물질을 따로 떨어져 있다고 보는 것이 이원론이고, 이것을 같은 원리로 설명하는 것이 일원론이다. 마르크스(Karl Marx, 1818-1883)는 헤겔의 변증법을 공부하였다. 헤겔의 관념변증법의 통일은 글자 그대로 개념 속에서 이루어진 것이라고 비판하였다. 그는 개념을 인정하지 않고 '실존하는 사물'만 인정하였다. 과일을 예로 든다. 사과와 배, 바나나와

파인애플은 존재하지만 '과일'은 이름만 있지 실제로 존재하는 것은 아니라는 말이다. 그는 개념의 발전 형식으로 세계를 보는 것이 아니라 물질적인 생산도구와 생산양식의 모순 대립과 통일의 과정으로 세계를 해석하였다. 헤겔이 '관념 일원론'을 만든 것에 대해, 그는 '물질 일원론'을 만든 것이다. 일원론으로 세계를 해석하는 것은 고정불변한 것을 진리로 보는 것이 아니라 변화와 발전 과정으로 본다는 것을 말하는 것이다. 그럼에도 불구하고 그들의 일원론은 "진리는 고정불변하고 유일무이하다"는 관점을 설득하지 못했다. '정–반–합'이라는 개념의 발전 형식도 헤겔의 본의와 다르게 모순 대립 속에서 갈라치기 해야 한다고 해석하기 때문이다. 즉 통일되려면 모순 대립의 전 단계가 있어야 한다는 것이다. 이러한 태도에서 진리관 사이의 불화는 끝나지 않는다.

• 변화의 형식을 모순, 대립의 투쟁과 통일로 보는 것이 변증법의 관점이다. 일원주의(一圓主義)와 동양의 생각은 인과보응과 음양상승의 이치에 따라 성주괴공, 생로병사, 생장쇠멸하는 것이 변화 운동이라고 본다. 변증법의 형식과 다른 점이다. 헤겔이 변증법을 말하며 모순 대립을 내세운 것은 아시아의 음양 논리를 배운 것이라는 관점이 있다. 그러나 그의 모순 대립과 음양상승은 그 내용이 다르다.

'능이성 유상'과 '능이성 무상'의 동시성이 서양을 치유한다

일원론적 세계 해석의 틀이 등장했지만, 서양 사람들은 지금도 고정불변한 것을 진리로 보는 편이다. 역사적인 사례로 본다면 크리스트교가 이단(異端, heresy)을 잘라내는 방식이다. '이것이냐, 저것이냐,'로 양자택일(兩者擇一) 형식으로 선택하게 한다면 철학과 사상을 병들게 한다. 일원론의 경우도 정신과 물질의 관계를 바로 세우지 못한 일원론은 같은 방식의 잘못에 빠진다. 공리주의(功利主義, Utilitarianism)의 다수결(多數決) 원칙도 결국은 양자택일의 형식 아닌가? 지금도 다수(多數)가 되기 위한 정치대결이 세계 모든 곳에서 벌어지고 있다.

- '능이성 유상'과 '능이성 무상'의 동시성(同時性)은 서로 바탕하는 관계다.

『대종경』 서품 1장의 말씀이다. "만유가 한 체성이며 만법이 한 근원이로다. 이 가운데 생멸 없는 도(道)와 인과보응되는 이치가 서로 바탕하여 한 두렷한 기틀을 지었도다." 생멸 없는 도는 능이성 유상의 진리이고, 인과보응되는 이치는 능이성 무상의 진리다. 두 진리가 서로 바탕이 되는 것이라 하였다. 그렇게 되려면 유상과 무상이 동시성을 가져야 한다.

변화하지 않는 힘과 변화하는 운동이 동시성을 가진다는 것을 비유하여 말할 수 있다. 사람이 생명을 불변하게 유지하는 것은 들숨과 날숨으로 변화하며, 음식물을 섭취하고 소화, 배설하는 변화와 동시에 이루어지는 이치다. 생명 그 자체와 숨쉬기, 음식물의 섭취와 소화과정은 서로 바탕 되는 관계인 것이다. 우주 행성들이 자전(自轉, Rotation)하는 동시에, 서로 바탕해서, 공전(公轉, orbit)하며 운행한다는 사실도 이를 보여주고 있다. 고정불변한 중심 행성이 있지 않다는 말이다.

• 보이는 진리와 보이지 않는 진리가 동시성을 갖는다는 것은 존재철학의 대결도 극복한다. 즉 유물론과 관념론의 대결이다. 그리고 정신과 물질의 이원론도 극복하는 원리가 된다. 영기질(靈氣質)론이다. 영(靈)은 보이지 않는 존재의 원리이고 질(質)은 보이는 몸이며 기(氣)는 보이지 않지만, 측정 가능한 요소다. '보이지 않는 힘'과 '보이는 변화 운동'이 동시에 존재하는 것이 사람과 모든 존재 아닌가? 뒤집어 말할 수도 있다. 모든 존재의 영기질론을 전제로 할 때, '능이성 유상'과 '능이성 무상'의 동시성(同時性)을 바로 깨닫게 된다.

만우당 생각 36

원(圓)과 일원(一圓)의 뜻을 구별해 본다

〈일원상 서원문〉은 "일원은 언어도단의 입정처이며…"로 시작한다

일원의 진리를 공부할 때, 그리고 〈일원상 서원문〉을 공부할 때, 처음 질문을 해보자. 원(圓)이라고 말할 때와 일원(一圓)이라고 말할 때, 그 뜻의 차이가 있을까? 단순한 것 같지만 따져볼 만한 질문이다. 우선 답을 말하면 다르다. 일원(一圓)이라고 할 때의 일(一)은 '하나'라는 말이지만 '근본'이라는 뜻으로 이해할 수 있다. 일(一)은 가장 크다고 할 때의 하나다. 소태산 성존이 처음 표현한 것은 대원(大圓)이다. 대원도(大圓圖), 또는 대원도(大圓道)라는 낱말을 처음 사용했다. '대(大)'를 '일(一)'로 바꾸셨다고 할 수 있다.

단순히 원(圓)이라고 하면 수많은 현상의 원(圓)을 생각하게 된다. 대소 유무(大小有無)로 구별하면 '소(小)'와 '유무(有無)'의 변화로 펼쳐진 진리다. '일원'은 '대(大)' 자리의 진리다. 현상세계에서 펼쳐진 그 원(圓)들의 근본 자리를 말한다.

원을 형상으로 표현하는 유래

원(圓), 동그라미로 하늘을 그렸다. 이슬람교나 크리스트교 사원의 지붕이 둥근 것은 하늘을 표시한 것이다. 우리나라는 천원지방인각(天圓地方人角)으로 그렸다. 인각(人角), 사람을 각(角)으로 표현한 것에 대해 질문할 수 있다. 그것은 천원지방(天圓地方)을 통합하는 작용을 각(角)이 한다는 것으로 이해할 수 있다. 우리나라와 멀리 떨어진 이집트의 피라미드가 각(角)으로 표현된 대표적 유물이라고 할 수 있다.

- 피라미드란 글자의 뜻은 '타오르는 불의 중심'이라고 한다. 'PYR'은 그리스말의 'PYRO'에서 파생된 말로 '불'이나 '열(熱)'을 뜻한다. 'AMID'는 그리스말의 'MESOS'에서 파생된 말인데, 중심의 뜻이다. 그리스 사람들은 이집트 사람들이 '하늘로 오르는 장소'라고 부르는 것을 자기들 식으로 표현한 것이라고 한다. 인각(人角)과 관련하여 참고해 볼만한

내용이다.

• 우리나라 남성들이 상투를 트는 것도 각(角)을 형상화한 것이라고 할 수 있다. 북두칠성의 기운을 받으려는 목적이다.

• 또 해를 원으로 그렸다. 지구상의 모든 지역에서 그렇게 그렸다. 태양신을 숭배하는 지역에서 태양신은 원형으로 표현한 것은 쉽게 알 수 있다. 우리나라의 암각화는 북극성을 동그라미로 그린 경우도 있다. 익산 미륵산에서 발견된 암각 글씨에서 볼 수 있다. 북극성의 기(氣)는 태양보다 2천 배 강하다고 한다. 그런 의미에서 중심으로 삼거나 소원을 비는 대상이 되었다. 북극성을 원으로 표현한 이유다. 다른 별은 점으로 표시했다. 요컨대 원(圓), 동그라미는 하늘이나 하늘의 힘을 표현하고 있다.

• **태양석**

덴마크 국립박물관이 소장한 태양석이다. 덴마크 보른홀름 섬의 바사가르드 유적지에서 발견된 돌이다. 학자들은 화산이 폭발할 때 생기는 화산재 때문에 태양의 힘이 약해져 농사일이 어렵게 되자 태양이 다시 떠오르길 기원하는 종교적 의식으로 돌에 태양을 새긴 것이라고 보고 있다.

• 햇살 무늬 토기

햇살 무늬 토기다. 이 문양을 즐문토기(櫛文土器)라고 하여 우리말로는 빗살무늬라고 말하는 경우가 많았다. 그런데 다른 연구자들은 햇빛을 상징하는 문양이라고 해석한다. 그래서 햇살 무늬라고 한다. 태양석은 북유럽에서 발견된 것이다. 그러나 햇살 무늬 토기는 우리나라를 비롯하여 유럽으로 이어지는 북방 경로에서 발굴되었다. 이것들은 태양숭배의 유물이다.

• 원(圓)은 최고의 힘을 가진 하늘과 태양, 북두칠성을 상징하는 것으로 그렸다.

이차원의 원이 있다

종이 위에 그린 동그라미다. 나무나 철판에 그린 동그라미다. 삼차원의 원이 있다. 반지와 같은 고리다. 한문으로는 '고리 환(環)' 자로 쓴다. 삼차원의 또 다른 원은 공이다. 한문으로는 '구슬 구(球)' 자로 쓴다. 이것들은 수많은 원이 존재한다는 말이다. 이러한 것들은 감각 가능한 물리적 대상이다. 이에 비하여 일원(一圓)이라고 할 때는 그 모든 동그라미 물체를 관통하는 철학적 의미의 원(圓)을 말한다.

예를 들어 비교하면 쉽게 이해할 수 있다. 일원상(一圓象), 또는 일원상(一圓像)이라 쓰지 않고 일원상(一圓相)이라고 쓰는 이유와 같다. 일원상(一圓象)과 일원상(一圓相)의 차이를 쉽게 예를 들어 본다. '모양 상(像)', '얼굴 모양 상(象)'과 '바탕 상(相)'의 한자다. 관상(觀相)과 관상(觀象), 수상(手相)과 수상(手象)의 차이다. 상(像)과 상(象)은 모양이고, 상(相)은 모양 뒤의 마음이다. 얼굴의 생김새, 손의 생김새가 상(象)이고, 그 생김새 뒤의 마음과 전생의 기록 등이 상(相)이다. 일원상(一圓象)은 원형으로 된 사물이다. 일원상(一圓相)은 사물의 모습이 아니라 진리의 모습이다.

소태산 성존의 원(圓)

원기25년(1940)판 『불법연구회근행법(佛法硏究會勤行法)』에는 일원상 그림 아래 '고불미생전 응연일상원(古佛未生前 凝然一相圓)'이란 글귀를 썼다. 불단에 모신 목판 일원상에도 같은 문장을 썼다. 자각종색(慈覺宗賾, 중국 남송, 1009-1092)이 쓴 선시(禪詩)의 한 구절이다.

원기28년(1943) 『불교정전(佛敎正典)』의 교리도는 일원상을 중앙에 놓고, 설명하는 부분이 있다. "1. 이상 원공(圓空)은 우주만물의 본원이요, 2. 제불조사 정전(正傳)의 심인이요, 3. 청정법신 비로자나불이요, 4. 자각선사는 고불미생전에 응연일상원이라 하시고, 5. 혜충(慧忠)국사는 형식으로써 이 원상(圓相)을 그려내서 법으로써 그 제자들에게 전하시었다."

여기에 인용한 자각선사(慈覺禪師, 1053-1113)는 중국 송나라 때 사람이다. 고려시대의 우리나라 사람인 자각선사도 있다. 송광사 16국사 중 제8대 국사이다. 남양혜충(南陽慧忠, 675-775)은 중국 당나라 사람으로, 남종선의 6대 조사인 혜능의 제자이다. 당나라 숙종의 국사를 지낸 사람이다. 그가 깨달은 경지를 상징하기 위해 손으로 원상을 그렸다. 그를 따라 그 뒤 수행자들이 원상 그리는 것을 따라 했다고 한다. 마조도일(馬祖道一)이 먼저 그렸다는 설도 있다. 그러나 그 인물은 중요하지 않다. 인물을 따지다 보면 일원상의 연원을 오해할 수 있기 때문이다. 실제로 그런 현상이 있는 것도 사실이다. 원(圓)의 연원이 불교에 있다는 식이다.

불교의 선종에는 '원(圓) 자 화두'가 있다. 수많은 공안(公案) 가운데 하나다. '공(空) 자 화두'도 있다. 많은 선가(禪家) 수행자가 진리의 본체 모습을 원(圓)으로 표현하려고 하였다. '고불미생전 응연일상원'도 그 가운데 하나다. 1940년은 일제의 탄압이 가장 극심하던 때다. 불교와 신도(神道) 국가인 일제의 탄압을 피하고자 삼교합도의 내용을 드러내지 못하고 불교사상과의 맥락만 드러낸 것을 알아야 한다.

- 소태산의 원(圓)과 불교 선가(禪家)가 그린 원(圓)의 차이.

소태산 성존의 원(圓)은 역학(易學)에서 그 연원을 찾는 것이 바른길이라고 할 것이다. 소태산 성존은 두 종류의 일원팔괘를 그렸다. 복희팔괘와 문왕팔괘에 이어 후천의 역인 정역(正易)을 그린 분은 김일부(金一夫) 선생이다. 정역을 다시 개정한 것이 소태산 성존의 대원도(大圓圖)이다. 이것을 일원팔괘라고 할 수 있다. 그리고 그 사상을 대원도(大圓道)라고 하였다. 구인 선진이 법인기도하실 때도 일원팔괘기를 꼽고 하셨다. 1919년 음력 7월, 법인성사 후 8월에 금산사에 가셨을 때 일원상을 그리셨다. 일원팔괘기를 고치신 것이다.

• 〈만우당 생각 15〉 대원도(大圓圖), 일원팔괘도와 일원상, 〈만우당 생각 17〉 일원상(一圓相)의 '상(相)', 〈만우당 생각 28〉 수직괘(垂直卦), 수평괘(水平卦), 대원도(大圓圖), 일원상(一圓相)을 생각해본다.(이상 3편의 글을 참고하기 바람)

• 불교 선가(禪家)들이 쓰는 원(圓)은 진리의 상태를 표현한다고 할 수 있다. 그것에 비하여 소태산의 원(圓)은 우주변화의 '원리'이다. 다른 차원의 표현이다.

『천부경(天符經)』의 일(一)과 일원(一圓)

『천부경』에서 일(一)의 숫자를 볼 수 있는 대목만 살펴본다. 첫 문장과 끝 문장이다. 우선 읽어보자.

- 하나는 본디 시작 없는 시작의 하나이니 셋으로 나뉘어 다함이 없이 운행한다. "일(一)은 시무시(始無始)의 일(一)이니 석삼극(析三極)하야 무진(無盡)이니라." 즉, 하나는 본디 시작 없는 시작의 하나이니 셋으로 나뉘어 다함이 없이 운행한다.

- "본(本)의 천(天)은 일(一)의 일(一)이요 지(地)는 일(一)의 이(二)요 인(人)은 일(一)의 삼(三)이니 일적십거(一積十鉅)하야 무궤화삼(無匱化三)이니라." 즉, 근본의 하늘이 그 하나의 첫째이고(천), 땅은 그 하나의 둘째이며(천지), 사람은 그 하나의 셋째이다(천지인). 근본의 하나가 쌓여 열(십)로 커져서 다함 없는(막힘없는) 셋으로 된다.

- "일(一)은 종무종(終無終)의 일(一)이니라." 즉, 그 하나는 '마침 없는 마침'의 하나다.

• '시작 없는 시작'과 '마침 없는 마침'이 일(一)의 자리라고 한다. 천지인(天地人)의 셋이 나누어지기 전의 근본 자리다. 그 근본 자리를 일(一)로 표시한 것이다. 『천부경』의 '일(一)'은 그로부터 전개되어 '십(十)'이라는 완성에 이르러 다시 '일'로 돌아와 순환하는 자리다. 근본과 그로부터 전개되는 단계와 분리된 것이 아니다.

• '일(一)'과 '원(圓)'의 관계도 그렇다. 『천부경』을 미루어 이해하면 원(圓)은 우주 만유가 펼쳐지는 자리다. 일(一)은 펼쳐지는 낱낱과 두루 통하여 원만구족하게 되는 자리다. 두루 통하여 우주 자체로 힘을 갖는 자리다. 누가 만들어 주는 힘이 아니라 스스로 있는 힘이다. 이것이 '능(能)'의 자리다.

• '능(能)'의 자리로부터 우주 만유로 펼쳐지는 관계를 역학(易學)은 태극이무극(太極而無極), 무극이태극(無極而太極)으로 말한다. 이 말은 '시작 없는 시작'과 '마침 없는 마침'의 자리를 말하고 있다. 그것이 이원적(二元的)으로 나누어진 관계가 아니기 때문에 원극(圓極)이라고 할 수 있다. 이 말을 빌려 말하면 일(一)은 원극의 자리다.

『도덕경』에서 일(一)의 뜻과 일원(一圓)

• 마왕퇴(馬王堆) 출토 『덕도경(德道經)』 5장(통행본 도덕경 42장)의 글이다. "道生一 一生二 二生三 三生萬物(도생일일생이이생삼삼생만물) 萬物負陰而抱陽(만물부음이포양) 沖氣以爲和(충기이위화)" 즉, 도에서 하나가 나오고, 하나에서 둘이 나오며, 둘에서 셋이 나오고, 셋에서 세상이 나온다. 만물은 음을 업고, 양을 껴안는데 충기(沖氣)가 작용하여 하나로 된다.(화: 和)

도(道)는 우주가 만들어지기 이전의 존재다. 이름을 붙일 수도 없고 헤아릴 수도 없는 존재다. 일(一)은 바탕의 수(數)다. 만물이 만들어지기 시작하는 수(數)다. 하늘의 수(數)다. 일기(一氣)로서 그로부터 덕(德)이 만들어진다는 것이다.

일(一)은 만물의 근본이다.

이(二)는 땅의 수다. 이것은 음양(陰陽)이다.

삼(三)은 천지인(天地人)이다. 천지인이 합하여 만물이 생겨난다. 만물은 음(陰)을 지고 양(陽)을 안고 있는데, 충기(沖氣)가 음양을 조화되게 한다. 이를 중기(中氣)로 쓰는 경우도 있다. 그런데 이때의 중(中)을 단순한 가운데로 해석하는 사람들이 있다. 중(中)으로 쓰더라도 단순한 가운데가 아니고, 적극적으로 조절작용을 하는 힘으로서의 중(中)이다.

• 『도덕경』에서 말하는 일(一)은 모든 현상의 근본이라는 뜻으로 쓰인 것을 알 수 있다. 일원(一圓)의 '일(一)'은 『도덕경』에서의 표현대로 하면 '도(道)'로 이해하여야 한다. '일이삼(一二三)'을 '천지인(天地人)'으로 해석하기 때문이다. 일원의 '일(一)'은 천지인을 포괄한 근본 자리로 알아야 한다.

• 앞의 글을 새겨보면 『도덕경』이 말하는 일(一)의 근본은 일기(一氣)다. 일원(一圓)의 일(一)도 근본의 뜻인 것은 같다. 다만 원(圓)은 음양상승과 인과보응되는 작용을 포괄한 것이다. 그러므로 만생(萬生)만이 아니라 만사만업(萬事萬業)을 포괄한 것이 원(圓)의 세계다.

• 『도덕경』의 이 대목에서 충기(冲氣)를 잘 공부해야 한다. 충기(冲氣)는 음양의 가운데라는 중(中)의 뜻이 아니다. 조절하는 힘을 가진 기운이라는 충기다. 그렇다고 음과 양과 충기가 셋으로 있는 것은 아니다. 음과 양, 두 기운을 동시에 잡고 있는 힘이다.

• 충기(冲氣)와 단전(丹田)

충기가 솟아나는 곳이 단전(丹田)이다. 음양오행이 상생상극으로 작용하게 시동(始動)을 거는 것이 충기이며 그 기운은 사람과 만물의 단전에 어린다. 자연의 세계에는 천연단전(天然丹田)이 있다. 사람에게도 천연단전이 있다. 그러나 그 단전을 단련하면 단전의 힘이 커지고, 더 적극적으로 작용하게 된다.

유일신(唯一神)과 하나의 진리

크리스트교나 이슬람교 등 유일신을 신앙하는 사람들도 하나의 진리를 믿는다. "나 이외의 신을 믿지 말라"는 단호한 가르침은 이단(異端)을 갈라서 배척하고 투쟁하는 종교로 왜곡되기도 했다. 그러나 한 걸음 들어가서 추론하면 유일신은 하나의 진리를 의인관(擬人觀)으로 표현한 것이다. 그 신(神)은 유일무이(唯一無二)하지만 무소부재(無所不在, ubiquitous)하고 전지전능(全知全能, omnipotent)하다는 것이다. 하나의 진리의 내용을 풀어 말하는 것과 같다. 다만 사람들이 글을 모르고 지혜의 수준이 낮은 단계에 있던 시대에 비유하여 표현한 것이다. 인격신(人格神)으로 비유하여 표현한 것이다.

• 하나의 진리를 밝히려고 한다는 유일신론이 일정한 의미가 있다고 하지만 일원(一圓) 사상과 결정적으로 다른 점이 있다. 그것은 개별 존재들에 관한 것이다. 유일신론은 창조론과 합쳐져 있는 사상이다. 그 이론에 따르면 개별 존재들은 불완전한 존재다. 그것이 다름 아닌 원죄설(原罪說)이다. 이에 비하여 일원 사상은 개별자들도 진리가 발현된 존재다. 천지인 합일(天地人合一)이다. 사람의 소우주론(小宇宙論)이기도 하다.

한마디로 정리하면 원(圓)은 능이성 무상(能以成無常)으로 변화 운동하는 것이고 일(一)은 능이성 유상(能以成有常)으로 스스로 있는 힘이다. 원(圓)은 인과보응과 음양상승의 진리로 펼쳐지고 변화하는 것이고, 일(一)은 그것을 포괄하는 근본의 힘이다. 근본의 힘은 무위이화(無爲而化)의 힘, 변화 운동도 무위이화, 즉 저절로 스스로 되는 것이다. 근본의 힘과 변화는 동시에 함께 있는 것이다. 그래서 일원(一圓)이다.

두 개의 태양석은 미세하게 절개된 패턴과 태양 모티브가 있는 작은 평평한 셰일 조각이다. 발트해의 덴마크 본홀름 섬에서만 알려져 있다.[사진=National Museum of Denmark]

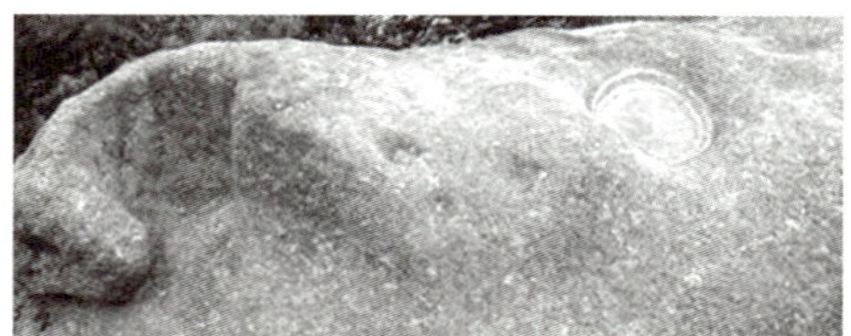

익산 미륵산 태아 삼태성 암각문

* 두 개의 태양석 사진은 네이버에 올려진 자료에서 퍼왔습니다.
* 익산 미륵산 암각화 북두칠성 모양은 〈조석현 칼럼〉의 사진을 옮겼습니다.

만우당 생각

원철학 길찾기

2025년 4월 17일 초판 1쇄 인쇄
2025년 4월 28일 초판 1쇄 발행

지은이 김도종
펴낸이 주영삼(성균)
책임편집 천지은
디자인 김지혜

펴낸곳 도서출판 동남풍
출판등록 제1991-000001호(1991년 5월 18일)
주소 54536 전북특별자치도 익산시 익산대로 501
전화 063)854-0784
팩스 063)852-0784
홈페이지 www.wonbook.co.kr
인쇄 문덕인쇄

값 23,000원
ISBN 978-89-6288-059-5(03100)